流通革命の真実

日本流通業のルーツがここにある！

渥美俊一 著

最後の「カリスマ」回顧と提言

序文

第二次世界大戦終了後、わが国は憲法が変わって平和と自由とをモットーとする民主主義社会に大転換し、さらに一九六〇年代からは、産業界の規模と社会福祉水準において、世界でA級の地位を維持し続けている。

しかし、この半世紀余の間に日常の暮らし水準が画期的に飛躍し、欧米先進国なみに近づきつつあるという、わが国の、国民大衆にとって最も重要な社会変革については、語られることが少ないようである。

五〇年前までは、日本の小売業と飲食業とは零細業が当然とされ、日商三〇万円、すなわち年商一億円突破企業は、あこがれの的であった。これが一〇億円以上だと、〝商業の神様〟とさえ賞賛された。

ところが現在小売業だけでもビッグストア（年商五〇億円以上）が九〇七社に達し、地方では超一流とされる年商一〇〇〇億円突破すら一〇〇社も誕生した。消費の最前線を担当する商業は、むしろ最も急速に大企業化が進行し、希望あふれる産業へと様変わりしているのだ。

二〇〇七年現在、わが国の全小売業総売上高の過半は、九〇〇社足らずのチェーンストア志向企業で占められている。彼らの力で、この三〇年間消費者物価は少しずつでも欧米並みに下降しつつある。

日本人はかつて買物を苦痛と不安の日常義務と受け止めていたが、今日では買物の約半分は、広い無料駐車場があるショッピングセンター内で行われている。そのなかの店のほとんどはセルフサービス方式で、広々としたスーパーストア型の総合店や専門店で、気軽に自由に家族づれがショッピングを楽しんでいる。一家そろっての外食が当たり前となり、弁当を持たないで通勤しても昼・中食が手軽にとれる街づくりができている。

これらの商業ビジネスは一部のエリートや趣味的な人々に奉仕するものではなく、暮らしの豊かさを、すべての人々に提供する社会的インフラができ始めたことを意味している。

この国民大衆の日常生活の格差解消プロセスこそ、日本のチェーンストア志向企業群が、過去半世紀営々と築き上げてきた日本の〝流通革命〟なのである。

その経緯や内幕はこれまで明らかにされていない。初めてその変革への真相と、今後のあるべき軌道とを解明しようとしたのが本書である。

論旨は、何が行われたかよりも、なぜそれをこの方向に開拓しようとしてきたかに重点を置いて書かれている。推進の当事者だから明白にできる証言と、受け止めていただきたい。

二〇〇七年三月

ペガサスクラブ（チェーンストア志向企業共同経営研究会）主宰者
日本リテイリングセンター・チーフコンサルタント
渥美俊一

目次

流通革命の真実

第一五章　チェーンストアの時代　社会革命としての流通革命　275

資料編

第一章

セルフサービスの誕生

――セルフサービスの理論化から、すべては始まった――

正札販売と「信頼される価格」

私は、父親も叔父も祖父も曾祖父も松阪商人という家系に生まれて、商家番頭の家風のなかで育ちました。だから、本当の商人とは何かということには特別な関心を寄せました。私の父親は一二歳から東京の煎茶の製販問屋で丁稚奉公をやり、都内で最も年商額の大きい三越をはじめ白木屋（現東急百貨店）と髙島屋と松屋と松坂屋の五店の煎茶売場のマネジメントを行う商品番頭をしていました。商品構成だけではなく、そこで売る煎茶の栽培や収穫の現地指導と買いつけもしていたのです。その父親が製販問屋のなかで番頭にまで昇り詰めた過程で身につけた最も重要なことは、「お客から信頼を得る」という品質確保の技術でした。その事情を私は子供の頃から教わってきました。

ところが、一九五〇年代に私が読売新聞社の記者として商業の世界で取材を始めた頃は、商店経営のあるべき形はとにかく「繁盛店」づくりとされていました。

「繁盛店を実現できる方法は何か」というのが当時の技術課題で、その内容として次の三つの方法が挙げられていました。「上手な接客」と「上手な陳列」と「上手な装飾」とで、設備や陳列器具や内装も含む、店の雰囲気づくりです。この三つで繁盛が左右される、というのが業界の常識でした。

それに対して、経営誌「商業界」をよりどころにしていた経営指導家（当時の呼称）や商業学の学者たちは、「江戸時代の本商人《ほんあきんど》の精神に学べ」と主張し、越後屋（現三越）創業者の三井高利以来の「正札販売宣言」を中心課題として打ち出しました。まだ私は商業経営について何も知らないときでしたが、商業経営に関するさまざまな議論のなかで、一番革新的に思えたのが、この正札販売論でした。

先生方はこの正札とは「原価に近いギリギリの値段なんだ」と説明されていましたが、私は、そのようには受け止められませんでした。だから「商業界」関係の先生方の指導で繁盛店が生まれてきた理由は、正札販売、すなわち仕入れの技術によるものではなくて、値札についている価格以上の品質があると信頼できる状態があるからだと、私は受け止めたわけです。

新聞記者時代、私が記事原稿で「ギリギリの値段」と書いても、デスクは「何のことだかわからん」と言って通してくれませんでした。そこで「信頼される価格」と書きました。信頼される価格とは、集荷と販売行動のなかで、突き詰めた価格のことであり、同時に、将来ともその同じ価格を維持し続けるということです。

ここでいう「同じ価格」というのは「同じ品質」でなければいけません。それがなければ、接客がいくら上手でも、お客は「だまされた」と受け止めるでしょう。陳列がいかに綺麗で立派でも、買った商品を使ってみて裏切られたら、信頼はされません。店の雰囲気が、いかにモダンでスマートでも、お客は雰囲気ではなくて、商品を買いに来ているからです。

セルフサービスの売り方に目の覚める思い

お客が本当に安心できる状態をつくることが商人としてのあるべきサービスです。では、そのためにサービスのどこを改革し、どのようなサービスを提供するべきなのでしょうか。そう思っていたときに「セルフサービス」という売り方に遭遇して、私は目の覚める思いがしました。

当時の日本人にとって買物は苦痛でした。なぜなら、値段と品質において、「だまされるんじゃないか」という不安と焦燥とに駆られ、迷い続けるのが買物だったからです。逆に言えば、気軽に自由に買えるという状態こそ、一番、お客が求めているサービスであり、それが常にできる店が出現すれば、固定客が生まれ、ひとりでに客数が増え続けて繁盛すると、取材しながら考えたのです。

そういう目で見ると、接客でもなく、陳列でもなく、店内ムードづくりでもなくて、売り方にこそ不変の信頼される方法があるはずだ、と私は結論づけました。その一つが正札販売でした。いや、それ以上にセルフサービスという画期的な売り方が、いま、この日本でクローズアップされるべきだと考え、その普及にのめり込んでいきました。

当時、セルフサービスをやっていたのは、ごく少数のスーパーマーケットのグループでしたが、東京本拠のマスコミはこの動向をほとんど問題にしませんでした。それは首都圏にセルフサービスの店がなかったからです。東京・青山に一九五三年（昭和二八年）開業で日本のスーパーマーケット第一号となった紀ノ国屋はありましたが、当時から紀ノ国屋は日本に駐留していたアメリカ軍人家族の人たちが行く高級食料品店で、よい店だと教わっても、人々には評価しにくかったのです。

そこで私は、新聞記者として、全国的にブームになり始めていた「主婦の店」グループに着眼し、彼らが主に開業する四国と九州、次に関西を網羅的に取材して歩きました。戻ってすぐ「一水会」という商業経営ジャーナリストの研究会で実態を報告しました。この一水会は、当時商業界社長だった倉本初夫先生の紹介で入会したもので、日本繊維小売新聞の編集局長田中政治さんが中心になって運営していました。こうした業界関係のマスコミで全国を飛び回れる自由を持っていたのは私ぐらいでしたから、入会半年後には、私が日本のスーパーマーケット業界の事例を、一番よく知っていることになりました。そこで一九六〇年に倉本初夫さんとの共著で「日本のスーパーマーケット　経営の理論と実践」（文化社）を書くことになりました。日本で最初の「スーパーマーケット経営」の本です。

執筆中に、各地でスーパーマーケットグループが「価格破壊」を打ち出しました。第一次定価破壊運動です。既存商店街はムシロ旗を立ててスーパーマーケットの開店反対運動を起こしました。当時は誰もがその低価格だけを問題にしましたが、私に興味があったのは、彼らの売り方でした。

なぜなら、当時のスーパーマーケットグループの売価は、定価の五％引きで、最大でも一〇％しか安くなかったからです。しかしその売り方は一般の商店とはまったく違っていたのです。

セルフサービスとは気軽に自由に買えること

セルフサービスの技術指導は、アメリカのレジスターメーカーの日本法人である、日本ナショナル金銭登録機（NCR）の長戸毅先生や、アシスタントの奥住正道先生がされていました。長戸先生は「セルフサービス」という本を書かれましたが、こうした指導は同社がレジスターを売るためのディーラーヘルプの手段でもありました。そのため、セルフサービスのよさを講義しても、本当の意味でのセルフサービスは、レジの位置やリテイルパックのノウハウだけでいいのだろうか、それで本当にお客は気軽に買えているのだろうか、という疑問に対する具体的な説明がなく、経営者は、セルフサービスの具体的な方法を体系的に従業員に伝えるすべがなく、細かな経営ノウハウの話にはならなかったのです。

そこで、私はセルフサービス技術論の原則づくりに取り組みました。私がスーパーマーケット専門のコンサルタントと見られたのは、セルフサービスのノウハウと、そのノウハウの受け止め方について原則論を体系として明確に示したからです。

実は、これは困難な問題でした。先にも述べたように私は、セルフサービスとは気軽に自由に買えることによって、楽しく買物ができることだと受け止めました。それは、父親から聞かされた煎茶マーチャンダイジング（商品政策）の話と重なっていたからです。

当時マーチャンダイジングという言葉はありませんでしたが、江戸時代の商家はバーティカル・マーチャンダイジング（垂直統合的商品政策）・システムづくりの先駆者でした。

日本の商家の商品開発は、まず求められる品質を確定し、次に材料を確保し、加工方法を生産者に教え、そして価格と品質との安定を図るというやり方でした。しかも、生産者と特産地をつくるという生産地開拓から始めていたのです。江戸時代以来の商家の基本的やり方は、チェーンストアのプライベートブランド（ＰＢ）づくりのやり方でもあったということです。ナショナルブランド（ＮＢ）のない時期に必然的な手法でした。

欧米でチェーンストアが始まったのは一九世紀からですが、こと商品開発については、日本の商家のほうがはるかに早く、三〇〇年以上前から取り組んでいたことになります。

父親がよく言ったことは、「高級なお茶こそ、お客にまず味わってもらわなければいけないんだから、品質が決め手だ」、しかしその前に、「お客に気軽に飲んでもらえる売り方が必要だ」ということです。売り方、さらに売場でのプレゼンテーションの重要性を指摘したものです。

「これが一番高級な煎茶です」と、いくら接客で丁寧に説明しても、お客は買いません。重要なことは、飲んでおいしい、また飲みたい、いつも飲みたいとお客に思ってもらうようにすることです。商品のよさは大切ですが、もっと大事なのは、お客に気軽に味わってもらうことです。父は、こんな話もしてくれました。

「この味なら、お茶を飲んでもらうだけで、お客にご馳走したことになる。すごい懐石料理を下手に召し上がっていただくよりは、お茶一杯のほうがご馳走だ」

客の心からなる満足を目指すというこの考え方は、チェーンストアのセルフサービスの考え方と同じです。そういう売り方ができる店がスーパーマーケットだと私は受け止めました。

ところが、日本での現場の受け止め方は違っていました。セルフサービスとは「省力化」であり、「人件費を節約することだ」と受け止めていたのです。その結果、現在に至るまでセルフサービスについての〝悪しき常識〟が生まれることにもつながっていったのです。

セルフサービス=ノーサービスの誤解

セルフサービスが小売業の新たなモチーフになり始めた一九五〇年代後半、経営者の多くは、その意味を誤って受け止めました。本来は買物を楽しくする販売方法だったのに、「セルフサービス=省力化」という考え方に新しい魅力を感じたのです。そのうえで「省力化の推進」が現実に進められた結果、セルフサービスとは「手を抜くことだ」となって、「セルフサービス=ノーサービス」という、まったく違う方向へと解釈されていったのです。

しかし、その解釈に指導家の先生方は、無頓着でした。セルフサービスの講義はしても、実際は、レジの位置のほうが大事でした。

当時、セルフサービスのノウハウに関して二つの問題がありました。セルフサービスは対面売場、食品なら量り売りを否定します。ということは、一定量のリテイルパックを、あらかじめつくらなければなりません。そのためには、どのような量目でパックして売るのかを決める必要があります。

ところが、その量目の決め方もわからなかったのです。それが第一の問題でした。

しかしこの問題は、私の得意な分野でした。読売新聞社の横浜支局にいる間に、生産管理やIE(インダストリアル・エンジニアリング)的な手法(第三章参照)を身につけていたからです。

支局の近くに神奈川県商工指導所があり、ここと東京都商工指導所と大阪府能率研究所の三つが、日本の製造業がアメリカに追いつく原動力となった、中小企業工場診断制度のメッカでした。

私はその診断手法や、事例を聞くのが面白くて、しばしば商工指導所に行き、相談者の横で取材していました。その話をひとひねりすると、いい解説記事ができるからです。工場診断にもついて行きました。横浜には、さまざまな加工工場があり、生産管理の勉強ができました。

そこで基礎的な理論武装をしてから読売新聞本社に戻り、地方経済担当として「商店のページ」を企画し、IE的な切り口で内容を絞り込んだわけです。

その意味では、私が獲得したノウハウは、商業経営コンサルタント一般の知識とはまったく違っていました。リテイルパックのあるべき量目についても、IE的調査とABC分析（商品群を重要度に応じて三分類し、効率的に管理する方法）とをすれば、決められることを知っていました。

当時の量目取引は、一〇〇匁単位です。約四〇〇gです。そこでセルフサービスでのリテイルパックの単位は、四〇〇gでいくのか、六〇〇gなのか、八〇〇gなのか、一kgなのか、あるいは二〇〇gなのか。実際に調査してみると、二〇通りほどある量目のうち、三つの量目だけで全体の売上の七五～八五％を占めます。どこの店でやっても、何を売ってもほぼ同じであることは、実験をやってみればわかります。

結論を教えるのではなく方向や方法を語りかけた

当時の私は新聞記者であって、コンサルタントではありませんから、その量目を示すのではなくて、「こういうふうに実験して、調べてみればいいんですよ。それであなたも科学的な思考ができますよ」と説明しました。そういう言い方こそが、一番説得力を持っていました。

ダイエーを創業した中内㓛さんやイオンの岡田卓也（現名誉会長）さん、イトーヨーカ堂の伊藤雅俊（現セブン&アイ・ホールディングス名誉会長）さん、ニチイ（現マイカル）の西端行雄さん、西友の堤清二さん、ユニーの西川俊男（現特別顧問）さんという、小売業の世界で一兆円企業を育て上げた、経営の天才たちが私の言い分を聞き、認めてくれるようになったのは、そこがポイントでした。

彼らと私はほぼ同世代で、私のほうが二歳くらい若く、しかも屁理屈が好きで足が地についていない、現場や実務を知らない新聞記者です。ですから、私は問題解決のための調査方法を説明して、「こうしたら、あの店ではこうなりました。あなたもやってみたらどうですか」と具体的な事例を中心に話しました。

実際にＡＢＣ分析をやれば、Ａ部門は二つか三つの品目で占めてしまいますから、そのほかのリテイルパックはいらないとわかります。包装単位を絞り込むと、Ａ部門以外の量目で買っていた残り二五％のお客も、全部同調してくれます。

当初、お客の半分は「目の前で量って」と言うかと思いましたが、そういうお客は五％もいませんでした。最初に五％ばかり発生した特殊な量目を希望するお客も、量り売りでは待たされるために、リテイルパックのほうを購入して、ゼロになりました。すると、「渥美は魔法の杖を持っている」と言われました。

私は結論を教えるのではなくて、結論に到達する方向や方法を最初に語りかけました。日本リテイリングセンター（ＪＲＣ）でやってきた経営指導とは、基本的にそういうスタイルでした。私は、結論を断言する前に、調査方法を提案してきたのです。その背景には、二〇世紀の一〇〇年間で人類が獲得した、ＩＥ技術的な知恵があったのです。

実を言えば、なぜ中内さんや岡田さん、伊藤さん、西端さん、堤さん、西川さんが私の言い分を聞いてくれたのかは、本当のところは、いまもってわかりません。相性がよかったためでしょうか。

当時、世の中には小売業経営者が一三〇万人もいたのに、後日一社の売上高で一兆円を超えた小売業のほとんどは、私が主宰するチェーンストア研究団体「ペガサスクラブ」の当初からのメンバーだったのです。

TPOSによる売場分類発想

二つめの大問題は、「セルフサービスは接客で売るんじゃないから、セルフサービスをやると、万引が増えて倒産する」という声が出たことです。この問題については、私にはデータがなかったので、NCRの先生方に教わり、一九六三年には米NCR本社を訪ね、詳細なデータをもらいました。

そこでわかったことは、アメリカではセルフサービスの店より対面販売の店のほうが万引が多い、特に百貨店に多いということでした。百貨店はショーケースで売っていたからです。いまは裸の陳列も増えましたが、昔はショーケースでの販売ばかりですから、お客に言われた商品を店員がしゃがんでショーケースの上に出し、さらに次の商品を出すように言われて、しゃがんでいる間に上に置いた商品が盗まれてしまうのです。

それでも、万引ロスはせいぜい売上の〇・五％を超えるぐらいで、アメリカのスーパーマーケットでは、基本的に〇・三％以内だとわかりました。万引より、それ以外の原因の商品ロスのほうが多かったのです。もちろん、万引ロスが五〜八％に達した例もありましたが、それに対する改善策は、店舗レイアウトだとNCRの先生方に教わり、米NCR本社では、それがどのような店舗レイアウトなのかも勉強しました。

店舗レイアウトについては、当時の日本ではあまり語られていなかったので、帰国後、私はアメリカでの店舗レイアウトの原則とIE手法を組み合わせた形で、日本で初めて店舗レイアウトのセミナーを開きました。いまもって、店舗レイアウトの本格的な指導書は、日本では私が書いたものしかありません。

私は流通革命の先生のように思われていますが、当初の技術問題では実は店舗レイアウトの先生なのです。万引対策としての店舗レイアウトの基本は、通路はまっすぐでなければならない、幅広くなければならない、陳列線が凸凹してはいけない、ということです。そして、従業員の定位置は、そこから最も万引されやすい売場を見通せる位置にあることです。これもアメリカで教わりました。

アメリカのセルフサービス第一号店は、一九一六年にテネシー州メンフィスに、クラレンス・サンダース（Clarence Sanders）がつくりました。日本でセルフサービスが始まった一九六〇年代までに、四〇年間の歴史を積み重ね、こうしたノウハウもすでにできていたわけです。

さらに、お客が気軽に自由に買えるように、商品の部門や品種の総合化が行われると、売場関連が問題になり、次いで売場分類も課題となりました。売場関連とは購買頻度関連、消費者の購買行動に対応して各種売場をどう関連させて配置するかということです。その結果、部門構成が、ガラリと変わりました。

この売場関連は、当時の日本では材質の関連性によって商品が一カ所に集められているのが実態でした。ひどい店では瓶詰売場と缶詰売場を分ける配置まで登場しました。瓶か缶かは、最終包装形態からの分類ですから、お客の買物選択とはまったく関係ありません。

セルフサービス論からくる売場関連論で重要なことは、同時に使うものは、一カ所にまとめて陣列することです。このセルフサービス論はトータルコーディネート品ぞろえ論のスタートにもなりました。

そして、次は売場分類を解決することになります。売場分類には大分類、中分類、小分類があります。それは、製品産業別分類であってはなりません。例えば、婦人衣料の場合なら、セーター売場とブラウス売場とスカート売場が並んでいても、スカーフや靴下売場はどの店でもそこから遠く離れたところにあります。これは製品製造業側の分類が違うからです。

しかし、お客は誰でも、いつも裸の上に五品種から一〇品種の衣料を着ています。したがって同じルックや同じスタイルや同じ色は、同じ場所にないと、選ぶのに困るわけです。そういう発想にもとづく分類がTPOS（Time、Place、Occasion、〝life〟Style）分類です。TPOS分類だと、店の売場分類もガラリと変わっていきます。ですから、セルフサービスという業態論（売り方）から万引防止対策になり、それが店舗レイアウト論に発展すると、売場関連、売場分類をどう変更するべきかというふうに、すべてつながって変化していくわけです。そうやって構築されたのが、ＪＲＣがいままで実務理論として展開してきた商品構成論であり、売場構成論であり、店舗レイアウト論なのです。

そういう意味では、セルフサービスというテーマは、私にとってチェーンストア経営の理論体系化への出発点でもありました。

イトーヨーカ堂とセルフハトヤのセルフサービス論争

セルフサービス問題については、ヨーカ堂（現イトーヨーカ堂）とセルフハトヤ（現マイカル）との論争があります。

一九五〇年代末にアメリカのスーパーマーケット専門誌の編集者として著名だった、Ｍ・Ｍ・ジンマーマン氏が来日しました。当時、彼の発言は日本の商業経営のコンサルタントにも重く受け止められていました。その彼が大阪のセルフハトヤを見て、「これこそ世界で初の本当の衣料のセルフサービス店だ」と批評しました。私は後日、彼の発言を知り、早速見学に行きました。どこがどう違うのか、と……。

その頃のセルフハトヤの売場は、わずか一三坪の大阪の下着屋でした。下着屋の東の雄は東京・北千住のヨーカ堂でした。この二つの繁盛店は、私にとってたいへん重要な取材源でした。

しかし、この二店のイメージは全然違っていました。ヨーカ堂の店は、真っ白で平面的に見えました。下着だから白いのですが、商品は全部背の低いショーケースに入れられ、対面販売でした。

経営者の伊藤雅俊さんに「なぜ、こういう売り方をしているのか」と尋ねると、「お客に触られると、汚れて商品価値が下がる。うちは百貨店よりはるかに安いけれども、百貨店並みに丁寧な接客をして売るんです。だから、信頼されて、遠方からも買いに来てくれる」と言いました。

一方、セルフハトヤの西端行雄さんの店は、極彩色でした。まず、ショーツがハダカ陳列（事前包装なしの陳列）のままどっさりと山盛りにされて、しかも真っ赤なものからピンクや紫、真っ黒なショーツまで並んでいました。本当に色とりどりです。私も三〇歳代でしたから、最初に訪ねて行ったときは、店に入るのが恥ずかしくて、「よくこんな、セクシィなものを売っていますね」と冷やかすと、西端さんから「何を言うのか」と怒られました。私は当初、北新地の風俗営業向けの特殊な専門店だと思い込んだものでした。

しかし、二回目の訪問で「どんなお客さんが来ているのか」との私の質問に対して、「いま、目の前でご覧になっているように、普通の家庭の主婦です。風俗営業の人もいるけど、それはごく一部。なぜうちに来るかというと、恥ずかしくなく買えるからだ」と、西端さんは説明しました。そして、こう続けました。

「どこかのショーツ売場に行って、見ててごらん。お客はね、店員がショーケースから商品を出す瞬間に、サッと眺めて選んでるのが実情ですよ。決してその品には触っていませんよ。本当は触りたいのに、色ものは恥ずかしくて触れない。けれども買物、特に肌着はお客さんが商品に触れることが、一番大切なんだ。触れるからこそ満足して買える。選んだという満足感がある。それを実現するのがセルフサービスですよ。品質を吟味することだけが大事なんじゃない。たくさんの商品のなかから自ら選び出したんだという満足感が、セルフサービスの売り方のコツなんだよ」

その話を伊藤さんにすると、「品物が汚れるじゃないか」と繰り返されました。

お客の選びやすさが分類のポイント

そこが二人の大きな違いでしたが、西端さんは、「問題はショーツよりブラジャーだ」と指摘しました。当時、ブラジャーは売れにくい商品でした。高かったうえ、お客にとってはピッタリのサイズを見つけるのが難しかったからです。ですから、業界ではサイズ分類を懸命にやってきましたが、セルフハトヤは違いました。サイズ分類は小分類ですが、中分類はスタイル分類でした。スタイル分類とはどういう意味かと尋ねると、「上に着る洋服によってブラジャーのスタイルは変わる。そのほうがサイズ選びよりも先なんだ」という答えが返ってきました。

そんな理屈は西端さんから初めて聞かされましたが、セルフハトヤでは、そこが他店との大きな違いになっていたのです。胸が大きく開いている洋服を着たときに肩紐が見えないブラジャーもあるし、分厚いセーターを着たときと薄地のセーターを着た場合のブラジャーの厚さや形も違っているわけです。

私は西端さんから、セルフサービスというのは、お客にとっての選びやすい分類ができるかどうかがポイントだと学びました。お客が実際にどういうふうに商品を使っているのかがわからない限り、セルフサービスの陳列形式と分類とはできないということだったのです。

それを知るには、お客の商品の選び方とライフテスト（試用）との観察がポイントになります。お客がどこを見て購買意思決定をしたかは、お客の動作をよく観察していればわかります。お客から学ぶということは、そういうことなのです。

いまだに不完全な日本のセルフサービスの技術論

しかし、スーパーマーケットの生鮮食品売場は違います。かぐわしい香りのする売場づくりが第一で、二番目に、お客が寄りつくような鮮やかな色がポイントになります。これが本当の磁石効果です。

その点で言うと、日本のスーパーマーケットはいまだにダメです。青果売場の陳列では、綺麗な縦じま模様ができていません。アメリカでは、まず白い色と、黄色や赤をアクセントカラーに使います。野菜売場では、必ず〝やっちゃ場〟の午前三時の香りがするし、ベーカリー売場では、三m離れた位置からも、焼き立てパンの香りがします。

昔から鰻屋が蒲焼きの香りを流し、ステーキ屋がシズル感のある香りを流すのも、同じことです。これも重要なセルフサービス論なのです。お客が、その売場に引き寄せられるのは何かというプレゼンテーションの仕方が技術なのです。そこからボリューム陳列とか迫力陳列という言葉も出てきました。セルフサービス論から細部にわたるノウハウの理論が生まれてきたわけです。

米国のスーパーマーケットは、店に行くと、今日は昨日と何が違うのかわかるということです。違いのわかるプレゼンテーションが目に飛び込んでくるからです。日本ではバックグラウンド・ミュージックがワンワン鳴り響き、「いらっしゃいませ」という騒音に近い呼び込みの声や、録音テープの大声が耳に飛び込んできます。商品のプレゼンテーションは目に入ってこないで、耳に異様な音ばかり飛び込んできます。これはいまも変わっていません。

セルフサービスとは、落ち着いて、気軽に自由に、短い時間で買物を終えることができることです。それを前提に、あるべきプレゼンテーションを考えるべきです。セルフサービスとは業態論（販売方法）なのです。セルフサービスに取り組むだけで、新しい技術体系が次々とできていくはずなのです。

日本ではいま、セルフサービスを標榜しながら、お客自身にレジ横でサッキング（袋詰め）をさせています。お客はそこで一番時間がかかっています。本来はレジ精算に合わせて店側がサッキングをするべきなのです。お客は能率よく買物したいからです。店内の通路幅が広くて、まっすぐであるとともに、カートそれ自体を大型化（一六〇リットル以上）しなければいけません。これもセルフサービスの原則です。

ＰＯＰ広告にも問題があります。日米のスーパーマーケットの視覚的な差は、写真を撮ってみるとよくわかります。日本では頭上からぶら下がるＰＯＰが多いのです。アメリカは、ほとんど頭上にはありません。ぶら下がっているのは、売場大分類の表示だけです。

さらに日本では、広告やＰＯＰの色が多すぎます。黄色地に赤と黒文字が多く、最近は蛍光色の草色と紫色、ピンクが増えています。アメリカは違います。米ウォルマート傘下の西友が初めて登場させたモデル店の沼津店は、白地に黒か、黒字に白のどちらかで、すっきりと見やすくなっています。これこそセルフサービスにおける基本的な色遣いなのです。

それは、私が一九六三年に初めてアメリカ視察に行き、現地で教わったノウハウの一つでした。その意味で、もう一度セルフサービスの根本的な考え方を、技術論として話題にしなければならないと考えています。

日本で一九五三年に紀ノ国屋がセルフサービスを始めてから五〇年が経過しました。紀ノ国屋は高級店でしたから、陳列什器からセルフサービス訴求に入っていきました。当時、冷蔵・冷凍機械を含む陳列什器は、たいへんに高価でした。アメリカ視察に行くたびに、「こんな高い什器は日本では使えない」という声が経営者の大半から出ました。

それを庶民的な立場で始めたのが、一九五〇年代半ばから四国と九州で起こってきた「主婦の店運動」でした。ダイエーの大阪千林駅前店ができたのは一九五七年です。セルフハトヤが衣料品セルフを始めたのも同じ年です。

日本型スーパーストアのモデル第一号であるダイエー神戸三宮店（五〇〇坪×三F型）が開業したのは、一九六三年です。以後、技術問題としてのセルフサービスは、日本でもたしかに進化しましたが、一方で〝悪しき常識〟も残っています。競争が激しくなると「サービスをよくしよう」と対面接客を強化し、セルフサービスをやめようという、まったく逆の話になりがちなのです。

第二章

武器としての価格破壊

――「価格破壊」は、「定価破壊」から始まった――

ナショナルブランド商品だけが価格破壊の対象

セルフサービスはスーパーマーケットというフォーマットで始まりましたが、このスーパーマーケットが実際に世の中に与えた衝撃は、セルフサービス方式よりも価格破壊のほうでした。この第一次価格破壊運動は、一九五〇年代の日本の流通業の歴史を一変させる大事件だったのです。

私自身が初めて読売新聞「商店のページ」で価格破壊という情勢解説をしたのは、ペガサスクラブ発足前の一九五〇年代ですが、当時は「定価破壊」と表現されていました。価格破壊の第一段階は定価破壊だったのです。その内容は、ナショナルブランド（NB）のグロサリーと、日用雑貨と、ごく一部のベーシック衣料と、家電の業界で、定価の五～八％引きで売ることでした。

一九五〇年代の日本の商業の世界では、同じ売場面積で坪当たり売上高を増やすことで、企業としての売上高規模を大きくするという〝繁盛店づくり〟が主流でした。その結果、繁盛店の条件は接客と陳列と装飾であるとされていました。さらに新興勢力は、三％分でも五％分でもより安く売る努力をしていました。でも、その商品の品質実態は、相当劣質なものが多く、もともと仕入れ値が安いものを安く売るだけの〝乱売屋〟に近かったのです。

これに対して「よい物を、安くどんどん売る」をうたい文句とする売場面積一六坪の「主婦の店ダイエー千林駅前店」が開業したのは一九五七年（昭和三二年）です。この店のいう「よい物」とはNB商品のことでした。ドラッグと化粧品、次いで菓子を追加したセルフサービス型の薬局でした。ダイエーが生鮮食品に参入し、スーパーマーケットへと転換したのは一九五九年からです。衣料品や日用雑貨、家電分野を強化した日本型スーパーストア第一号店となるダイエー神戸板宿店は、一九六一年に開業しました。

その過程で打ち出した経営戦略の決め手が定価破壊です。いわゆる〝乱売屋〟とこの新興スーパーマーケットグループが目指した定価破壊とは根本的に異なっていました。「価格破壊」と言えるためには、品質が確定した商品を、業界常識を下回る売価で継続的に売ることが前提になります。「安かろう、悪かろう」ではありません。これはいまもたいへん重要な経営特徴です。いわゆるディスカウントハウスの商売とは違います。バッタ商品を売れば安売りはできますが、継続的な品ぞろえができません。それは安売りであっても、価格（制度）の破壊ではありません。いまもって「ディスカウントストア」と「ディスカウントハウス」の区別が経営マスコミでもっていていないのは、その区別がないためです（第八章参照）。

「日本大量仕入機構」を設立

しかし、定価破壊に対しては、NBメーカー側の大変な圧力がかかりました。NBメーカーは一次特約店や二次特約店を組織化し、一九六〇年代に入ると、同業組合および商店街組合によるスーパーマーケット開店反対デモ運動が全国で激化しました。一九六〇年に神戸の生田公会堂で開かれたダイエー糾弾大会では、「子々孫々までの仇敵、ダイエーを葬れ」がスローガンでした。NBメーカーは定価破壊の動きに大衆運動の形で反対を演出する一方、きわめて巧妙な取引条件の変更という形で妨害を仕掛けました。

そのため、私は一九六二年四月にスーパーの有志一三社とペガサスクラブを発足させ、チェーンストア対策の調査・研究・指導を始めると同時に、同じ年の六月にペガサスクラブの主力陣とともに「日本大量仕入機構」を株式会社として設立しました。

当時の扇屋本店（後の扇屋ジャスコで、一九九九年にイオンが吸収合併）安田敬一社長をトップに、現在の大手売上一兆円超組がほとんどすべて参加しました。このペガサスクラブと日本大量仕入機構は当初、スーパーマーケット胎動期に主婦の店運動を指導した「公開経営指導協会」の東京・両国のビルに間借りしていました。

日本大量仕入機構がやったことは、ブローカー業務です。NBメーカーの価格維持を担ったのは、一次特約店と二次特約店のテリトリー制度でしたが、NB商品であっても地域占拠率は各地域ごとに違います。地域占拠率の低いところは、どうしても特約店や仲卸業に在庫がたまります。いまのNBメーカーは都道府県ごとに系列販社を持っていますが、販社単位で占拠率が違い、在庫量も大きく異なっています。

したがって、同じ品番の商品でも、ある地域では過剰在庫になります。すると、実際の卸価格は下がってきます。例えば、「サロンパス」と「トクホン」とは東と西で卸値が異なりました。多くのNB商品の実際の仕入れ値は、東日本と西日本では、食い違うことが多かったのです。どっちが高いというのではなく、どちらかが高くなります。そうなると、近畿地方で主に売るNB商品は東京もしくは仙台か札幌の特約店や卸売業から引き、東京で売るものは大阪や広島、福岡から引いたほうが、仕入れ値が安くなります。

これをやったのが日本大量仕入機構です。メーカーの生産余剰品、つまり過剰在庫を狙って横に動かしたわけです。それを組織的にやりました。NB商品から、バッタ問屋ルート商品も扱いました。

一割以上の定価破壊はできなかった

NBメーカーは当然ながら定価割れで販売される商品の調達ルートを突き止めようとします。納品に来るトラックのナンバーや車体に書かれた社名をメモし、出所を突き止めました。そうして早ければ三日後、遅くても三カ月以内には、せっかくの調達ルートが片端から潰されました。そこで、次から次へと調達ルートの開拓が必要となります。

しかし、過剰在庫を抱える特約店や卸売業にとっての便利な捌《は》け口は、ペガサスクラブのメンバー企業でした。

われわれも調達ルートを伏せるために、さまざまな工夫をしました。結果、NBメーカーは商品に取引ルートを特定できる暗号をつけるようになりました。再販指定商品である化粧品では、最初は「一連番号」と呼ばれる暗号をラベルに記入し、最後には瓶の内側の底に暗号をつけました。

当初は消しゴムでラベル上の一連番号を消していました。瓶の底の暗号も、手間がかかっても針金で消す方法を採用しましたが、薬事法違反だと訴えられるに至って、不可能となりました。商品の封を解いていじるわけですから、裁判に勝訴できる可能性はありません。

それでも、地方問屋が横流し品を扱っただけではなく、アメリカ的なジョバー・ブローカー、つまり一人から三人でやる横流し屋が一九五〇年代から一九七〇年代にかけて全国的に跋扈してきました。それにも依存しつつ、他方で粗利益率を五ポイントも下げることで自腹を切って、ようやく定価破壊が実現できたのです。

とはいえ、私たちスーパーマーケットグループは一割引き以上の定価破壊は現実にはできませんでした。当時、日本の小売業で最も収益力が高かった百貨店の粗利益率は二五%前後でした。他方、一五%を割ると小売業の経営が成り立たなかったのです。そのくせ、仕入れ値を一割以上下げることが不可能で、結局一割引き以上の定価破壊はやりたかったけれども、当時は、できませんでした。

NBメーカーの市場占拠率への執着

それでもNBメーカーで建値制度の維持に最後まで固執したのは、医薬品と化粧品と家電業界です。その過程で、こんな話もありました。

ダイエーの中内さんから直接聞いた話ですが、ある日、神戸の本社に味の素の道面豊信社長（味の素の四代目社長）が会いたいと電話をかけてきたそうです。当時、道面さんは日本マーケティング協会の会長で、NBメーカー側のいわば代表でした。中内さんは猛烈な文句を言われると思って警戒しながら会うと、道面さんは、こう言ったそうです。

「うちの営業部隊がダイエーを仇敵視して出荷停止をしていることは知っていますが、自分の考え方は違う。営業部隊に〝何で敵だと思う?〟と聞いたら、「味の素を一店当たりでは日本で一番売っている。ただし定価よりも安くして」と言う。現場を自分も見に行き、これこそ日本一の小売業だと思いましたよ。お客の飛びつき方がね。そこで折り入って話がある。これからは味の素を思いっきり売ってほしい。その代わり、ライバルの旭化成の旭味を売らないでほしい」と。

中内さんは、「何を売るかはこちらの自由です。やめろと言われる筋合いはない」と道面さんの申し出を蹴飛ばしたそうです。それでしばらくは味の素をダイエーで売れなくなりました。中内さんの言い分は非常に前向きな見識だったと、私は思います。

しかし、道面さんもすごい。どんどん売っている店はすぐ見学に行っている。しかも当時、調味料「味の素」の市場占拠率は九七%だったのに、たった三%の旭味をやめろという交換条件を出したのも面白い。NBメーカーがいかに占拠率を気にしているかを物語るものです。そんな話を耳にしてから、私はNBメーカーの集まる講演会にも、できるだけつてを見つけては講演に行きました。議論をするためです。驚いたことに、私の意見に最初に反応してきたのは、資生堂でした。当時、資生堂の販売課長で、後に社長、会長にまで昇り詰めた福原義春さんが私に接触してきました。彼は資生堂の創業者一族ですが、文字どおり〝中興の祖〟として、資生堂を国際ブランドへと仕上げた人物です。福原さんは私に言いました。

「これからは化粧品の外資がジャンジャン入ってくる。そこで気になるのは、あなたが指導しているスーパーマーケットグループだ。このグループによる資生堂商品の安売りに、われわれは手を焼いているが、売上の伸び率はすごい。取引先としてのスーパーマーケットを、どう考えればいいのかを虚心坦懐に勉強すべきだと思う」と言うのです。

定価破壊に対するNBメーカーの新たな動きが出てきたのです。

「建値」にまつわる本音と秘話

さらに資生堂の福原さんは、私に言いました。

「うちの重役連中の考え方が、すごく心配なんだ。これからはアメリカのプロクター&ギャンブル（P&G）だけではなくて、世界中のA級の日用家庭用品と化粧品の外資メーカーが、日本市場にどんどん入ってくる。それに対抗するために、日本の会社は工場を次々に建設するという。しかし、わが社の市場占拠率が日本では九〇%を超えている現在、外資への対抗戦略が本当に工場増設だけでいいのかと疑問に思っている。資生堂が薬局や化粧品店を組織化した花椿会グループの売上は減り始めているからだ」

私は福原さんの依頼で資生堂の取締役会にも出て、話をしました。

「これ以上の占拠率は望めないうえに、花椿会の売上が減り始めている以上、貴社の国内占拠率は下がる一方ですよ。新しく伸び続ける店舗数と売場面積を持つスーパーマーケットグループを味方に加えないと、資生堂がいまやっている大設備投資は命とりになりますよ」と。

資生堂の取締役は全員、「う〜ん！」と唸っていました。それから数カ月後、福原さんが「スーパーへ密かに出荷する」と言ってきました。「その代わり、一割以上の割引はしないでくれ。また、常時割引じゃなくて、特別な期間だけにしてくれ」と。それから徐々に取引条件を厳しく引き上げ、「せいぜい五%引きにしてくれ」、最後は「定価で売ってくれ」という駆け引きがありました。

そこから先の商談はスーパー側各社にしてもらいましたが、NBメーカーの多くが最初に力説したのは、どの社も「一～二割引きで売ってもいいから、うちの商品だけを売ってくれ」ということで、他社の製品は売るなという、味の素の言い分と同じでした。

しかし、福原さんは日本の制度品ではなく、海外、つまり外資系メーカーの制度品は売らないでくれと言い続けたのです。チェーンストア志向のスーパーマーケットにとって、これは真剣勝負で臨むべき課題でした。

一九六〇年代から一九七〇年代の初めにかけての日本では、NBメーカー中心の研究会が建値制度を維持するために活発に行われていました。

しかし、一部のメーカーは当時からペガサスクラブ加盟の企業と連携を始めていたのです。こういう話もありました。化粧品や薬局の小売同業組合が「安売りはけしからん。乱売じゃないか。われわれをどうしてくれる」と押しかけてきましたが、いっしょに抗議に来るメーカー系列販社の実質上のトップである常務は、押しかける直前にわれわれのグループ企業に電話をかけてきました。

「これから行きますからよろしく。私は立場上、ついて行くだけです」

抗議現場に来るとテーブルを叩いて文句を言います。終わって帰るとまた電話がきます。「ごめんなさい。立場上、仕方がなかったんです」と。まだ小規模店によって支えられているのがNBメーカーだというわけでした。

そうしたメーカーは、それぞれ後年は日本一になり、後進国のメーカーながら、外資系の攻勢にもビクともしませんでした。この三〇年間で世界に通用するブランドも構築できています。

それは、販売課長たちが保守的な取締役を説得し、新興勢力のスーパーマーケットと密かに手を握ったことによる金字塔でした。

〝ヤミ再販〟事件など、攻防が続く

乳製品メーカーで最初に、日本独自の建値制度の変更を認めたのが雪印乳業です。もちろん、表面的には建値制度を維持しながら、定価破壊を掲げるペガサスクラブ・メンバーへの出荷停止は行わず、いくらでも製品を持ち込んでくれました。だから、雪印はわずか一〇年間で乳製品メーカーのトップ企業として、圧倒的な地位を築きました。

家電メーカーで最初にわれわれ向けにチャネル政策を変えたのは三洋電機です。松下電器産業はわれわれとは真っ向から対決したのに、トップどうしは兄弟ともいうべき三洋電機の対応は逆でした。これが創業者である井植歳男さんと後継社長だった井植薫さんのすごさです。経営ノウハウは松下電器から学んでも、営業政策は三洋電機が独自に立案していました。

その次に日立製作所、それから三菱電機の順番で営業政策がスーパー向けに変わっていきました。私はかけ出しの頃、日立チェーンストールの指導をやっています。東芝のマツダリンクストア（後の東芝ストア）、松下電器のナショナルショップに対抗する小売店の系列化です。日立チェーンストール所属の経営者の平均年齢は、同業他社に比べて一〇数歳若く、いまは系列外に出ても生き残っている店が少なくありません。

最後まで相容れない関係だったのは、東芝、特にソニーと松下電器です。一九六三年以降、ペガサスクラブ・メンバー企業との取引停止を断行するNBメーカーや販社を、われわれは公正取引委員会に次々と訴えました。その一九六七年には、ついに公取委が家電七社に対してカラーテレビの価格カルテルの排除審決を出しました。

一方、一九六四年から一九七七年にかけて、いわゆる〝ヤミ再販〟事件が食品、カメラ、家具、衣料で頻発しました。これらはメーカー側が定価維持を図るための違法な対応策でした。

他方、食品の世界では、キッコーマン（当時の社名はキッコーマン醬油）とミツカン（当時中埜酢店）が比較的早くわれわれチェーン化グループと手を握りました。遅かったのは商社系の缶詰メーカーです。衣料品メーカーでは、グンゼが一貫してわれわれが目指した定価破壊に反対する側の代表格でした。転換が早かったのは小杉産業や東京ブラウス、東京スタイルで、その次の段階で内外衣料製品（現ナイガイ）が続きました。

販売ルートを開拓してメーカーを口説く

雑貨分野のNBメーカーで一番初めに、真っ正面からスーパーマーケットグループと手を組んだ代表が、ユニ・チャーム（当時の社名は大成化工）とオカモト（当時の社名は岡本理研ゴム）、そしてサンリオです。

彼らが私どもの主催するアメリカ視察セミナーに参加してビックリしたことは、スーパーマーケットでコンドームや生理用品をセルフサービスで販売していたことでした。帰国してペガサスクラブの小売業で実験してみると、むちゃくちゃによく売れました。

こうした商品はセルフサービスでなければ、お客はゆっくり選べません。生理用品を一品目ずつゆっくり選んでもらうには、店員から目の届かない通路で陳列します。店としての万引対策の逆です。コンドームも同様でした。薬局のショーケース利用型の対面販売では、男性も女性もこれらの品は気恥ずかしくてゆっくり選べません。だから、セルフサービス向けの商品なのです。当時は、「セルフサービスでそんな恥ずかしい商品を売るのはとんでもない」という経営者も少なくなかったのですが、日本リテイリングセンター（ＪＲＣ）がユニ・チャームとオカモトを口説くことで販売ルートを開拓したのです。

口で言っても信用してもらえませんから、ペガサスクラブのアメリカセミナーに同行してもらい、「アメリカのスーパーマーケットでは、こうやって売っているんだ。よく見てごらん、女の人が商品を十分に吟味して、納得して買っているでしょう。日本では、それができていない」と。

当時のユニ・チャームは、とてもいまのような業容を誇る会社ではありませんでした。しかし、高原慶一朗社長（現会長）はペガサスのアメリカセミナーに何回も参加しています。日本生産性本部のアメリカ視察では、現地メーカーばかり回るため、販売の現場がわからなかったからです。

ユニ・チャームはスーパーマーケットと手を組むことによって、生理用品参入からわずか八年目の一九七一年に、トップシェアを持つナンバーワン企業に躍り出ました。薬局ルートで販売していた当時のトップ企業、アンネを完全に駆逐してしまいました。日本に上陸したP&Gに紙オムツでも生理用品でも対抗できたのは、ユニ・チャームがペガサスクラブ一派だったからです。

逆に言えば、女の人が生理用品を選び、コンドームを自由に買えるようになったのはセルフサービスのおかげ、あるいはJRCのおかげなのです。本物のセルフサービスはレジの位置の話ではなくて、気軽に自由に買える状況をつくり出すことだと、この事例でもよくわかるはずです。

「価格凍結宣言」で無力さを実感

第一次価格破壊を目指した定価破壊は、NBメーカーとのさまざまな駆け引きを強いられたものの、一九七〇年代にかけて着々と進行しました。

その間、スーパーマーケットの先進企業は食品から衣料、日用雑貨、家電にまで品ぞろえを拡大し、日本型スーパーストア化を進めました。これが、疑似百貨店化として問題になったこともありました。当時の百貨店は、一九五六年の第二次百貨店法施行で、企業単位の許可制になっていたからです。

それでも日本型スーパーストアは成長を続け、一九七二年度にはダイエーが年商（単体）三〇五二億円（一九七三年二月期）と三越を抜いて小売業トップの座に躍り出ました。同時点で小売業ベスト一〇社のうち五社をペガサスクラブの日本型スーパーストアが占めるまでになっていました。

そして翌一九七三年一〇月の第一次石油危機を契機に、第二次価格破壊時代が始まります。石油価格が一挙に三割上昇し、経済が混乱するなかで、トイレットペーパーの買い占め騒動なども起こりました。

これを受けて一九七四年一月、ＪＲＣの提唱で日常生活品の「価格凍結宣言」を出し、石油危機前の価格を守れという運動をやりましたが、三カ月しか続けられませんでした。

この価格凍結宣言をやって、われわれの集荷能力の無力さがつくづくわかりました。一九七二年に百貨店グループの売上高を日本型スーパーストアが追い抜いたと、われわれは意気軒高だったのですが、集荷能力不足で価格破壊状況を維持できないことを自覚し、初めて本当の流通革命の難しさを知り、愕然としたのです。

当時は、その時点の売価を維持することすらできなかったからです。

第三章

ゼロからの出発

――商業のルネッサンスを、生涯の仕事とした――

ペガサスクラブ設立の背景

私が読売新聞で商店経営の記事を書き始めたのは、一九五七年（昭和三二年）、ダイエーが創業した年です。その後、私がアメリカのチェーンストア経営に目覚めたのは、一九五八年六月に出版された「商業界」主幹倉本長治先生の名著「ショッピングセンターとスーパーマーケット」を読んだことがきっかけでした。

そのときから「スーパーマーケット」や「チェーンストア」という概念と真っ向から取り組むために、海外の資料を集め始めました。

他方で一九六二年四月、志ある社長たち（小売業は一三社）を集めたチェーンストア研究団体「ペガサスクラブ」が発足し、各社が一〇年後年商一〇〇億円を目指して天翔けることを志しました。

このうちダイエー、イトーヨーカ堂、岡田屋とフタギ（合併してジャスコ、現イオン）、セルフハトヤと赤のれん（同ニチイ、現マイカル）、西川屋とほていや（同ユニー）の八社は、一九九〇年代になるとグループ売上高で一兆円を超える巨大企業へと成長しました。これは世界の奇跡だと言えます。偶然、集まったメンバーの質がよかったからです。

ペガサスクラブ設立前後の小売業界の動きを見極めるには、前章で述べた価格破壊運動の変遷に加えて、ペガサスクラブに結集するに至った背景にあるイデオロギー、なぜチェーンストアに目覚めたのかという価値観、そして、それを担った経営者群像を語る必要があると思います。

国民の暮らしを守るのは商人

初期のペガサスクラブで共有された思想の出発点は、江戸時代からの商人道です。もともと子供の頃から商業というのは、暮らしを守り、育てるビジネスだという意識が私にはありました。

一九三〇年代、日本の地方都市では、小中学校で成績優秀な人間が将来何を目指すのかといえば、役人か全国的に有名な一流企業の社員になることでした。学校の先生が父兄会で父兄に言うのも、そのことです。そのためには大学に行け、専門学校に行けということが常に語られていました。

ところが、私の育った伊勢（三重県）松阪では、社会的に一番安定した社会集団は松阪商人の番頭家でした。番頭とは、丁稚から叩き上げてきた商人です。中年になると必ず、家作（貸家）を四軒から六軒は持ち、家事手伝いさんも一人か二人はいて、お中元やお歳暮は、家紋つきの法被を着た人が、家紋つきの緑色の木綿の大風呂敷に包んで届けるという生活ぶりでした。

番頭は商人の世界の成功者たちでした。一般に「何々商人」というと、三井家や鴻池家の経営者が浮かぶでしょうが、恵まれていたのは番頭でした。学歴はありませんが、その道の専門家になったプロ中のプロです。尋常小学校を出て一二歳のときから誠実に四〇年間努力した結果、五二歳で番頭になります。当時もいまもそうですが、大企業の幹部や官僚の教育期間は三〇年で、大学を二二歳で出て、五二歳のときに取締役とか、役人なら次官などになります。番頭は、それよりさらに長い四〇年間の教育期間を経てビジネスを任されます。

私の父親は煎茶の担当で、これについては日本一の目利きでした（第一章参照）。チェーンストアでいうマーチャンダイザーと完全に同じ仕事をしていたわけです。私はこの父親にすごく誇りを持っていました。

ところが、旧制中学や尋常小学校の先生方からは、「生徒の成績が優秀だから商人になれ」という話はまるで出ません。だから、父親や母親が悔しがって、「実際に国民の暮らしを守っているのは商人だ」と、子供の頃から私に言いきかせていたんだと思います。

社会変革活動としての商業ルネッサンス

読売新聞社横浜支局時代の、キャンペーンの大部分は金融問題や政界の内幕をスッパ抜く記事で、正直、取材そのものは楽しかったのです。

しかし、記事を書いても都内版の朝刊に掲載されないことも多かったのです。その締め切りの午前〇時半直前に関係者に対し、最終的な電話インタビューをし、その記事をまとめます。それから新聞を刷り始めるまでの三時間半の間に、金融業界や大物政治家に影響しそうな記事はもみ消されてしまいます。

目の前の敵を直接新聞で叩くキャンペーンは影響の大きいものほど潰されるのだとわかりました。私の人生にとって学生運動（第一二章参照）の無力さの自覚に次ぐ二度目の挫折です。私はもっと別の方法で社会改革を志すべきだと観念しました。

世界の歴史を調べてみると、政治や産業上の改革を含む社会改革は、先覚者がそれを言い出してから実現されるまでに、普通は七〇年から一〇〇年はかかっていました。五〇年以内に成就された社会改革はありません。その実現を志すとすれば、自分の生涯をかけてやるしかないと判断しました。もしも生涯をかけてやるのであれば、日本で一番立ち遅れた分野で取り組もうと思いました。

そこでハッと気がつきました。その時点で改革が最も遅れているのは商業の世界だと。私の一高や東大時代の仲間は、当時あらゆる分野に進出していましたが、唯一無視されていたのが流通業の世界です。商業はあらゆる国民と関係があるにもかかわらず、私の仲間たちは全然無関心でした。それが国民の生活水準を直接左右するこの上なく重大な産業だとは理解していなかったためです。

これこそ世界に大きく立ち遅れた日本の恥部だと思い、国際的にモデルを探しました。そこで出てきたのがチェーンストア産業づくりという大課題です。子供の頃から意識していた、商業は暮らしを守り、育てる産業であるという思想にも合致するものでした。

商業がどうあるべきか、江戸時代の社会を支えた町民文化がいい例です。その時代の大衆の暮らしの水準は極めて高く、士農工商という社会的階級とは別に、商人は文化への絶大な影響力を持っていました。歴史を学べば学ぶほど、自信を持っていま、日本で「商業ルネッサンス」をやらなければならないと思いました。別の言葉で言えば、流通産業における革命です。

一八世紀半ばから二〇世紀までの産業革命そのものは材料製造業における動力（エネルギー）革命ですが、流通革命では、「商業が人々の生活を支える最も重要な社会変革活動の一つである」と見なされる世の中をつくりたいと考えたわけです。

そこから、欧米のチェーンストアの歴史に目を向け、同時に、私は日本人のなかの最も優れた人々を商業の世界に集めなければならないと思いました。

商業の復興が、影響力の大きい大社会革命だとは誰にも思われていない時代のことです。だからこそ、私は、「総理大臣や通産大臣をやるよりも、三井物産や伊藤忠商事や日立や東京電力の社長をやるよりも、商業人としてあるべき活動をするほうがより大事だし、社会に対する影響力があるんだ」という主張を展開し始めたのです。

「技術論」のための三つのルート

私は、読売新聞の記者としては速報報道ではなくて、解説報道記者として「商店のページ」を担当し、商店経営の事例多数の調査、分析を進めてきました。商業の世界の古い常識を抜本的に打破するような先進的な事例を探し出すことが狙いでした。そうした実態分析を繰り返していくにつれ、根本的な経営条件が欠落しており、その改革が急務だとわかってきました。その実態は、整理すると以下のようになります。

①株式会社でも協同組合でもない、有限会社と企業組合形式の個人企業が多い。店主一家の金儲けの手段と考えられている。

②株式会社でも払込資本金が五〇万円から三〇〇万円止まりなのに増資する気がない。当然新規投資意欲がない。企業成長（拡大）という意志がない。

③従業員の平均年齢は小売業で二三歳前後、飲食業だと一〇代後半と技術上の未熟者ばかりなのに、朝礼時間内だけの速成の訓練主義でお茶を濁している。

④劣悪な労働条件で労働基準法も賃金体系も無視しているため、従業員がすぐ辞めてしまう。

つまり、経営基盤としての人材（採用・教育・組織・労務）対策と資金（資本金・法人資産の質と量）対策とがまるっきり皆無だったわけです。

小売業や飲食業の繁盛店経営者は、肉体的にはよく働いていました。しかし、経営的にはその日の売上高に一喜一憂するだけで、企業としての成長、つまり規模拡大は肉体的努力をすれば実現できると錯覚していました。第三次産業の年商規模は総売場面積ないし客席数に正比例するのだという、しごく当たり前の原理すら理解されていなかったのです。

彼らを覚醒させるためには、まずイデオロギーが必要でした。国民大衆の暮らしの向上に貢献するという、あるべき商業経営を実現するための具体的なイデオロギー論で、それが「本商人論《ほんあきんど》」でした。

「技術論」はその次に来ます。「業態（type of operation for selling＝売り方）としてのセルフサービス」や「スーパーストア化」とか、品ぞろえ方法としての「フォーマット（業態類型）論」、例えば「スーパーマーケット」や、「ホームセンター」や「ファストフードサービス」などをいかにつくるかという営業上の技術原則を明示することでした。

それらを研究するための知識ルートは三つありました。一つは、「商業界」主幹の倉本長治先生です。第二のルートは商業界ゼミナールで出会った、当時は新潟大学教授だった川崎進一先生です。川崎先生からは、「アメリカと欧州には一九世紀からチェーンストア産業というすごい企業グループがある」と教わりました。そして、チェーンストアに関わる文献や資料を紹介され、英語の原書を次々とそろえていきました。

その翻訳を一番積極的にやってくれていたのが、日本専門店連合会（日専連）の指導室（室長宗像平八郎先生）です。それが三つ目のルートでした。

一九七四年三月の「大規模小売店舗法」施行の頃、日本チェーンストア協会と政治的に対立した最大の敵は日専連でした。ところが、それ以前の一九五〇年代後半において、欧米のチェーンストア、特にスーパーマーケットに関連する文献の翻訳資料を一番たくさん発表していたのは宗像先生が所属していた日専連でした。ですから、私が最初に扱ったアメリカの基礎データは、宗像先生からもらっていたものです。

チェーンストアの産業化を初めて講義

私がチェーンストア論を初めて公衆の面前で語ったのは一九六〇年一〇月に、日専連主催の「モデル店現地セミナー」でした。これは福島県郡山の紅丸商事（現ヨークベニマル）をモデルとして、日本で初めて「チェーンストア経営」が商業経営セミナーのテーマになったときです。

指導講師は宗像先生で、私は取材に行っただけです。ヨークベニマルの創業者である大高善雄さんの説明では、同社は「〝のれんわけ〟でチェーン化を進める」という趣旨でした。そこで私は宗像先生に生意気にもくってかかりました。

「店を直営するのがチェーンストアである、そうして初めてチェーンストアとしてマスの威力が発揮できるのだ、のれんわけなんてとんでもない。このセミナーの主テーマであるチェーンストア経営とはかけ離れた考え方だ」と。

すると、「自分の立場では、それは言えない。読売新聞の記者がこのセミナーの取材に来ているから感想を聞いてみるよと、私がきっかけをつくるから、別世界にいる新聞記者のあなたが本当のところを言ってくれ」と宗像先生にそそのかされ、結局私は遠慮なく右の批判を参加者に話しました。

当日夜遅く大高さんが私の宿を訪ねてきて、「いままで誰からも一度も悪口を言われたことはなかった」と述懐されました。当時、商業の世界で大高さんは「食品小売の神様」と尊敬を集めていました。ですから私の発言を聞いたとたんに大高さんは猛烈に腹が立ったそうです。

しかし大高さんは続けて「よく考えたら、あんたの言うことは正論だと思う。もっと詳しく教えてくれないか」と頼まれたのです。私もそんな大高さんの大ファンになりました。

大高さんは、一九六二年のペガサスクラブ設立時に率先して参加し、あらゆるペガサスセミナーに出席し、詳細にノートを取りました。セミナー終了後には必ず私のところに来て、ノートを見せながら「こうノートに書いたのだが、このように理解していいのか」と、復習を綿密にやってから帰っていきました。

そして帰り際には毎回、「この項目だけは必ず実行する」と言い残しました。ご子息で元社長の大高善兵衛さんもいつもいっしょに熱心に勉強していました。ペガサスセミナーでの技術論は、それほど当時の革新的な商業経営者に熱く求められていたわけです。

右の現地セミナーから二カ月後の一九六〇年一二月、「チェーンストア」という七文字の名称がついた日本で初めての公募セミナーが雑誌「商業界」の主催で、箱根で行われました。

ここで私は初めて講師を務め、チェーンストアとは何かをヨークベニマルの実例も交えながら講義しました。日本で最初に「チェーンストア」を真正面から取り上げた研究会の席上で、私は「チェーンストアの産業化が必要だ」と訴えました。「チェーンストア産業づくり宣言」です。日本でチェーン産業を半世紀かけて築造するプロジェクトを提案したのです。「まず一九六〇年から三〇年かけてチェーンストアづくりの準備期間としてビッグストアづくりを行い、ついで一九九〇年からの二〇年間で本格的なチェーンストア経営システムをつくるプロジェクトだ」と表現しました。

アメリカでも論じられていなかった一店から一〇〇店までの成長理論

その頃には、日本の商業が目指すべき姿はチェーンストアであると私は確信していました。スーパーマーケット経営研究会の夜、ダイエー創業者の中内㓛さんに、「チェーンストアを目指すべきだ」と口説いたことを覚えています。

この指導理論の筋書きができてきたのは一九五八年から一九六〇年の頃です。当時私の商業経営論の教師は倉本長治先生と川崎進一先生と「公開経営指導協会」の喜多村実先生ですが、この三人に対して私は苦情を言いました。「あなた自身がなぜ、チェーンストアの指導をしないんだ。なんでショッピングセンターをつくらせないんだ」と。三人とも「僕はもう年だから、若手で元気一杯の君にやってもらおうと思って応援しているんだ」といなされました。何だかうまくすり替えられたわけですが、それで私が発奮させられたことには間違いありませんでした。

私は、そのために睡眠時間四時間で、死に物狂いで調査と論旨づくりをやらざるを得ない状況に追い込まれていきました。技術論ができ始めてからペガサスクラブ設立に動き、会員企業を集め始めました。「本商人論で大衆の暮らしをよくする商人になろう。古い経営の欠陥を正確に知って、それを打破する先達になろう」と呼び掛けました。

私は宗像先生からアメリカのチェーンストアの資料をもらっていましたが、そこに店数が一〇〇店だ五〇〇店だとか、売上高が一〇〇億円だ一〇〇〇億円だとか書いてあっても、まだ新聞記者である私にはピンときませんでした。

現地で肝心の一店から一〇〇店突破になるまでの情報は、アメリカにはまるで存在しなかったのです。

当時私が教えることのできたのは、商業の社会的役割と、あるべき商業経営のためのイデオロギーで、技術論については、みんなでお金を出して調査し、成功の公約数をひねり出し、実験結果を公開し、相互討論をして本当のものを見つけようと提案するしかなかったのです。

その後、一九三〇年代のアメリカのチェーンストア勃興期に経営を担った元大幹部に会って、初めてチェーンストアづくりのための法人資産の蓄積と技術者の育成に、半世紀以上かけていたことがわかったのです。それがペガサスクラブのチェーンづくり五〇カ年プロジェクトの骨子になりました。

流通業界の巨人とのさまざまな出会い

私が商店経営の記事を書き始めた一九五七年から一九六二年四月のペガサスクラブの発足までの間に、さまざまな出会いがありました。

岡田卓也さんとの出会いは一九五九年のことです。成瀬義一先生が主宰し、日本繊維小売新聞がスポンサーになっていた「日本有名衣料百店会」という研究会がありました。その研究会を取材に行ったときに、体験発表で一番しっかりした発言をしていたのが岡田さんでした。直後に、私は三重県四日市の「岡田屋」を取材に行きました。実際に会って、二人で話をするほどに、これは日本を背負って立つ経営者になる傑材だと思いました。

その数カ月後、喜多村実先生が率いる公開経営指導協会で「東光ストア（現東急ストア）研究会」がありました。これより先、私は「東光ストアはチェーンストアという、いままでになかった経営を目指している」と指摘したレポート（一九五九年二月）を書いていましたが、それを喜多村先生が読んで、私を中心講師にしたセミナーを開いてくれたわけです。

そこに伊藤雅俊さんが参加していました。伊藤さんは公開経営指導協会のメンバーで、「伊藤さんの店はすごい繁盛店だからマークしたら」と喜多村先生にすすめられ、すぐに取材に行って、知り合いになりました。当時の「ヨーカ堂」は、東京・北千住にあった下着屋でした。下着屋の東の雄がヨーカ堂で、西の雄が西端行雄さんの経営する大阪の「セルフハトヤ」でした。西端さんとは、一九六〇年に取材に行って知り合いました。

ダイエーの中内㓛さんとの出会いも一九六〇年です。喜多村先生が主催した「主婦の店ダイエー三宮店見学会」に読売新聞の記者として同行したことがきっかけになりました。同じ頃に名古屋の西川屋の西川俊男さんとも出会いました。西川屋も日本有名衣料百店会のメンバーで、後に「ほていや」と合併してユニーとなります。

ほていやは名古屋にも店がありましたが、当時の本部は横浜で、私が読売新聞社横浜支局時代の一九五五年に古川政治郎会長（当時）と知り合いました。私は横浜経済記者クラブの古い制度の打破を掲げて、「企業からの招待は一切受けない」という宣言を出しました。私がいなくなったらすぐに復活しましたが、横浜商工会議所の常議員で神奈川県商業協会長だった古川さんが、「骨のある新聞記者だ」と私をすごく高く買ってくれたわけです。

私が商店のページを始めたときには、ほていやは有力なモデル店の一つでした。当時、すでに二桁店数規模の呉服チェーン展開をやっていたのです。

IE手法を商業の世界に持ち込む

チェーンストアやショッピングセンターやスーパーマーケットをどう実現するかの具体的なノウハウは、これから得ていかねばならぬ知識でした。しかし、とりあえず経営革新のための提案は必要でした。そのときに威力を発揮したのが、私の「IE論」でした。

例えば、「店員は何のためにいるのか」と質問をすると、ほとんどの経営者は、「接客のためだ」と答えます。ところが、私がメンバー企業の現場に行って、店員が接客を何分やっているのか動作時間の計測をしてみたところ、ほとんど接客をしていなかったのです。

経営者は、「働いている八〜九時間のうち、五時間は接客しているだろう」と思っているわけですが、実際に計測してみると、接客に一日当たり三〇分以上使っている店員は一人もいません。経営者の思い込みと現場の実態とは大きく違っていたわけです。

そこで私は、「だとすれば、いったい何を店員にさせるべきなのか考えましょう」と提案しました。「店員が何をするべきか」は、そのときの私にもわかっていなかったのですが、「店員は接客のためにいる」という経営者の思い込みがおかしいという指摘は賛同されたわけです。この理解は、今日に通じる大きな課題でもあります。

ある日本型スーパーストアから提出されたデータでは、一日当たりの作業の回数を調べると、一番回数の多い作業は〝休憩〟でした。数分の休憩が一日二〇数回もありました。これは、作業割当がないからです。一つの作業をこなす時間は、普通の作業であれば、二〇分から三〇分は続かないと完全作業になりません。ところが、作業が細切れで、一つひとつが数分で終わってしまうと、次の作業に移るまでの間、五〜一〇数分間の余裕時間と準備時間と後始末時間が入ってしまいます。

これが休憩の実態です。作業割当がないために、店では現場の従業員に自発的行為を求めています。すると、第三者には仕事をしているとは見えない合間が必ず入ります。これほど無駄なことはないわけです。しかも、作業がリズムに乗りません。作業リズムというのは、最低で二〇分間、普通は四〇分間の継続が必要です。その時間帯で作業を続けてやれる作業割当ができたら、人時数（各従業員の作業時間を全従業員につき合計したもの）は現在の三分の一ですむのではないかと、私は思います。

昔もいまも営業の柱となってきたチラシ特売についても、私は当時から問題点を指摘してきました。特売期間の営業利益が特売にかけた人件費に値するのかどうかをIE分析すると、値していないことが数字ですぐに出てくるからです。

これがIEです。IEとは基本的に、数字のない世界を数字に置き換えて、合理的な改善をするという問題解決方法です。今日的な課題で最も数字のない世界は物流で、コストの上では人件費が最大の問題です。

「地価が高いところは繁盛する。それは店前の通行量が多いからだ。地価が低いところはだめだ」と当時は言われていましたが、本当にそうなのかを数字で検証する経営者はほとんどいませんでした。これは、「総資本回転率」などの資本効率や、「総資本経常利益率」などの資本の収益性を一坪当たりで考えることで、簡単に本当の良い悪いがわかってきます。私は、そういう解釈の仕方を最初の頃、指導していたのです。

当時の私はIE的なことしかわからなかったし、新聞記者だから、調査方法とその理屈だけを知っていれば仕事を進めることができたのです。

しかし当時の商業経営指導の先生方は、そういうことも教えていませんでした。教えていたことは、接客と陳列と販促商略、もうひとつは精神論です。

例えば「心を込めてキレイに掃除しましょう」と言っても、どういう道具を使って、どのような動作と手順で掃除をし、どのような状態で維持すればよいのかという掃除の仕方は教えません。もちろん、「心の込め方」など教わった人にもわかるわけがありませんし、教えた先生方もわかってはいなかったのです。これは笑い話ではなく、いまでも同じことが行われています。

私が新聞記者として接触した商業者の経営手法や、それを指導していた商業診断制度の方法論も、個人の思いつきが大部分で、経営数字の扱い方も「多い」「少ない」というだけでした。課題は、「商業経営を科学として扱うこと」と「チェーンストア産業をつくること」の二つに集約されます。

科学としての経営とは、「すべての事象を数値として捉えながら、事例をたくさん調査し、そこから共通の因果関係を類推し、さらに、それを実験して確かめたあと、論理的に体系づけて説明する」というプロセスを指しています。

チェーンストア産業づくりは、商業経営で社会を改革する運動ですから家業でも支店経営でもなく、百貨店でもないまったく異質な経営原則の確立とその体系とが必要です。そのためには、先進国アメリカのチェーンストア産業と、その個々の経営システムとの数多い事例調査を継続し、実験の積み重ねのあとで理論化していくという面倒な手続きを踏まなくてはなりません。

そこで必要なことは、国内で実験できる店舗現場を特定集団化し、継続的に観察と分析と判断の対象にできる研究システムをつくることでした。その相手企業は、まだ原石ではあっても、高い志と優秀な人とで構成されるチェーン化志向企業でなければならなかったのです。それが当時のペガサスクラブでした。

ペガサスクラブ設立に奔走

チェーンストアの実現には技術論の体系が必要だという共通認識ができ始めてから、私はペガサスクラブ設立に動き始めました。

「チェーンストアはアメリカで一五〇年かけてできた。そのノウハウを手に入れて、われわれは一五〇年分を五〇年で実行しよう。そのための調査は膨大な費用をかけなければできないだろう。とりあえず年に一〇〇〇〇円出してくれ」と提案しました。「それじゃあ、あまりにも安すぎる」と三〇〇〇〇円に値上げになりました。まずチェーンストア研究団体を発足させ、具体的な技術論は、みんなで勉強しようという趣旨でした。

しかし、ペガサスクラブの基本姿勢は本商人論であり、同時に古い経営の打破というコンセプトでした。それを具体化するため、「まずアメリカのチェーンストアを見学し、次に国内で事例をストアコンパリゾン（各店舗を見学し、比較調査すること）して共同研究しよう」という提案が、みんなに受け入れられたのです。

ストアコンパリゾンが絶対的な手段だったわけです。それから、経営用語を英語で勉強していくことも、当時は当たり前のノウハウでした。外国語ですから当然、用語の意味を統一しないといけません。そういう観点から自ずとコンセプトの標準化が進んでいきました。

「何で企業秘密の数字をお互いに公開できるのか」「成功や失敗の因果関係を経営者自身が人前でしゃべるなんておかしいではないか」と、一九八〇年代まで、ずっと世の中から不思議に思われていましたが、ペガサスクラブのメンバーのなかでは不思議でも何でもなかったのです。

しかし、現在でも韓国の小売業のメンバーは、相談に来たときに数字や因果関係を明らかにするように言っても、絶対に受けつけません。

数字と因果関係をさらけ出して議論することは、日本の流通業におけるチェーンストア志向グループの共通の文化だったのです。逆に言うと、ゼロからスタートして共同研究をやったことが原動力になったわけです。ですから、「お互いに競争相手であり、敵。でも、お互いにチェーンストアを研究する仲間だ。それは国民大衆のためだから」というのがペガサスクラブのスローガンであり、チェーンストア産業づくりのために共有した考え方でした。

流通革命への熱気は討論会から生まれた

チェーンストアの産業化を目指す航路は、当初二つありました。

一つは、公開経営指導協会の路線です。名称のとおり、ガラス張り経営をしようということで、細かな部分は別として、少なくとも決算書の内容は公開しようという運動でした。これは本来、脱税をやめて税金はちゃんと払いましょうという運動でしたが、それを決算書と経営効率の数字を公開することによって、健全経営の目安をつくろうという運動にしていったのです。

ただ、公開経営指導協会の中心にいた指導者たちが、労務管理や店舗設計の問題を中心にやっている先生方で、計数管理の専門家は単に構成メンバーの大部分であるというだけで、その分野の指導がどんどん低調になって存在感が薄れていきました。

もう一つは、「商業界」の倉本長治先生が、商業界ゼミで経営者自身の体験発表を柱の一つにされたという路線。体験発表という考え方は、一種のベストプラクティス研究です。それがなぜ可能だったかというと、倉本先生の下で体験発表をした企業が当時の小売業界の新興勢力だったからです。その筆頭が「バイブルによる経営」を掲げた「十字屋」でした。それ以外の当時の小売業の最大勢力だった百貨店など、大手小売業は全部経営数字を秘密にしていました。

現在商業界ゼミで行われる体験発表は、経営数字を簡単にしか公表しませんが、因果関係はきちんと話しています。こういう努力をしたら、こういう失敗をした、こういう成功をしたという実践的な体験談です。これは商業界イズムです。

そういう土壌があって、それをもっと詳しく、具体的に、しかも討論の形で進化させたのがペガサスクラブです。ペガサスのセミナーを三日間やると、深夜の午前三時か四時頃まで、泊まっている宿の部屋で経営者同士や私も交えてお互いに討論会をしたものです。

討論というのは、体験の相互批判をやるということです。これは、いま振り返っても、非常に大切な相互研究だったと思います。現在はほとんど討論会ができなくなっていますが、一九六〇年代から一九七〇年代の流通革命への熱気は、それを中心に高揚していったのです。

これはとても重要なことです。これからの経営はますます秘密主義になっていくでしょうが、この時期のフェアな相互討論という研究方法は、日本のチェーンストアづくりの基盤になったのです。

それができたのはペガサスクラブのメンバーに、老舗や当時の有名店がいなかったからです。新興勢力の経営者には、固執したり、守ったりしなければならないものは何もなかった。経営者自身にも変革への自信がありました。「俺がいまやっているんだ。だから、これからも俺がやるし、経営の仕組みも店も俺がいくらでも変えられるんだ」という自信と意欲に満ちあふれていました。

これは、極めて進歩的で真摯な姿勢であったと思います。変えればいくらでもよくなるということは、未来に対する希望であり、自信でもあるからです。

ペガサスクラブ設立時の初期メンバーが続々と一兆円企業へ

チェーンストア研究団体設立を志してから、そのメンバーをどう集めていったかというと、企業規模が大きくても、変革の余地がないと考えた企業は、呼びかける対象から外しました。それは百貨店と百貨店をモデルにしている小売業です。

当時一三〇万店の小売店がありました。そのなかで、百貨店関係を除く年商一億円以上の小売業を読売新聞の力で調べると、全国に一三〇〇社ありました。その一三〇〇人の経営者に一人残らず会おうと決めました。一九五九年のことです。

当時、読売新聞社は、私に年に五〇日間しか休日をくれませんでした。そこで、休日前の夕方に仕事を早くすませて、午後六時には東京・銀座にあった本社を逃げるように飛び出し、月曜日の朝一〇時に出社するまでの四〇時間をフルに使おうと考えました。

アポイントメントをあらかじめ取り、乗物に乗っている間は必ず眠る。乗物に乗ってないときは、すべて相手と話をしているという日程を繰り返していきました。しかし、年間休日は五〇日間ですから、一三〇〇人に会うのに三年かかってしまいました。

ペガサスクラブ設立から三年目の一九六五年には西友や平和堂やオークワ、フジなどが参加し、さらにマルエツ、いなげや、ヤマナカ、ライフコーポレーション、カスミ、ベイシア、バロー、サミット（いずれも現企業名）などのスーパーマーケットグループが相次いで加わり、一九七〇年前後からすかいらーく（当時はことぶき食品）をはじめとするフードサービス業や専門店グループ、灘神戸生協（現コープこうべ）をはじめとする生活協同組合の入会も増えていきました。ペガサスクラブのメンバー企業は、一時は一二〇〇社にまで拡大しました。

こう見てくるとわかるように、日本の小売業で連結売上高が一兆円を超えた会社の大部分は、初期のペガサスクラブから出ています。当初からの売上増加率最高は一万倍です。スーパーマーケットグループも、創設メンバーで見ると、ヨークベニマルの売上高は四〇年間で八〇〇倍以上、イズミヤは同三〇〇倍近くに達しています。偶然、優れた質の高い人々が集まったようですが、これは一種の奇跡なのでしょうか。

■ペガサスクラブ発足時参加企業の内訳

（1960年頃の渥美俊一接触開始時の店数と年商）

	現在の企業名	接触時の企業名	店数	年商（億円）	参加者名
	ダイエー	①ダイエー	3	33	中内㓛
		②サンコー			中田安彦
	セブン&アイ HLDGS.	③イトーヨーカ堂	1	5	伊藤雅俊
		④紅丸商事（現ヨークベニマル）	9	3	大高善雄 大高善兵衛
	マイカル	⑤（ニチイグループ）			西端行雄
		セルフハトヤ			岡本常男
		赤のれん	各1	各3	小林敏峯
		ヤマト小林商店			福田博之
		エルピス			
小売業 13社	イオン（元ジャスコ）	⑥岡田屋	3	18	岡田卓也
		⑦フタギ	4	5	二木一一 二木英徳
		⑧扇屋本店	1	3	安田敬一
		⑨シロ	1	3	井上次郎
※ニチイグループは1962年のペガサスクラブ設立時すでに同一企業体の実態を持っていたため、1社としている。	イズミヤ	⑩いづみや	2	11	和田満治
	ユニー	⑪ほていや	8	10	高木久徳
		⑫西川屋	3	3	西川俊男
	西友（元関西西友）	⑬コマストアー	1	3	田中敬一郎
メーカー・卸 3社	大西	大西衣料		37	大西隆
	伊藤景パック産業	伊藤景三商店			
	柏屋	柏屋			

第四章

日本型スーパーストアの功罪

――ビッグストアづくりに乗り出す――

年商五〇億円以上をビッグストアと定義

日本にチェーンストア産業を築造するための「五〇カ年プロジェクト」では、一九六〇年（昭和三五年）からの三〇年間がチェーンストアづくりへの人材と資産との準備段階としてのビッグストアづくり、一九九〇年からの二〇年間が本格的なチェーンストア経営システムづくりの時代、その後で流通革命が実現されると想定したのです。

私たちは年商五〇億円以上の小売業をビッグストアと定義し、第一段階のゴールとしました。年商五〇億円以上と設定した理由は、そのあたりで家業から企業経営へと雰囲気がガラリと変わるからです。しかし、一九六〇年時点ではビッグストアと呼べる小売業は全国に二一社だけで、うち二〇社は百貨店ばかりで、残りの一社が専門店の丸善でした。

当時、もうすでに欧米の流通業では一〇〇年以上の歴史をかけて四桁もの店数を持つ大規模なチェーンストアができていました。「月刊食堂」の創刊号（一九六一年八月号）で、私は零細が当然なフードサービス業の世界でも、米マクドナルドが一〇〇〇店のチェーンをつくっていると紹介しました。しかし、日本では国民大衆の日常の暮らしの豊かさに貢献するチェーンストアは一社もできていなかったのです。

売上規模が社会的信用を生む

私はチェーンストアづくりのモデルをアメリカに求めました。しかし、前述のとおり、アメリカで入手できるチェーンストアの文献は基本的に五〇〇店以上、少なくとも二〇〇店からの発展史でした。ゼロ店からの出発を扱った資料が、まるで存在しなかったのです。

さらに根本的に困ったテーマは、第一に人材対策です。アメリカのチェーンストアは四〇歳から五〇歳代の二〇年から三〇年選手が経営システムを分業していました。当時、日本の小売業の社員の平均年齢は二四～二五歳で、男性は三〇歳で辞めるのが当たり前、三〇歳以上では数人の番頭格しか残りません。フードサービス業の平均年齢は一八歳ぐらいでした。当然、人材教育は朝礼中心の店員教育で、組織分業を担うべき二〇年、三〇年選手の技術者は皆無に近かったのです。

問屋からの信用やメーカーからの信用、金融からの信用も欠落していました。四年制大学や有名高校の卒業生は入社試験すら受けに来ません。社会的信用がまるっきりない状況でした。当時彼らが信用したのは売上高規模ですから、まず売上高でA級の信用をつくろうと「ビッグストアづくり」を第一目標に掲げました。

しかし、売上高を伸ばすためのモデルは日本では百貨店しかありません。江戸時代から続く三越や髙島屋、松坂屋という伝統的百貨店や、戦後に登場した私鉄資本系列の百貨店は、日々の暮らしに貢献する小売業という視点からすると、まったくの別世界でした。

そこで志さえあれば、流通の世界で独力でつくることができて、世の中に貢献できる仕組みは何かといえば、アメリカにあるチェーンストア産業でした。

三越に追いつくことが目標

ペガサスクラブが正式発足した一九六二年四月、第一回のペガサス国内セミナー「青年経営者（政策）セミナー」をホテル小涌園（箱根）で開催しました。最初に私がやった講義では、とにかくビッグストアをつくれということと、そのためには人材対策と、社会的信用を得るための対策が必要だという三つを強調しました。すると

「われわれは零細だからビッグストアはつくれっこない」と参加者が口々に言いました。

そこで「三菱は大資本の代表だが、せいぜい幕末から始まったものだ。三井は江戸時代から始まっているけれど、最初は私の郷里の三重県松阪市の一〇坪もない店だった。みんな最初は小なんだ。小が中になり、大になったんだ」と言ったら、「三井は三〇〇年、三菱だって一〇〇年はかかっている」と反論します。私は、こう続けました。

「その期間を短縮すればいい。時間を短縮する方法は経験法則を学び取ることだ。アメリカのチェーンストアの成り立ちや栄枯盛衰、成否の因果関係を徹底的に勉強すればいい」。つまり学習から始めることにしたのです。

私はチェーンストアづくりを決意したときから「工夫はするな」とみんなに言ってきました。ただ考えているだけでは絶望的になります。方法がまるっきりわからないからです。だから自分でゼロから考えることはやめて、でき上がっているノウハウをどんどん学習し、それを実行していくことで小から大になれる、時間も短縮できると考えました。

そこでまずビッグストアをつくることにしたわけですが、「じゃあ、どのくらいの規模を考えればいいんだ」と聞かれました。後に、ペガサスクラブ発足の中心メンバーとなったセルフサービスの総合大型店グループの大部分は、企業年商がわずか三億円でした。逆に私が経営者に対して「どのくらいの規模が欲しいと思う?」と尋ねると、三億円グループは「一〇億円になれば本物だ」と言い、唯一、年商三〇億円規模のダイエーの中内功さんだけが「一〇〇億円になれば」と言いました。夢を持ちたいといいながら、みんながそのときの三倍の規模しか目指していなかったのです。

私が「でも、三越は四五〇億円売っているよ」と言うと、「向こうは大企業なんだ」と反論されました。私は、「二〇年、三〇年かけてもいいから、少なくとも、まず三越に追いつくことを目標にしよう。そのためにまず一〇年後年商一〇〇億円だ」と主張しました。

チェーンストアづくり時間短縮のための条件

当時、私の周りに集まっていた経営者は三五歳過ぎの人が多く、二〇年経ってもまだ五〇歳代ですから、半分くらいは死ぬ確率はありましたが、半分は生き残るだろうから「三〇年かけてもやろう」と主張したのです。三越に追いつくということは、メンバーの大部分の年商規模は三億円ですから二〇年から三〇年で当時の一五〇倍の売上高規模になることを目指すわけです。

「三越だろうと、アメリカで最大チェーンのシアーズ・ローバックだろうと、もとは一店。彼らのやったことの一〇〇倍くらい努力すればできるはずだ」

そう私が言っても、みんな半信半疑の顔をしていました。彼らを納得させるには、ビッグストアづくりの一番よい方法を見つける必要があります。最初にやるべきことはチェーンストアづくりのためのビジョンと組織管理論と計算管理のあり方を提示することでした。二〇〜三〇年間の軌道を明示する必要もありました。

一九六〇年代初頭のアメリカのチェーンストアと日本の小売業のどこが根本的に違うのかといえば、第一には一店当たりの店の大きさでした。

そこで営業対策としてはまずスーパーストア化が課題だと考えました。

二つ目は、セルフサービスという新しい販売形式を取っていることです。当時の日本では、まだスーパーマーケットの一部がやっていただけで、非食品小売業では、ようやくセルフハトヤが着手したばかりでした。

三つ目は、チェーンストアが扱う商品はすべて生活必需品だということです。当時、いわゆる「大衆」の比率は国民の七割か八割と言われていました。その後、さまざまなデータから八三％前後だと判明しました。七〜八割の人に使われる大衆品を英語で「Ｅｖｅｒｙｂｏｄｙ　Ｇｏｏｄｓ」、生活必需品は「Ｅｖｅｒｙｄａｙ　Ｇ oods（実用品）」といいます。チェーンストアが扱う商品は大衆実用品に限るわけです。

ここで大事なことは、衣食住がそろうことです。シアーズは当時、食品をやったりやらなかったりしていましたが、同時にスーパーマーケットの大型化も始まっていました。そこで日本ではチェーンストアづくりの時間を短縮するために、大型化と衣食住そろえの両方をいっしょにやってしまおうと考えました。

買う側から見ると、本当の魅力は割安感ですから、「普通の人が一割は安いと思う価格を出そう」と提案しました。当時のアメリカの価格水準は、日本と比べて三分の一未満でしたが、それは当分実現できそうにないから、とりあえず一割は安くしようと考えたわけです。

この三つを前提に私と中内㓛さん、岡田卓也さんの三人で実務上の条件づくりをしました。建物は、米国よりも土地価格が高いことを考慮して、五〇〇坪の売場を三つ重ねる三層型。総売場面積一五〇〇坪です。これが米国のハーバード大が後に日本型スーパーストアと命名したフォーマットの形です。その初めての実験店が、一九六一年開業のダイエーの四号店「神戸板宿店」（神戸市）でした。

しかし、まだセルフサービスも部門構成もレイアウトも、いい加減でした。そこでノウハウをあるべき形に、つまり、すべてをアメリカ並みに変えようと原則を突き詰めて出直したのが、一九六三年七月に開業したダイエーの三宮店です。

当時、米NCRのオハイオ州デイトン本社でモダン・マーチャンダイズ・メソッド（MMM）セミナーの講義が開かれ、各国の新興商業企業のトップが参加していました。その主力講師のトルヒューヨ氏が、世界のチェーンストアのあるべき理想的なフォーマットとしてSSDDS（セルフサービス・ディスカウント・デパートメントストア）を提案していました。原案はワンフロアでしたが、これを三層型の店に変化させたことになります。日本では地価が高い一方、建築費も三階までなら、そう高くはなかったからです。

ところが三宮店を開業したとたんに問題が起こりました。

売場面積拡大のために売場貸しを活用

新しい〝日本型スーパーストア〟のモデルだったダイエー三宮改装店が開店するまで、ダイエーの店は最大でも売場面積四〇〇坪あまりでした。岡田屋（現イオン、三重県四日市市）も同じです。当然、三層型計一五〇〇坪の大型店にするためには、新たに一〇〇〇坪分の売場面積を増やさなければなりません。

そこで、七五〇坪は直営で、残る半分はコンセッショナリー（店名を出さない専門店の売場）に貸すことに決めました。方式は毎月、坪当たり粗利益高の平均より一〇％多かったコンセッショナリーには翌月、売場面積を一割増やし、逆に七％少ないところは七％分、確実に面積を減らすことにしました。

当時は資金がないから赤字に対してものすごく敏感で、赤字部門がたとえ一〇坪しかなくても、経営者は心配で夜も眠れないほどでした。日本型スーパーストアでは、赤字売場を一〇坪以上は持たないという暗黙の経営原則が当初はあったのです。利益が確保できなければ、その面積分だけ他社に貸すという考え方です。

ところが、当時は貸せるような小売業が見つけにくかったので、やむを得ず、ベンダー（納入業者）に売場貸しをする例が多発しました。これが現在の悪い慣習につながっていくことになります。それが広がりすぎると、わが社の商品政策と異なる売場になってしまうからです。百貨店業界の悪しき習慣、店頭で売れた分だけを仕入れとして計上する消化仕入れ（売上仕入れ）と呼ばれる方法を真似したことになります。

この消化仕入れという方法には予想外のメリットもありました。商品補充が自動的にできたからです。そのため本来の売場貸し制がいつのまにか消化仕入れに変質していきました。

まだ店が三店か四店しかない時代ですから、ダイエーといえども大手の問屋には信用がありません。岡田屋にしても、三号店の桑名店が日本型スーパーストアの一号店ですから、同じようなものでした。

ところが、大手の問屋側としてはセルフサービスとスーパーストア化についてはまったく新しい売り方だから警戒心を持っていました。当時の小売店の売場面積は一〇～三〇坪、広くても六〇坪でした。これでも大型店と言われていましたから、一五〇〇坪という広さの店は問屋にとっても想像外でした。

当然、大手問屋は店の実態を知りたいと考えます。質問しても答えてもらえないから、それなら自分たちが直接売場を持てば、長所と短所とがよくわかるだろうとなって、「この品種で、コンセッショナリーで入れてくれるなら、どこでも入るよ」と意外にも強力な大手問屋たちが乗ってきました。それも比較的前向きな問屋が多く手を挙げました。

もしも一五〇〇坪をすべて直営でやっていたら、大手問屋にはむしろ軽蔑されたかもしれません。この売場貸しが呼び水になって、スーパーストア化が急速に進展しました。

しかも、そうした貸し売場は全体の一割か二割ではなくて、半分を超える例も少なくなかったのです。イトーヨーカ堂でも、一五〇〇坪のうちの一〇〇〇坪、全体の三分の二を貸していました。

実際に日本型スーパーストアが増え始めた昭和四〇年代になると、小売業側からベンダーにプライスポイント（値頃）や売価の上限という扱い商品の制約を指示するようになりました。

プライスポイントで、陳列量を最大にします。当時プライスポイントには、品目数を三品目もそろえていました。三という数字は、私がアメリカで調べて打ち出した数字です。

現在の大手小売業の売場を見てみると、導入から二週目になると、プライスポイントのところだけ陳列量が減ってゆきます。しかもプライスポイントのところに一品目しかない。そういう点でも、いまはプライスポイントの考え方が崩れてしまっています。現在の大手小売業はすべての売場が直営主義になっているために、赤字売場を量産していることになります。それが日本のビッグストアの現状です。

はっきり言えば、昔は競争がなかったから日本型スーパーストアがどんどん伸びたのではなくて、当時のほうがまともな取り組みを行っていたから業績が伸びたのです。当時の売場貸し作戦は未熟だったのではなくて、むしろ大型化には適した立派な経営方式だったことになります。それをいまも続けていれば、大手小売業は現在のように利益の出ない状態にはならなかったでしょう。

消化仕入れの悪い習慣

一方、消化仕入れの手法そのものが悪い慣習を生み出しました。このやり方は、スーパーグループでも残っています。経営診断すると、大手の一番業績が悪い部門は必ずこの消化仕入れ売場なのです。コンセッショナリーに方針を示して貸している売場が一番よくて、次が直営売場、一番悪いのが直営と言いながらベンダーに丸投げ方式で売場を貸している売場、すなわち消化仕入れ売場です。

消化仕入れでは、売れた分しか仕入れをしませんから、在庫管理に無関心となり、ほとんどの商品が死に筋になってしまいます。売れた分だけ粗利益をとりながら、仕入れ代金は後払いですから商品回転率は計算上、マイナスになります。マイナスの商品回転率なんて考えられませんが、売ってから払うのですから、そうなります。当然、普通の商品回転率と比べることはできません。商品卸の隠れ蓑になってしまいます。この間ずっと日本型スーパーストアの業績が芳しくないのは、このあたりで間違いを引き起こしているからです。

直営売場も事実上の消化仕入れになっています。消化仕入れという商慣習ができたために、平気で、前に納品された商品の原価について後日切り下げ交渉をし、伝票の数値を切り替えるという悪質なことまで行われています。これは明らかに商道徳として不当で、公正取引委員会から言えば、優越的地位の乱用になります。

しかし、もとは消化仕入れの延長ですから、小売業の側に罪悪感も何もないわけです。それは単に経理担当がやった手続き上の話であって、「もともと売れた分しか払っていないんだから問題はない。昔より経理が明確になって、問屋だって原価がはっきりわかるようになったじゃないか。だから納品原価の切り下げを後でやっても不当ではない」と言います。こうした一部だけの独特な了解がいまでも残っているわけです。現在も公正取引委員会に摘発される事例が後を絶ちません。

私はいまでも、「坪当たり営業利益高で一〇万円を割る売場は直ちに直営をやめろ」と言い続けています。その売場はバイヤーではなくて、在庫コントローラー（在庫管理のスペシャリスト）の管轄にするようにと指導しています。

日本型スーパーストアがワンフロア五〇〇坪だった理由

日本型スーパーストアのあるべき形としてワンフロア五〇〇〇坪という数字をなぜ出したかというと、当時の日本の小売業の人件費がアメリカより著しく低かったことが出発点です。

当時の従業員の平均年齢は二五歳以下で、三〇歳になる前に従業員の大半が辞めていました。理由を経営者に聞くと、「三〇歳以上が居座っていると収益が減る。人件費が高くなりすぎるからだ」と言います。私は、ベテランの人材を育てるには、人件費を上げるべきだと考えました。

そこで賃金を払うための方法は何かを説明するために、労働生産性向上の話をしました。労働生産性を向上させるために一番大事なことは、アメリカ方式の作業システムを持ち込むことでした。

当時のアメリカのチェーンの一人当たり売場面積はスーパーマーケットで一五坪でしたが、日本では三坪から五坪でした。非食品はアメリカでは、一人当たり三〇坪を超えていましたが、日本では六坪か七坪でした。このアメリカ方式の作業システムを早く持ち込むべきだと私は考えました。

そのシステムの特徴の一つが、スーパーストア化でした。普通の人は、大型店は広い売場面積の店だとしか思っていませんが、私に言わせれば、作業システム上の適正規模の店です。それをまず何坪で考えればいいのか。これは私が一番苦心した問題でしたが、五〇〇坪という線を打ち出しました。衣、食、住の三フロアですから、合計で一五〇〇坪となります。

実際、これで日本型スーパーストアは、驚くほどに店数と売上高を伸ばしていきました。しかも、その価格帯は、だいたいアッパーポピュラー（大衆価格帯の上層）とロワーモデレート（中の下の価値帯）でそろえていました。これは一九六〇年代のアメリカで一番前向きだったチェーンの価格帯です。そのために、世界のチェーンストア業界のフォーマットの名づけ親になっているハーバード大学が「これは二〇世紀になって開発された日本独自の業態であり、同時にフォーマットである」として日本型のセルフサービス総合大型店、つまり「日本型スーパーストア」と名づけたわけです。同じ頃、欧州に出てきた型は「ハイパーマーケット」と名づけられ、ともに新しいフォーマットの名称として定着していきました。

いまも混乱する「業態」と「フォーマット＝業態類型」

一九六〇年代後半から相次いでアメリカから、さまざまなフォーマット（ｆｏｒｍａｔ）が日本に持ち込まれました。

ところが、医薬品や化粧品、酒類、外食などの多くの分野で日本特有の「営業規制」に直面しました。再販指定制度や免許制度などの法的規制や行政指導です。一九七四年三月に施行された、売場面積五〇〇㎡以上の小売店の出店を規制する大規模小売店舗法（大店法）は、最悪でした。

そこで私は過渡期のフォーマットとして、日本型スーパーストアとロードサイド型の売場面積一五〇坪型の専門店を提案しました。とにかくビッグストアづくりを行い、そのうえでチェーンストアへ転換しようとしました。

その過程でファストフードサービスやファミリーレストラン（当時はコーヒーショップ）、ホームセンター、ドラッグストアという総合店も、ひとりでに育っていくだろうと考えました。

しかし、一九六〇年代当時、フォーマットという英語は日本ではほとんど通じませんでした。「ｆｏｒｍａｔ」と「ｔｙｐｅ　ｏｆ　ｏｐｅｒａｔｉｏｎ　ｆｏｒ　ｓｅｌｌｉｎｇ（タイプ・オブ・オペレーション・フォア・セリング＝販売方法）」という二種類の英語があり、互いにまったく違う意味があることはわかっていましたが、翻訳に困った学者は、販売方法を「業態」と訳し、業態のなかでの特別な商品分類型を「業態類型」とまぎらわしく訳してしまいました。

アメリカのチェーンストア発展の原動力は、いろいろなフォーマットが互いに競争したことにありました。

いま振り返ると、「業態類型」という言葉が、大混乱のもとになったと思います。いまもってフォーマットと販売方法とを区別せずに使っている経営コンサルタントや学者が少なくありません。この二つが、ごちゃまぜになっていることは、本格的なチェーンストアを目指すには大きなマイナスになってきたのです。

フォーマットとは、品ぞろえ方法の種類の問題です。種類とは、部門名の組み合わせ方ではなくて、どのような消費生活の場面で使われる商品かをＴＰＯＳ別、つまり何らかの価格帯に絞り込んだもので、その商品のかたまりをフォーマットと言います。

チェーンストアでは商品開発が最も重要

一方、業態とは、その時期に適切と考えられる販売方法や販売形式を、具現化したものになります。簡単に例えれば、何らかの「便利さ」の提供がビッグストアづくりのモットーになります。チェーンストアでは、それに加えて、「商品の価値創造」があります。これは技術的にはプライベートブランド（ＰＢ）づくりになります。

当然、ビッグストアとチェーンストアでは、ベンダーとの関係も変わります。ビッグストアづくりの段階では、こちらには商品力もないし、知識も経験もないわけですから、強力なベンダーの力を活用しなければなりません。ベンダーの言いなりになるのではなく、小売業としての制約条件や軌道は明示するけれども、それぞれの品目の集荷方法についてはベンダーに任せなければならないと私は主張しました。

そのための対策は、前述のように、強力なベンダーのトップに信頼される企業になることでした。その信用を得るために、まずしなければならないのは支払日厳守です。支払いサイト（納品から支払いまでの期間）を短くすることではありません。当時は現金仕入れがいいことだとされていましたが、それはどうでもいい問題でした。手形仕入れでもいいのです。大切なことは、支払約定日の前日までに支払い、一日たりとも支払日を遅らせないことです。

そこで支払日の約束は無理をせずに、余裕を持ってやれと私は指導しました。それがベンダーの信用を得るためには必要なのです。支払いサイトで仕入れ価格が決まるのではありません。仕入れ価格を決めるのは、一品目当たりの取引数量です。このあたりはバイイングのコツとして相当しつこく教えました。

しかし、チェーンストアでは「商品価値の創造」が本来の任務ですから、商品開発（第一三章参照）が最も重要な対策です。しかしそれを始めると、急に在庫高が増え、資金繰りが窮屈になってゆきます。仕入れ原価がいままでより二割安いとか三割安いぐらいでは、経営は成り立ちません。新しく余裕資金の対策が必要になります。

逆に言うと、これまでの回転差資金主義（現金回収期間と支払期間の差から生じる余裕資金の追求を第一義とする考え）では通用しなくなるということです。実際、ＰＢをつくる小売業の回転差資金はマイナスになってきています。そのことに対する新しい資金対策が必要です。

そのためにも、ＰＢ商品の利幅は、従来よりはるかに大きく、粗利益率で一五〜二〇ポイント増やさなければなりません。だから開発輸入であれば、ＦＯＢ価格（Ｆｒｅｅ Ｏｎ Ｂｏａｒｄ＝輸出埠頭における本船上の引き渡し価格）の三倍から五倍の小売値で従来よりも五～七割低い売価にしなければならないのです。

さらに、どのような商品開発をやるのかによって、必要とする人材の質も違ってきます。こうした切り替えをいつやるかが、成長過程で最も重要なポイントになると、当時から私は言ってきました。

やめるにやめられなかった日本型スーパーストア

そのことは当然、いつまでも日本型スーパーストアの形を続行していてはいけないという問題になります。

そこで私は当初、一つの目安として売上高が一〇〇〇億円を超えたら日本型スーパーストアをやめることを計画し、三〇〇〇億円を超えたらチェーンストアに転換しようと提案しました。「それはいつなのか」との問いに対しては「変えるのは一九八〇年だ」と答えました。一九六〇年からの二〇年間でビッグストアづくりを行い、一九八〇年からチェーンストアへの転換作戦を始めようとの構想でした。

実際、一九七八年のペガサスクラブ下期政策セミナーで「第一号店作戦のためにチェーンストアの原点に戻ろう」というスローガンのもと、私は日本型スーパーストアをやめようと宣言しました。それを受けてダイエーの中内㓛さんが、翌年一月、東京商工会議所の記者クラブで「一〇年かけて日本型スーパーストアをやめて、フォーマットを変える」と発表し、マスコミや取引先、金融機関、さらには全国に散らばるダイエーの店長にも誤解されました。

中内さんは、「日本型スーパーストアは過渡期のフォーマットであり、本来のチェーンストアのフォーマットには、こんなものがある。これをダイエーは目指す」と言えばよかったのですが、そう言わなかったために、「スーパーをやめる」と誤解されたのです。

私が日本型スーパーストアをやめようと宣言した背景には、大店法の障壁もありました。一九八五年からは、約四〇〇カ所の地方自治体が大店法にもとづいて「商業活動調整協議会」を設け、チェーンストア勢力拡大の妨害をし始めました。これは憲法違反的な出店規制でした。

一方、アメリカ的な新フォーマットの導入を目指したといっても、当時はまだディスカウントストアや、ゼネラル・マーチャンダイズ・ストア（GMS）は技術的にできそうにもなかったので、とりあえず専門大店をつくろうという作戦に動きました。その後でホームセンターやドラッグストア、バラエティストアを進めようと打ち出したのです。

ところが、それでも日本型スーパーストア全体の売上は伸び続けました。楽に売れ続けているために、企業側はやめるにやめられなかったのです。

部門別管理表がつくられなくなった真相

しかし、一九九〇年代に入ると日本型スーパーストアはおかしくなり始めます。

日本型スーパーストアには、いろいろベンダー側とのしがらみがあり、やがてだめになることを一番初めに発見したのはイトーヨーカ堂でした。イトーヨーカ堂は一九八二年四月に「業務改善委員会」を発足させ、いわゆる〝第一次業革〟の取り組みを始めました。私もコンサルタントとして少しタッチしましたが、当時の最大の課題は、日本型スーパーストアに内在する経営システム上の欠陥の克服にありました。イトーヨーカ堂はチェーンストア経営システムを支える作業システム、言い換えると、マネジメントシステムの確立を目指したわけです。

しかし、結論から言うと、当時の根本的な問題は、いまだにあまり解決していません。例えば、一人当たり売場面積です。アメリカのチェーンストアでは平均が食品で二〇坪、非食品で六〇坪ですが、現在、日本型スーパーストア二〇社平均は一六坪で、イオンは平均値より少ない一三坪、イトーヨーカ堂はわずか一一坪です。アメリカ的チェーンストアづくりで最重要ポイントとなるのが作業システム改革で、これができないとマネジメントシステムの改革は、停滞したままです。なぜ停滞したのでしょうか。

チェーンストア志向の小売業は、どこも一九七〇年代にさかんに動線調査を行い、それに基づくレイアウト変更をしてきました。他方、部門別管理表をつくり、作業ごとの必要人時数や従業員ごとの作業能力と、一時間当たり人件費も把握されていました。店ごと、商品大部門ごとに作成した損益計算書から、現場改善を行う仕組みが整いつつあったのです。

ところが、コンピューターの導入が進み始めた一九八五年を境に、この部門別管理表をつくらなくなりました。部門別管理表がないために、店長も本部も売上高だけが評価の尺度になりました。店長は「売上を減らすな！」と尻を叩かれますが、店長にできることは、挨拶と接客の強化や変化陳列、POP広告であり、さらに品目数を増やすという方向での売場づくりしかありません。マス化よりも、たった一人の客が欲しいという商品でもそろえるという思想になっていったのです。チェーンストアが目指すべきシステム、マネジメントシステムとは違う方向に行ってしまいました。

日本のチェーンストア志向の小売業の発展にIT（情報技術）が一定の貢献を果たしたことは間違いありません。しかし、私に言わせれば、コンピューターによる弊害も大きかったと思います。その象徴は、部門別管理表がつくられなくなってしまったことです。

私は四〇年前、日本NCRの講師の先生から、「米国のマイケル・カレンが部門別管理手法を発明した」と教わりました。マイケル・カレンは一九三〇年に、ニューヨーク州ロングアイランドのジャマイカでスーパーマーケットの「キング・カレン」をオープンし、粗利ミックスなど斬新なマネジメント手法を考案したことで知られる人物です。

この部門別管理表をめぐっては、IBMとの秘話があります。

アメリカでチェーンストア向けコンピューターソフトが提供され始めたのは、一九八〇年前後です。当時、IBMはアジア戦略立案のため日本IBMのスタッフ一〇数人を、ペガサスクラブのセミナーに派遣しました。彼らはペガサスセミナーを片端から受講しました。三年間学んだ後に、米本社の指示で、私に「日本で欲しいコンピューターソフトは何だ」と尋ねてきました。当然私は「部門別管理表」だと言いました。

ところが、一年後に彼らが持ってきたのは、現在のPOS（販売時点情報管理）の前身となるものと、財務諸表作成ソフトの二つでした。私が、「けしからんじゃないか！　なぜ一番大切な部門別管理表のソフトを持ってこないんだ」と怒ると、彼らは「米本社も日本の流通業に一番に持ち込むソフトは、部門別管理表だと認めた」と言うのです。しかし、実際には持ち込めませんでした。

なぜかと言うと、ウォルマートもセーフウェイもシアーズも持っている部門別管理表のソフトは、各チェーンの独自ノウハウをもとに作成した、カスタムメイドのソフトだったからです。IBMにとっては受注生産ですから、その公約数を日本に持ち込むことはできなかったというわけです。

ハードが進化しても使う準備ができていない

部門別管理表のソフトに代わって持ち込まれたPOSのソフトが、コンピューター弊害の一つを引き起こしました。一番の盲点は、適切な発注量起案ができないことです。POSデータで売れ筋がわかるとよくいいますが、わかるはずがありません。陳列されてない、つまり欠品になっている商品は「売れていない」と判断されます。あるべき陳列量との関連が見えなければ、売れ筋かどうかはわかりません。

しかも一店ごとに陳列量が違うのでは、一店だけの特別な販売実績で次の販売量予測はできないのです。

アメリカでは、発注量はエキスパートの社内ディストリビューターが、エリアかゾーン単位で決定します。少なくとも一五店、普通は四〇～六〇店の荷動きを見て発注量起案をしているわけです。当然、彼らはディストリビューション・センター（DC）に所属する予測の専門家なのです。

ところが、日本では根本的に違っています。発注量起案は現場、つまり店舗ごとに素人が行います。〝特殊な一店〟ですから、一〇一番の商品の売れ行きはA店、B店、C店で全部違います。先週はA店で一番売れても、今週は全然売れないこともあります。日本では店ごとの陳列量にもともと格差がありすぎるからです。

単品管理が得意なセブン‐イレブンも、一店の単品の動きだけで発注量を決めてはいません。POSでわかることは問題のある単品がどれということだけで、問題の中身は現場で、実地に調べるしかないのです。売れ筋がわかるのは、十分な陳列量があって、適正な価格がついていて、品質が維持されている場合のみです。ソフトベンダーはPOSの効用を誇大宣伝しすぎます。

一時間単位で商品がいくつ売れたかわかるようになったと言いますが、わかってどうするのか。その都度、発注・補充したら作業コストは高くなる一方です。

もちろん、オンラインで即座に把握しなければいけないのは、欠品情報です。欠品の緊急事故情報は商品部に即時伝達し、商品部は四時間以内に原因を突き止め、対策を講じなければいけません。欠品報告こそオンラインで行うべきなのに、日本では大半が一週間か月単位です。数週間経ってからでは、バイヤーは原因を推定するしかなく、結局、改善はされません。

POS情報に基づく発注端末を最初に導入したのは、イトーヨーカ堂です。当時、一台一〇万円以上しました。最近のものは、個店やゾーン単位、会社全体の過去の販売動向など三〇種類以上の情報が確認できます。しかし、多くの情報がモバイル端末から出てきても、本当に活用できているのかどうかは疑問です。

末端のパート従業員は、情報が増えれば増えるほど、発注量を決定しにくくなります。実際、一時間当たり発注しているSKU（単品）数は、一〇〇品目を超える企業が多いのです。六〇分で一〇〇SKUということは、一SKU当たり四〇秒で、一つの情報を見るのもやっとです。しかも、端末の電池は約一時間で切れてしまいます。電池を替えればいいのに、現場は早く終えたくて、前回と同じ発注量を選択することになりがちです。

発注精度を上げたければ、完全作業をするための十分な時間と教育と、詳細なマニュアルとが必要です。いつまで経っても数量管理が軌道に乗らない理由は、そこにあります。ハードが進化しても、使う準備ができていないためです。

お客の立場から見た品質を追求するべき

日本型スーパーストアが持っていた原則のなかで、どこが根本的に現在の時流に合わないかというと、最大の問題は価格政策です。

スーパーストアの価格帯は、アッパーポピュラープライスおよびロワーモデレートプライス中心でした。しかし、非食品小売業の最大手の価格帯は、本来ミドルポピュラープライスもしくはロワーポピュラープライスでなければならないのです。

アメリカなら、婦人洋品の場合、三九〇〇円や四九〇〇円ではなくて、九八〇円や一九八〇円が中心になります。当然、全体の八割は三〇〇〇円を超えないのです。これこそ国民の八割を占める大衆のニーズに応えるものです。日本型スーパーストアはそれができないでいます。

二つ目は、部門別管理の欠如です。三つ目の技術的な弱点は、作業システムです。しかし、この作業システムのマネジメント手法である部門別管理表をつくっている企業は、ごくわずかしかありません。

四つ目は根本的なマーケティング上の問題、すなわち品質問題です。大衆が求めたり必要としたりしている品質や機能を、小売業として自ら確定するべきなのに、これができていません。ベンダー側のいう「高品質」説に振り回されているのです。

本来なら、当初の目標であった三越の売上高をダイエーが追い抜いた一九七〇年代（昭和四〇年代後半）から、この品質問題に取り組むべきでした。現在、ビッグストアの売上高占拠率は全国小売業の約六一％にも達していますが、品質問題への取り組みは完全に立ち遅れています。

日本では一九六〇年代初めには、ナショナルブランドメーカーがつくる立場からあるべき品質を決めてしまい、その後小売業がそのまま受け入れてしまったのです。使う（食べる）立場、買う立場からＴＰＯＳごとに「適切な品質とは何か」を検討しないままで、あるべき品質はすべてベンダー任せにしてきたわけです。

チェーンストアが本当に「価値創造」を行うためには、あるべき品質について頭の切り替えをしなければなりません。その点でのバイヤーやマーチャンダイザーの知的武装が必要だったのですが、いまだに品質に関して一家言を持っているエキスパートは、ほとんどいないのです。

例えば、食品の場合は、「トレーサビリティ」ばかり問題にされますが、もっと大事な安心について、品目ごとに基準を確定している小売業はありません。むしろ製造部門を持っているフードサービス業のほうが、品質問題についてはより正当な知識を持っています。

売ってはいけないものを売らないことが一番大事

最近は、品質問題に関して「安心と安全」という表現が業界にあふれています。しかし、「安心」と「安全」という言葉は区別して使いわけるべきです。

「安心」とは、商品の性質や価格を吟味しないで買える状態を意味します。吟味することを前提としているうちは、安心とは言えません。したがって「安心」などとは、滅多に言えないわけです。さらに言えば、いま小売業が問題にしているのは「安心」ではなく、「安全」の問題です。安全を問題にするならば、「どこでとれた（生産された）か」を追跡するトレーサビリティは、ごく一部の条件でしかありません。

その食品を食べても病気にならないかどうかが、まず問題なのです。それは細菌やカビや異物混入の問題であり、衛生管理手法のＨＡＣＣＰ《ハセップ》の問題です。次いで成分が問題となります。いずれの場合も「安全」とは、科学的に数字で検証された品質基準を保証できることです。

販売では品質下限を決めることが重要となりますが、実際にはほとんどの企業であいまいです。小売業もフードサービス業も、品質下限とは法律にもとづいてメーカーがつけた「消費期限（安全に食べられる期限、製造日を含めて五日間まで）」または、「賞味期限（品質保持期限、製造日を含めて六日以上）」のことだと思い込んでいます。しかし、食べる側の立場から言えば、それは名目だけの保証です。もともと傷んでいない商品かどうかの判断を託されても、消費者は困惑するだけなのです。これは、雪印乳業や不二家などの食品メーカーが起こした事件で証明されています。

その意味で小売業やフードサービス業の店現場マネジャーの、一番大事な職務は、「売ってはいけないものを売らないこと」です。売るべきものを売るのは二番目の課題です。それをやっていないのに、なぜ安全と言えるのでしょうか。「安心」を言う前に重要なことは、科学的に検証可能な「安全」を企業として決定することです。

コンビニエンスストアは添加物なしをＰＲしていますが、添加物の危険性はごく小さい確率で病気になる場合があるという心配です。しかしそれよりも食事ごとに国民大衆の健康をむしばんでいるのは、高カロリーや塩化ナトリウム、脂肪のとりすぎです。私はこのほうが重要だと考えます。食品に求められる品質条件は、第一に有害でないこと、第二にヘルスフードであること、第三に「味」が保証されることです。消費・賞味期限という表現は、その一部でしかないのです。

日本では、「有機栽培だから」「自然農法だから」味がよいと言われていますが、そこに科学的な因果関係はありません。あるべき品質は何かを、科学的に一度も突き詰めたことがないためでしょう。

あらゆるフォーマットでコスト管理能力が欠如

日本型スーパーストアは、最初は生活必需品を安く売る店でしたが、当時は定価の一割しか安くありませんでした。現在は三割、なるべく七割引きになるまで安くしなければならない時代です。その意味では、日本型スーパーストアは価格政策を根本的に見直す必要があります。

次は品質問題です。一九六〇年代は生活必需品の種類がもともと少なかったため、あるべき品質は問題にされていません。しかし、現在はＴＰＯＳごとに使い分けられるように、それぞれあるべき品質を追求すべきです。しかし、使い分けられるものは現在まだ日本型スーパーストアでは売っていません。すべて多目的、万能品なのです。

同じことは、ホームセンターでもすでに起こっていますし、次いでスーパードラッグストアでも起こり始めています。ただし、誤解してはいけないのは、「高品質」にしようというのではありません。ＴＰＯＳごとに「必要な品質」に絞ることなのです。

この問題は、同時にフォーマットの課題にもなります。日本型スーパーストアの企業数が一番多かったのは一九八五年ですが、売場販売効率（売場一坪当たり年商）は、当時の三三一万円から二〇〇五年度は一五七万円と激減しています。坪当たり売上が半分になっても、前の水準を維持しなければならないのに、それができないのは、コストコントロール能力がないからです。

しかし、それは日本型スーパーストアだけではなく、他のフォーマットでも同じです。スーパーマーケットの売場販売効率も、同期間で五〇四万円から三三七万円に低下しました。坪当たり効率が半分になると、よほどしっかりしたマネジメントシステムを確立しなければ、収益がなくなるのは当たり前です。

ところが、どの企業も店数と売上高と売場面積が増えたことばかり自慢します。もちろん、坪当たり効率が減ることが悪いわけではありません。悪いのは、粗利益高に占める経費の分配率をコントロールする、分配率管理ができていないことです。この一五年間、日本型スーパーストアが低収益にあえいできた原因はここにあります。

この問題点は、いま、あらゆるフォーマットに広がっています。その意味では、日本型スーパーストアが抱える欠陥は、日本の小売業経営改革の原点とも言える課題なのです。

国民生活を向上させるという志が日本型スーパーストアの原点

台湾や韓国や中国や東南アジアの小売業は、一九八〇年代から日本型スーパーストアのまねをしました。しかし、彼らには日本型スーパーストアをまねても、アメリカ的なチェーンストアの方向を目指すという発想がありませんでした。

その理由は、東アジアの国々の小売業は、計数管理を財務の立場からのみ見ていたからです。つまり、日本型スーパーストアの経営方針を不動産投資の一種として受け入れたわけです。

日本型スーパーストア誕生の基盤として、一番重要だったことは、「国民大衆の生活をアメリカ並みにしよう」というイデー（理念）が経営者側に明確にあったことです。これが、東アジアの国々の小売業がまねできなかったことであり、最も大きな格の違いです。われわれはそのために、日本国民のほとんどがわれわれの店で買物をして暮らすことができるようにしたいと考えました。

かつての通商産業省や農林水産省がやることよりも、小売業に携わるわれわれの努力のほうが国民大衆の暮らしの水準を左右するのだ、という自負もありました。これが私どものイデオロギーでした。

日本型スーパーストアを引っ張った理念は非常に明確で、かつ極めて社会的なものでした。ですから一九六〇年代の先頭を駆け抜けた人たちに言わせると、「いまの経営者は志が低い」と言います。志とは、売上高規模や店数規模、収益規模ではありません。「最終的に、何を生きがいにしているのか」ということです。これが日本型スーパーストアづくりの本当の出発点だったのです。

第五章　フォーマットの理想郷

――業態とフォーマット問題――

日米流通規制の相違

日本の小売業はこれまで、多くの法的な規制のなかでも大型店への制限を徹底的に受けてきました。最初は一九三七年（昭和一二年）にできた第一次百貨店法です。これは一九四七年に廃止になったのに、九年後の一九五六年、第二次百貨店法として再登場しました。

この間、日本のセルフサービス型スーパーマーケットの第一号・紀ノ国屋が一九五三年に誕生し、その後四国・九州にスーパーマーケットが続出しました。ところが独占禁止法改正で「再販売価格維持契約」という、日本独自のメーカー定価維持の制度ができました。一種の安売り制限法です。

そして、一九五九年に商業活動調整法で出店規制が拡大され、一九七四（施行。成立は一九七三）年の大規模小売店舗法（大店法）で、さらに規制は強化されていきます。そうして一九八五年から地方自治体が大店法にもとづいて商業活動調整協議会を設置し、事前の出店調整まで始めたのです。

二〇〇〇年に大店法に代わる大規模小売店舗立地法（大店立地法）が施行され、都市計画上の規制をさらに厳しく受けています。さらに二〇〇六年からは、まちづくり三法も施行されました。小売業の出店規制が始まってから、すでに七〇年が経過して、いまだに終わらないわけです（第七章参照）。

これに対し、アメリカで規制が一斉に始まったのは一九二二年ですが、一九四〇年までの一八年間で規制は全部なくなり、それ以後も法的規制はありません。規制撤廃の動機は、一九二九年に世界恐慌が起こったことです。猛烈なデフレのなかで、政府が右往左往している期間にチェーンストアが庶民の日常の暮らしを守り育てたことを、アメリカ国民が理解したのです。アメリカでは、株式会社のチェーンストアは、なくてはならない社会的インフラであると認識されました。社会的インフラであるということは、鉄道、公園、上下水道、道路、学校施設などと同じ社会的施設であると見なされたことを意味します。

出店規制をすると先発企業だけが得をする

一方、欧州ではチェーンストアができるのがアメリカより二〇年近く遅れたため、ドイツでもフランスでも、非常に厳しい制限法規ができています。逆に言うと、制限法規があるからフランスではカルフールのような寡占企業ができ、ドイツでも数社による寡占化が生じました。規制があるために競争相手が出てこられなくなったからです。

政治家も行政当局も、製造業と同様に制限法規ができれば小売企業の数が制限できると考えているのは、間違っています。小売業と食堂業では、出店を制限すると既存企業だけが得をします。結果として国民大衆の生活にはマイナスとなります。寡占企業が生まれることで、価格は下がらないし、消費者にとって適切な品質の商品やサービスを提供するという努力がなくなるからです。

その意味では、ダイエーが一九七二年に三越を抜いて小売業トップになって以来、二五年間以上もトップの座に居続けられたことは、海外の人からは「なんでトップを四分の一世紀以上も続けられるんだ」と批判されましたが、その原因は大店法に守られていたからです。

どのエリアでも、各社の既存の売場面積の順位、つまり割合でしか増床や新規出店ができなかったためです。日本型スーパーストアの売場販売効率は、各社ともそれほど違わないのが実情ですから、売上高順位の変動がないのは当然のことです。しかも当時は日本型スーパーストア各社の収益の伸びは、売場面積に比例していました。

そのため、イトーヨーカ堂が別フォーマットでの規模拡大策として考えたのが、ファミリーレストランのデニーズやコンビニエンスストアのセブン-イレブンでした。マスストアーズオペレーション（まったく同じ方法と経営効率による多店展開）をやることで、マネジメント力を他の大手以上につけることを目指しました。

私も出店規制をくぐり抜けてビッグストアづくりを進める方策として一時期、売場面積一五〇坪型のロードサイド店舗の出店を提案し、これで専門店のチェーン化に加速度がつきました。したがって法的規制があるがゆえに、フォーマットがいろいろ出現したわけではありません。

最初のフォーマットはスーパーマーケット

日本の小売業のフォーマットの歴史を振り返ってみると、第二次世界大戦後にできた最初の新しいフォーマットはスーパーマーケットでした。これを強力に推進したのは日本金銭登録機（現日本ＮＣＲ）です。部門別売上高の出る高級レジスター（当時で六〇万円、単機能レジは五万円）を売り込むために、セルフサービスという新しい販売方法をディーラーヘルプで普及させようとしたわけです。その第一号が一九五三年開業の紀ノ国屋でした。売場面積は一〇〇坪を超えていましたが、超高級店でした。

アメリカの大手食品チェーンが一斉にスーパーマーケットの展開を始めたのは一九五〇年からですから、世界的に見ても紀ノ国屋のスタートは、非常に早かったことになります。

スーパーマーケットの第二号は京都の酒屋の大友商店、第三号は菊名生協（現コープかながわ）で、どこも売場面積はせいぜい一〇〇坪でした。無理に面積を確保したため四角い売場にならず、スーパーマーケットとしての買いやすさ、本当の意味でのセルフサービスではない店でした。

当時、スーパーマーケットの一番のモデル店はＧＨＱ（連合軍総司令部）のＰＸ（Ｐｏｓｔ　Ｅｘｃｈａｎｇｅ＝米軍内の売店だが、銀座服部時計店などもＰＸ用に接収された）でした。普通の日本人は利用できないものでしたが、そのＰＸをそっくり真似したのが八幡製鉄所の前田購買所です。生協ではなく、会社が福利厚生策としてつくった職域購買会で、売場面積約三〇〇坪のセルフサービス店でした。ここが、本当の意味でのスーパーマーケット（SSM、大型スーパーマーケット）の第一号店です。

そのため当時、スーパーマーケットのモデルといえば、まず前田購買所でした。紀ノ国屋ではありません。理由は生活必需品を本格的なセルフサービスで売っていたからです。紀ノ国屋は高級品が主力で、来店客も米軍関係者が多く、見に行ってもあまり参考にはなりませんでした。

その頃、わが国のスーパーマーケットの主力は売場面積八〇坪の店で、食品六〇坪、非食品二〇坪という構成でした。一部には一五〇～三〇〇坪の店もでき始めていました。

スーパーマーケットの出店が続くと、地方都市ごとに出店反対運動が起こりました。特に激しい反対運動が起こったのは四国と九州です。いわゆる「主婦の店」という店名のスーパーマーケットづくりが盛んな地域です。

この「主婦の店」には三系統ありました。一つは吉田日出男さんが率いる小倉の「主婦の店」をモデルにしたものです。もう一つは、「公開経営指導協会」に属していた大木清太郎先生が率いる「主婦の店」で、第一号店は岐阜にできました。三つ目は、勝手に名乗った「主婦の店」です。この代表がダイエーや高知の主婦の店協同組合です。どこが最初に「主婦の店」という名前を使ったのかはいまもってあいまいですが、一九五七～一九五八年に、あちこち一斉に〝蜂起〟し始めたようです。

一九八〇年を境に始まった新フォーマットの検討

さらに、「チェーンストアづくり」というスローガンを使っていたのは、東急百貨店の子会社である東光ストア（現東急ストア）です。

私はビッグストアづくりの近道のフォーマットとしてスーパーマーケットを勧めました。もっと大型のビッグストアは日本型スーパーストアですが、そのためには相当な教育投資を行い、人材の大量育成が必要です。そこでまずスーパーマーケットというフォーマットから取り組みを始めました。次のフォーマットが日本型スーパーストアで、一九六〇年代後半から一九七〇年代にかけて急成長しました。

三つ目のフォーマットは衣料スーパーです。マイカルの前身であるセルフハトヤの西端行雄さんが、スーパーマーケットのセルフサービスを利用した衣料スーパーをつくりました。今日、「しまむら」が四桁店数へ発展させました。

これらスーパーマーケットと日本型スーパーストア、衣料スーパーの三つが、一九七〇年代までの日本の小売業の世界では、新フォーマットと呼べるものでした。

一九八〇年を境に新しいフォーマットが出現し始めました。

すでにスーパーマーケットと日本型スーパーストアが、サプライヤーとの間の取引ルートを確立していたため、新興企業の参入は困難でした。そこで、新しいフォーマットを探そうということになったわけです。当時は、フォーマットを探しに行くことも大きなアメリカ視察の目的になっていました。

アメリカ視察の最初の頃は、販売方法を見学することが目的だったので、意外にも商品そのものの見学はしていませんでした。ナショナルブランド（NB）メーカーの定価維持政策が強硬で、売価は当分安くできないと思っていたし、品質問題もメーカーにおまかせ状態だったからです。

その頃、アメリカで一番の新興勢力だったのはホームセンターです。ただし、それは資材を工務店に売るハードグッズのセルフサービス大型店でした。このフォーマットは日本にありませんでした。ハードグッズ専門では集荷が困難だと思いましたが、それでもドイトが第一号店を開きました。同社はその後も一貫して資材、ハードグッズを専門に扱っています。

現在日本のホームセンターには、家庭用品主力型とハードグッズ主力型の二つのフォーマットがあります。

当時のハードグッズ主力型は大商圏型の商売で、力の強い問屋もなく、ホームセンター側にもバイヤー候補がそろっていないため、超繁盛店になりにくく、どんどん店数を増やすところまではいきませんでした。

多店化が可能になったのは、日本独特の家庭用品主力型が始まってからです。なぜこの日本独特の方式になったのかというと、品質問題と関係しています。

一九七三年の第一次石油ショックのとき、当時拡大中だったビッグストア企業は、石油ショックによる物価急騰を避けられなかったことを反省し、ストアブランド（SB。独自開発商品だが、既存NBと同じ品種である点がPBと異なる）開発を進めることにしました。その過程で、もう一度ゼロから品質問題を勉強しようとしたのです。

そのとき、あるべき品質基準について、日本の輸出組合で行っている検査方法を学べと主張しました。なぜなら非食品分野では、日本製品を輸入して大量に販売しているのは欧米のチェーンストアであり、欧米のチェーンストアの仕様書の中身が明確にわかるからです。これは実際に調べた上での結論でした。

私は検査機構の人間のスカウトも提案しましたが、実際にスカウトできたのは日本のNBメーカーの研究所や試験所の技師でした。だから、品質基準がNBメーカーとまったく同じとなり、原価の高い多目的の過剰な高品質（オーバースペック）品になってしまったのです。

その結果、従来からの問屋や中小メーカーとの取引中止となります。それまでは「安かろう、でも日常はこれでよかろう」というのがチェーン化企業の主な商品でしたが、それらを、日本型スーパーストアは一斉にやめたのです。

切られたのは、主として日用雑貨を扱う問屋の戦後の新興勢力でした。彼らはいっぺんに取引先を失ったため、当時仕入れ能力不足で四苦八苦しているホームセンター企業に納入先を求めました。その結果、家庭用品主力という日本独特のホームセンター業界が、世界で唯一でき上がったのです。日本型スーパーストアに次ぐ純日本型ニューフォーマットの第二号です。

その後、日本型ホームセンターは、日本型スーパーストアと同じ運命に陥っていきます。価格問題への取り組みはもちろん、使う側でのあるべき品質を問題にしないよろず屋（何でも揃っているようで実際には買われるものが少ない店のこと）となったのです。

TPOSは考えず、万能商品を提供しているのが、現在のホームセンターの姿であり、最近の凋落の原因になっています。彼らが資材館や農業館をつくり始めても、それは昔の姿に戻るだけで、客層も違います。

私は、ホームセンターは八〇〇坪のスーパーマーケットの売場のなかの三〇〇坪に当たる非食品を、コンセッショナリーかラックジョバー（店舗の一角の商品構成とプレゼンテーションを委託された問屋兼小売業のチェーン）として請け負うことが、一番よい転換策であると考えます。日本のスーパーマーケットの非食品売場はほとんど赤字ですし、アメリカのスーパーマーケットでは非食品売場はラックジョバーに委託しています。

最近のホームセンターグループは、「もっと抜本的にプライベートブランド(PB=品質重視型)主力にやろう」と言っていますが、現在の品ぞろえなら、ストアブランド（SB=価格重視型）主力でやるべきです。PB主力にやるならホームファッションストア、もしくはホームインプルーブメントストア（〝すまい〟を少しずつよくするための商品を売る総合化専門大店）づくりだと、一〇年以上前から言い続けています。しかし、なかなか軌道に乗ってきません。

ホームセンターと同じ状態をたどる日本のスーパードラッグストア

その次に三番手として生まれてきたのが、ドラッグストアです。ネイバーフッドショッピングセンター（NSC、商圏人口三万五〇〇〇人程度で成立する小型ショッピングセンター）の第一核店がスーパーマーケットなら、第二核はスーパードラッグストアが必要でした。しかし、日本のドラッグストアは、売場面積が八〇坪までは好調でしたが、一二〇坪を超えると赤字になって、二〇〇坪型の店がなかなかできなくて、ずっと困っていました。

日本では、医薬品の販売は薬のヒグチとコクミンがモデルでしたが、ドラッグストアを目指すグループのリーダー企業は、医薬品ではないところで勝負すべきだと考えました。

それを彼らは化粧品だと間違えたのです。この判断は大事です。医薬品は調剤薬局チェーンにこれからじわじわ凌駕されていくはずですが、トイレタリー部門と化粧品部門が収益源では長続きしません。

この両部門は家電と同じように、薄利だけの安売り競争となり、一挙に収益が悪くなります。化粧品部門も品目およびブランド競争が激しくなっています。日用家庭用品も、あらゆるフォーマットのなかで一番安売りしているのはスーパードラッグストア業界です。数年前まで粗利益率が五割ぐらいあって、びっくりするほど儲かった健康用品も、メーカー数と品目数が増えるにつれて価格競争部門になっています。

いまやスーパードラッグストアの粗利益率は部門によっては二〇%を割り込みがちで、ホームセンターに次いでダメになる企業が増えていく業界です。ホームセンターは価格に鈍感だったため、最初は一〇〇円ショップにやられました。スーパードラッグストアも同じような状態をたどろうとしているわけです。

なぜスーパードラッグストアの店数が急激に増えたかというと、ホームセンターが日用家庭雑貨の安売りを自制するようになったからです。ホームセンター以前に、日本型スーパーストアもオムツをはじめとする紙製品の安売りをやめていました。

つまりドラッグストアは戦略的に日用雑貨店型として成長したわけではないということです。

日本のスーパードラッグストア業界は、アメリカのスーパードラッグストアの戦い方に学ぶべきでした。アメリカ型の本質は、一つはドライブスルーでもできる調剤薬局のチェーン化であり、二つ目はハウスウェアの戦いです。日本のスーパードラッグストアで収益力のいいのは、ハウスウェアが強い企業です。ハウスウェアとは、洗剤を除く洗濯用品と掃除用品、収納用品、食卓用品、調理用品と非常に簡単なＤＩＹ用品です。

ですからハウスウエアでまずＳＢづくりをやり、次いでＰＢづくりに入るべきだと私は主張していますが、大部分の企業はやろうとしません。

価格破壊を実現したのは専門店グループ

結局、いま残されている新しい分野はハウスウェアとベーシック衣料だけです。その分野を目指しているのが新興勢力としてのバラエティストアです。日本ではまだこれからの有望フォーマットです。

こう見てくると、小売業に対する法的規制ではなく、ベンダーとの関係と小売業界自身の目先安売り競争がせっかくのフォーマットを侵食していくことがわかるはずです。

これらの動きとはまったく別個に生まれてきたのが、専門店グループです。私は日本の専門店グループがここまでＰＢを一生懸命にやるとは思っていませんでした。しかし彼らが目の色を変えてＰＢへの取り組みを始めたのは一九九〇年代からです。

その結果、小売情勢が変わり、物の相場まで変わりました。本格的な価格破壊は日本型スーパーストアが実現すると思っていたら、この一〇年間は意外にも専門店グループが実現しています。総合店では唯一、一〇〇円ショップグループが価格破壊をしただけです。

総合店のように、強力なベンダーに後押しされた企業は、価格問題に対して甘く、新たな商品調達ルートを開拓する気もなく、品質問題はベンダーからのお仕着せのままと言えるでしょう。逆に、強力なベンダーがいない商品分野ほど、新たな勢力が生まれてくる可能性があったわけです。

スーパードラッグストアが扱う医薬品の問屋は、世界中どこを見ても徹底して強い存在です。だから、そこでは何も進歩が生まれません。間もなくごく少数の調剤薬局のシンジケートに、独占されることになるでしょう。

強力なベンダーのいないところで戦いの武器を入手する小売業が、これからも急速成長していくのでしょう。その点で言うと、実質的なバイイングとマーチャンダイジングができる企業が、チェーンストアの主流になってくるのだろうと思います。そうした企業こそが本来のチェーンストア経営システムの軌道に乗り、日本の小売業をリードしていくはずです。フォーマットの変化は、こうした流れのなかで生まれてきます。

ハーバード大学のマルコム・P・マクネア教授が、一九五八年に「小売業の輪（廻）理論」という仮説を出しています。①時流に乗れたフォーマットも、必ず寿命が尽き、新しいものに取って代わられる、②新しいものとは、より低価格帯の開拓者（カテゴリーキラー）だ、③そのサイクルの期間は、どんどん短縮中だ――という仮説です。

実際にフォーマットの寿命は、昔は三〇～五〇年と言われましたが、いまはせいぜい二〇年になりました。

フォーマット栄枯盛衰への的確な対応

新しいフォーマットで成功して一〇年経過したら、もう次のフォーマットの実験を始めていなければいけません。一五年も経ったときには、時流に沿った乗り換えフォーマットのエリアが一カ所はできていなければなりません。フォーマットの栄枯盛衰は必然的に起こるものだからです。

私は一九六五年になったときに、「スーパーマーケットなら売場面積三〇〇坪以上の店をつくれ」と言っていました。世の中の実勢よりもはるかに早く、スーパーストア化を主張したわけです。

しかし、一九九〇年代に入ってからは逆に、無制限なスーパーストア化はストップし、ややコンパクト型にすべきだと主張を切り替えています。

アメリカのスーパースーパーマーケット（ＳＳＭ）の売場面積は、八〇〇坪前後ですが、うち食品売場そのものは五五〇坪です。ところが日本型スーパーストアの食品売場は現在九〇〇坪もあります。「日本ではそれだけ必要だ」と言うのならば、日本人の胃袋の大きさはアメリカ人の胃袋の二倍であることを証明しなくてはいけません。

逆に言うと、来る二〇一〇年および二〇二〇年対策の最大のポイントは、どのフォーマットをわが社の主力にするかを、いままさに決めることです。

ところが、ほとんどの大手小売業でそのフォーマットは決まっていません。決めているのはスーパーマーケット業界だけで、彼らは「これからもこのままでいこう」と思っています。食品売場は何坪で、非食品売場は何坪にし、食品売場を五〇〇坪持つのなら何を主力商品にするのかについて明確な考え方を持っていません。「生鮮三品を主力にする」とか「総菜が主力」という声も聞きますが、それはただ漠然と言っているにすぎません。「主力にする」と言っている商品部門は全部赤字なのが実態ですから、大きな声で「これが主力」とは、主張できないのです。

他方日本型スーパーストアもホームセンターもスーパードラッグストアも、フォーマットの乗り換え策は軌道に乗っていません。

四〇年間、一番進歩していない水産部門

日本型スーパーストアの食品売場やスーパーマーケットの生鮮部門の場合、水産物部門はほぼ一〇〇％赤字です。さらに総菜部門は約八〇％が、青果部門も約七〇％が赤字です。

精肉だけは、赤字の企業が二割ほどで、八割は黒字を出しています。それでも、生肉の比重が高い店ほど収益

率は減っており、加工肉を主力にするほど収益率は高まりました。しかし最近は単純な価格競争に突入して収益力を下げつつあります。

水産物の売場面積と後方面積を含めて、一坪当たり六〇万円以上の赤字を毎年出しているような店を見ると、共通する特徴があります。一つは近海ものの魚が多い店で、もう一つは〝魚屋さんのお寿司〟の多い店です。

反対に利益の上がっている店は、塩干に強いところです。こうした店では近海ものの魚は、売っているように見せながら、実は飾りものにすぎません。加工する前の魚を冷蔵庫ではなく、店頭に置いているだけなのが実態です。見せかけの近海ものの魚のクローズアップがある店は利益が出ています。

さらに、「安かろう、悪かろう」が一番出てくるのが、近海ものの魚です。煮魚を自分の家で食べるならば、値段の高いものを常に売っている店で買うと無条件に、一番おいしいはずです。安く売っている店は、絶対にまずいものです。値段と味が正比例するということは、小売業の集荷能力が弱いからです。だから利益が出ている店の魚は、おいしいわけです。一九八〇年代から一九九〇年代初めにかけて魚屋の〝ディスカウンティングセンター〟が勃興しましたが、間もなくダメになっていったのは、目玉として売られたカニやエビも含めて「安かろう、まずかろう」だったからです。その段階にある限り、原始的な商売でしかありません。

一方、この四〇年間で、一番進歩がない商品分野が冷凍品です。日替りいっせい割引ばかり目立ちます。

野菜もだいたい値段が高いほどおいしいと言えますが、一部でPBづくりが進んでおり、そんなに高くなくても、おいしい野菜が売られ始めています。他方、デイリーといわれる半生鮮品は、新しい収益源に育ち始めています。いずれもPBづくりが決め手です。

スーパーストアの出店自粛が専門店のロードサイド出店を促進

日本リテイリングセンター（ＪＲＣ）調査のビッグストア統計でも、フォーマットの違いをきちんと種類別に分けるようになったのは、平成の時代に入った一九九〇年からです。当時、セルフサービスグループは三五九社ありましたが、それ以前には内訳がなかったわけです。

逆に言うと、セルフサービスグループが一大勢力となり、フォーマットが分かれてきたのは一九八〇年代後半以降ということになります。一九八〇年までは、日本型スーパーストアとスーパーマーケットと専門店を除いて、フォーマットごとに各社が出そろうような状況にはなっていませんでした。

日本型スーパーストアが、大規模小売店舗法の規制で思うような出店がしにくくなった一九八〇年代から、専門店はロードサイド出店という独自の出店作戦に入りました。それが今日の専門店グループ大成長の突破口になったわけです。これは非常に重要なことです。

ただし実情は苦肉の策と言うべきものでした。日本型スーパーストアが店をつくってくれないために、専門店はショッピングセンター内の出店が難しくなり、代わりに自ら手探りで不動産入手型の出店を始めたのです。

専門店は一九七〇年代からスーパーマーケットや日本型スーパーストアをまねして、人材対策として四年制大学の新卒を三〇人、五〇人と毎年大量に採り始めています。しかし彼らが三〇歳代になってきたときに、ショッピングセンターが増えなくなったのです。そこで起死回生策としてロードサイド出店を自ら開拓しなければならなかった。正確に言うと、ロードサイドではなく、郊外の幹線道路沿いの立地への出店ですが、それを当時のマスコミが「ロードサイド型」と言ったので、私は「ロードサイドでない店があり得るのか、お客はヘリコプターで来るのか」と反論した覚えがあります。しかし結局マスコミの用語のほうが定着してしまいました。

この方式で最初に成功したのは背広専門店でした。なぜ成功したかと言うと、PBで始めたから粗利率が高かったのです。そのため店数をどんどん増やすことができました。

しかしその結果、主要幹線道路沿いの地価相場を高騰させました。他の業界で追いかけることができたのは、もともと粗利の高い眼鏡専門店と、上手な仕入れで粗利益率がガラッと変わる靴専門店だけでした。書店も何度か挑戦しましたが、成立しませんでした。書店は販売仲介業で、価値創造を行っていないからです。洋品も多くの企業が郊外の幹線道路沿いに出ようとしましたが、店を成立させたのは、PB主力のユニクロを展開する、ファーストリテイリングだけです。

時流に沿ったフォーマットにどんどん乗り換え続けること

私はかつて、出版取次大手のトーハンや日販の依頼を受けて、書店の経営指導をしたことがあります。

戦後日本の出版業界での一番大きな変化は、雑誌が売れるようになったことです。特に週刊誌です。週刊誌の発行部数が毎回一〇〇万部を超すのが何種類もあるということは、他の文明国でもないことです。ましてや漫画雑誌が二〇〇万部を超えるということは、欧米人からすると、これはもう人類の常識を超えた事態と言えるでしょう。

かつて書店が扱っていた文具や事務機材は専門店に奪われ、雑誌はキオスクなどの鉄道売店に食われていきました。さらに、セブン-イレブンをはじめとするコンビニエンスストアの急成長で、雑誌だけでなくコミック本も爆発的に売られるようになり、逆に書店はさらに追い詰められました。こうした扱いフォーマットの大変化は、次にビデオ・CD・DVDレンタル店の拡大へと進み、いまはインターネット販売に向かっています。

チェーンストア志向の小売業を見ても、日本型スーパーストアや百貨店、キャラクターショップ、薬局、ロードサイド・スペシャリティショップは、フォーマットとしての最盛期をすでに過ぎています。ホームセンターやスポーツシューズ、ファミリーレストラン、コンビニなども凋落を開始しています。

その一方で、一〇〇円ショップやバラエティストア、さらにリサイクル、写真加工、美容院などの新サービス業の新興勢力は成長を続けています。例えば、イオングループの上場企業で一番資本の収益性が高いのは、ショッピングセンターなどで屋内遊園地を展開するイオンファンタジーです。総資本経常利益率(ROI)は、二〇%以上もあります。

しかし、イオンファンタジーは、私が「新しいサービス業として資本の収益性はグループ内で一番いい」とみんなの前で言うまでは、イオングループ内では左遷組の集まりのように見なされ、肩身の狭い思いをしていたようです。新興の新サービス業にはいろいろな形があります。

その意味では、小売業のあるべき経営戦略は、時流に沿った有利な乗り物(フォーマット)に、どんどん乗り換え続けることなのです。

第六章

合併のダイナミズム

——ビッグストア化に加速度をつけた合併・統合——

三通りあった、合併・統合の形

日本の流通業の合併・統合は一九六〇年代から一九七〇年代初めにかけて進みました。

企業の合併・統合のやり方は三通りあり、一つは完全な合併です。完全な合併とは、買収による吸収合併や対等合併です。どちらが存続会社になるかは、税法上の問題で、資産内容によって決まります。A社がB社を吸収した形でも、必ずA社が大きく、優秀だとは言えません。逆の場合もあります。税法上、社外流出の少ないほうが存続会社になるのが普通だからです。

二つ目のケースは、子会社を新規に設立する形の統合です。スーパーマーケットのヨークベニマルは、イトーヨーカ堂と紅丸商事の両社が共同出資してつくった子会社で、どちらかが他を買収したわけではありません（二〇〇七年現在、セブン＆アイ・ホールディングスの子会社）。

三つ目のケースは、新会社を設立する形です。初期の合同では、このやり方が多く、日本の流通業界初の大型合併で一九六三年（昭和三八年）に誕生したニチイ（現マイカル）もこの方式でした。大阪のセルフハトヤと赤のれん（岡本商店）、京都のヤマト小林商店と背広の製販問屋のエルピスの四社がいっしょになりました。ユニーやジャスコ（現イオン）も同じでした。

しかし、どのやり方が一番いいかという結論は、いまも出ていません。ただ、合併後に一番問題になることは、寄り合い所帯のなかで、どこが主導権を握るのかということです。準備段階では、誰が本当のトップなのかをお互いに明確にしたくないわけで、本当の経営権はあいまいなまま始まっています。したがって、合併・統合によって日本の流通業の歴史はビッグストア化に加速度をつけたものの、一方では大型化することによって、逆にマネジメント能力が低下していくという結果となりました。

こうして三〇年以上経ってグローバルスタンダードにもとづいて国際的に比較すると、マネジメント能力は低いが、売上高規模では決してC級ではないという状況になっています。

このマネジメント能力の低さは、収益力の低さに象徴的に表れており、これが最大の経営課題として残されていることになります。

では、合併問題がなぜ一九六〇年代に起こってきたのでしょうか。この真相は、どこにあったのでしょうか。

この大合併は、貨幣ができて商業の歴史が始まって以来一三〇〇年間の日本の商業史のなかでも、特別な大変革だったと、私は考えています。

初期の合併問題のほとんどは、私が主張し、リードし、進めてきました。その間、難問解決の指導もしました。しかし、私自身も一九六〇年代から一九七〇年代の初めにかけて、こんなに短期に合併が進むとは思っていませんでした。一九五〇年代から一九六〇年代にかけての日本の商業経営の考え方は、あくまでも創業者一族中心主義だったからです。

それを業界外の第三者は「欲深のため」と受け止めましたが、そうではなくて、それは江戸時代からの商家の伝統でした。どういうことかというと、三井や鴻池、住友など江戸時代から続く商家は、創業者一族が資本のすべてを握って、経営者は同族外から選抜しました。実際には丁稚奉公時代から教育し選抜した優秀なサラリーマン技術者である番頭を、創業家の娘と結婚させることによって、創業家一族に取り込んできたのです。「一族」といっても、自然にできた血縁関係ではなく、姻戚関係を利用して計画的に人材を集めるやり方でつくられました。こうして常に遺伝子の質をより新しくする方式が伝統的にとられていたのです。

明治時代以降、国際的にも有名になった日本の財閥を支配した一族は、実は計画的に選抜された経営者一族だったわけです。

しかし、彼らは決して単純な一族支配を考えていたわけではありません。商業の経営者たちに私は当時、「合併問題は企業の成長に必要な対策だが、不可欠な対策とは、まだ日本では言えません」と言いました。

人材を一挙に集める方法が合併・統合

ペガサスクラブのメンバーはアメリカのチェーンストア産業を目標にしましたが、一九六〇年代のアメリカでは四桁の店数が当たり前で、各業界で寡占化も進んでいました。一流大学の卒業生がチェーンストアにどんどん就職し、幹部になっていましたし、製造業界や不動産、金融業とも、取締役クラスが転職してくるという交流がありました。

これに対し、当時、私どもが同志として集めた企業は日商一〇〇万円、年商三億円のグループです。ダイエーのように一九六二年二月期に売上高一〇〇億円を突破した企業は例外で、他は創業時からの幹部と従業員だけがいる小企業型商店でした。

したがって、アメリカのチェーンの見学をすればするほど、彼らに圧倒されました。一番びっくりしたのは、売上高や店数の多さではなかったのです。何よりも人材の質と量に圧倒されたのです。当時、私が率いてアメリカに連れていったペガサスクラブのメンバーがそこに気づいたことが、ビッグストアづくりの真の第一歩だったわけです。

ペガサスクラブ以外にも多くの団体がアメリカの視察に行きましたが、その点に注目することはありませんでした。日米の違いは、風土や歴史や消費の発展段階の違いですから、当時の日本で、チェーンストアは幻想的〝憧れ〟にはなっても、現実の〝モデル〟にはならなかったのです。しかし、そうではあっても、私はどうしてもチェーンストア産業をつくりたい、流通革命をやりたいと考え、そのことを長期経営計画上の明確な目標として掲げ、主張し続けました。

チェーンストア産業づくりのために、われわれに一番欠落しているものは何かと考えると、それは人材だと誰もが思いました。そして人材を一挙に集める方法は、合併・統合しかなかったのです。

他の産業からの人材スカウトも可能という考え方は、そのあとに出てきたものです。当時の流通業は、人材スカウトなどできる状態ではありませんでした。もともと大学卒の従業者は薬剤師と本屋の店主ばかりで、ほとんどが高卒と大学中退者でした。いまでも高卒の経営陣ばかりでやっている上場企業もあるぐらいですから、いわんやA級大学の卒業生が入社するはずもなかったわけです。

私が一九六七年に日本チェーンストア協会を準備事務局長としてつくったとき、その本来の目的は、対行政、対国会の対策運動団体でしたが、最初にお金を出し合って時間をかけてやった事業は、大卒採用のための求人運動でした。

ビッグストアをつくり、チェーンストア産業づくりに歩を進め、日本経済を支える産業をつくっていくためには、売上高や資本ではなく、人材の獲得と育成こそをまずやるべきだと思ったからです。そういう意味で、私は合併・統合を誘導したのです。

ユニーが合併・統合の一番のモデル

しかし当時、資本金額の面ではお話にならない零細企業ばかりだったことは事実です。私がペガサスクラブ設立の説得に歩き回ったときのイトーヨーカ堂の資本金は二〇〇〇万円、ダイエーも四〇〇〇万円です。払込資本金が五〇〇〇万円を超える企業はなかったのです。

当時の小売業は、とても若い従業員と四〇歳、五〇歳、六〇歳代の創業者一族と大番頭が一人か二人いるという会社ばかりだったのです。幹部と従業員の年齢の間には、一〇年から二〇年の開きがあり、途中の年齢層の中堅従業員がいないというのが、小売業と飲食業との大きな特徴でした。

その段階にある企業にとって、合併はまさに求人対策であったわけです。求人といっても、特に求めたのは中年、つまり三〇歳代、四〇歳代の人材です。その意味で、一番まともに合併を考えたのはジャスコとユニーです。特にユニーは、一番のモデルでした。

ユニーは、一九七一年に横浜に本拠を置くほていやと、名古屋が地盤の西川屋チェーンの二社が合併して正式に誕生しました（一九六九年には、合併を前提として、ほていや、西川屋チェーン、タキヒヨー共同出資により、共同仕入れ会社「㈱ユニー」を設立していた）。当初から両社のトップ四人の職務分担が明確でした。お互いに呉服屋出身ですが、神奈川県と愛知県を結ぶ東海地区で、ほていやは呉服に強く、西川屋チェーンは洋品に強かったために、機能を譲り合って、服飾の世界で一挙に東海地区の覇者となりました。

ほていや、西川屋チェーンともに、全国水準からいっても優秀な番頭や手代クラスの人材をたくさん抱えていたからです。しかも両社は食品の販売を始めたばかりで、食品部門は素人でしたが、お互いに人材を出し合い、食品部門の強化速度が速まっていました。

それでも実際に合併してみると、一〇年以上にわたって〝元ほていや〟、〝元西川屋チェーン〟の出身か否かで、ボーナス査定や昇格の人事評価の際、波風がたちましたが、合併・統合の意図として、一番正当でした。

合併メリットの評価に対する間違い

私は、一九六七年一二月の政策セミナーで「合併対策の錯覚」という特別な項目を掲げ、初めて合併問題を取り上げました。その要旨は、「企業の合併・統合問題の最大の目的は、売上高ではなくて人的資源の入手だ」という主張でした。

戦略としての合併・統合の目的は三つしかありません。そのなかで最大の狙いは人的資源の入手なのです。しかし業界には「合併の錯覚」があります。合併メリットに対する間違った思い込みがあると言い換えてもいいでしょう。例えば、売上規模が大きくなるから有利だとマスコミが解説し、当事者たちも、そう思っています。それは大きな間違いです。

売上高は、合併を決めた時点では名目上大きくなりますが、実際に合併すると少し減ってしまいます。その理由は、自社の制度が崩れ、マネジメント体制が弱体化するからです。当然、合併当初は売上高も伸び悩み、収益が悪くなります。「合併は目先、決して得ではありませんよ」というのが私の主張でした。

合併には営業上の利点があります。それは商勢圏の拡大です。これが二つ目の合併の目的です。商勢圏を増やすためには、別の商勢圏で店舗展開する企業と合併することが近道です。

しかし、実際には、近隣の会社同士の合併が多く行われました。これはテリトリーをめぐって必ず問題が起こります。ニチイ（現マイカル）のケースがそうでした。最初に合併した四社（セルフハトヤ、赤のれん「岡本商店」、ヤマト小林、エルピス）は京阪神に集中していますから、すぐに競合してしまうわけです。そこで兄弟分のニュー・ニチイでは、合併・提携の相手は、都道府県ごとに一社という形になっていきました。首都圏の提携例で言えば、東京のダイエーと神奈川のサンコー、東京と埼玉が地盤のマルエツの間には、最初から出店立地の競合という点で非常にややこしい関係があったわけです。

私は「近所はダメだ。離れろ」と主張しました。ユニーがうまくいったのは、ほていやが神奈川県、西川屋が愛知県を商勢圏にしていたからです。

私は、「少なくとも商勢圏人口は二〇〇万〜三〇〇万人を一つの単位と考えろ」と指導してきました。例えば、都道府県でいうと、人口の少ない山梨県は一つの商勢圏としては独立できません。岩手県も秋田県も同じです。したがって都道府県単位ではなく、二〇〇万〜三〇〇万人単位で商勢圏を考える必要があります。すると、わが社から一〇〇キロ向こうの相手と合併する場合もあり得るし、逆に、都道府県としては隣接している場合もあり得るわけです。

そこで重要な問題は一〇年後と、二〇年後とを考えることです。私は、こう主張しました。「合併するなら、将来、大店法や百貨店法といった出店規制の法律がなくなったときに、じゅうたん爆撃ができる状態を考えろ。それは、お客のロイヤルティ（信頼度）を高める作戦である以上に、NBメーカーとのタイアップのための条件でもある」

これは、私がアメリカで一番深く学んだことです。店数の威力は何かといえば、それはロビンソン・パットマン法（中小企業保護法とも呼ばれ、同量の商品を売る場合、買い主によって価格を差別することを禁じている）による、より低い価格の取引契約がメーカー側とできることでした。

三つ目の目的は、コストの削減です。メーカー同士の合併では、必ず合併効果としてコスト削減を言います。それは三カ所で小さな工場をつくるより、一カ所大工場をつくったほうがトータルコストを削減できるという意味であって、小売業の合併ではそう簡単にはいきません。これは一番難しい課題ですから、当時は、「将来はコスト削減がスローガンになるけれども、現状では不可能です」と政策セミナーでも指摘しました。

合併の前にやるべき五つの「前提条件」

私が政策セミナーで「合併対策の錯覚」の話をしたのは、ニチイの事例があったからです。ニチイの合併は公開経営指導協会の喜多村実先生がリードされましたが、私もペガサスクラブのメンバーだった赤のれんの岡本常男さんやセルフハトヤの西端行雄さんから相談を受けました。

そのとき私は、「趣旨はもっともだし、経営哲学もいいけれど、ビジネスとしては問題がある。人材対策に徹しきるべきだ」と言いました。

ところが、ニチイは悪しき平等主義に陥り、本格的な人事や教育ができず、特に幹部教育で立ち遅れました。その失敗例を反面教師として、政策セミナーでは「合併・統合対策の成功条件」を三つ挙げました。一つは「組織的能力の平準化」です。部長クラスはもちろん、課長も地区長も店長も、能力水準を一定にしろということです。これができないといけません。

しかし、ニチイもニュー・ニチイも、資本の上での合併ではあっても、組織上はまるっきりバラバラでした。とにかく管理職という肩書の人数が多すぎました。だから、「管理職の人数と階層数の削減」は合併の第二の成功条件です。合併したときには、辞める管理職がたくさんいないとだめなのです。

第三の成功条件は「間接費の削減」です。これはムリなくできることですから、どんどんやらなくてはいけません。共同募金をはじめ学校や祭礼、神社への寄付も合併企業に一本化するべきです。これで削減できる間接費は意外なほど多いのです。地元の自治会や神社、学校、福祉団体側から言えば以前のまま区別してもらったほうが得ですが、払う側は「不当なる交際費」と税務当局から指摘されかねません。

当時の小売業は売上高至上主義ですから、力のある企業はすぐ市内一番、県内一番になり、いろいろな意味で外部からの〝たかり〟が多かったのです。急速にビッグストアに成長するということは、企業の社会性が高まることを意味していますが、社会的なたかりも増えるものなのです。

そこで、合併する前に、この五つだけはやるべきだという「事前条件」を示しました。①能力評価方式の統一、②組織観念の地ならし、③功労者の処遇、④帳票制度の統一、⑤賃金体系の再編、です。

これはなかなかできないことです。はっきり言うと、合併の事前条件と成功条件は、当時もいまも変わっていません。「合併の錯覚」を理解してもらうために、合併・統合の失敗例としてわざとニチイを挙げ、さらにはダイエー批判もしたのです。

その弱点を克服した大型合併がジャスコ（現イオン）とユニーなどです。合併問題に対する関心と理解が深まったことを受けて、一九七一年五月に「合併の仕方とされ方セミナー」という合併・統合専門のセミナーを開催しました。このセミナーは意外に知られていませんが、そこからペガサスクラブ内では、年商一〇〇〇億円突破には合併が不可欠の主戦略であると理解されるようになりました。

ニチイ、ジャスコ、ユニー誕生の衝撃

これは経営戦略の話ではありません。経営戦略は中身がいろいろ変わってもいいのですが、年商一〇〇〇億円突破は早急に実現しなければならない課題です。私は過去三〇年間、「年商一〇〇〇億円以上で合併を経験しなかった企業はない。だから年商一〇〇億円超えたら合併を長期経営計画上、常に欠かせないプロジェクトとしろ」と言い続けてきました。合併をすることによって、結果的に業界外のスカウトもしやすくなってきます。

さらには小企業に、小から中に、中から大になれるという夢を与えられるようになります。

私が小売業界に首を突っ込んだ一九五〇年代は、商業の世界では同じような夢がありました。それは年商一億円、つまり日商三〇万円です。十字屋とかキンカ堂といった当時年商一〇億～三〇億円型企業などになることは夢、幻の世界でした。私が小売業の経営者の会合に行くと、会場となった旅館の廊下で年寄りの経営者にみんなが最敬礼している光景をよく見ました。時代劇映画に出てくるように、大奥女中が将軍にひざまずくほどのことはないけれども、みんなが一斉に深々と頭を下げます。「あの人はどなたなのか」と聞くと、「あの人は日商五〇万円です」、あるいは「日商三〇万円です」と彼らは答えました。私は新聞記者でしたから、「なんだ、年商にしたらたったの一億円か二億円じゃないか。新日本製鐵や三井物産や三越と比べたら何ほどのものでもない」と思いました。当時の小売業界の経営者たちの夢は、その程度のものだったのです。

それゆえニチイやジャスコ、ユニーの誕生で、「合併すれば年商一〇〇億円は夢じゃない」とわかったときの衝撃は大きかった。三〇億円企業が三社、一〇億円企業が一〇社集まればいいわけです。「まず年商五億円突破までは自分で努力しろ。それを軌道に乗せて一〇億円企業に成長させ、年商が一〇億円から五〇億円の間で合併を考えろ」という私の勧めが、最も新しいトレンドになっていきました。

このことが日本のビッグストアづくりの最大の原動力になりました。後に私が国際チェーンストア協会の年次大会を東京へ二回誘致しましたが、その都度、「第二次世界大戦後、ビッグストアづくりがこんなに短い時間でできたのはすごい。コツは何だ」と外国の人々から質問されました。そこで私は、二つのポイントを挙げました。一つは、ビッグストアづくりとは売場面積を増やすことで、決して、売場販売効率を増やすことではないというマネジメントの原則を、もう一つは人材対策の強化であり、この二つを一挙に実現するのが合併対策であり、アメリカに追いつくための近道と思うという説明をしました。

そういう意味で、合併というのは、現在の一兆円組をはじめとする日本のチェーンストア志向勢力を成長させた、最も重要な背景であったと言えるでしょう。

中身は人材対策だった

合併のあり方については、意外に経営マスコミは取り組んでいません。派手な話ではないためですが、一〇年サイクル以上の長期間の発展経過を問題にするのならば、日本の小売産業を飛躍させた原動力は合併です。さらに三〇年、四〇年の長いスパンで見ると、そのなかでも人材対策にプライオリティがあったということがわかります。

再建や再生問題も、すべて人材対策から始まらなければいけません。ダイエー問題も同じことで、営業のあの手この手に取り組んでいるように報道されていますが、営業対策を考えるのも人です。人の問題から変革していかない限り、解決策にはならないと思います。

かつてユニーが私どもに提出した経営レポートを見ると、「（合併は）外資侵入対策なのだ」という表現をしています。これが何を意味するかというと、アメリカにチェーンストア産業を見学に行って、あまりにも規模が大きいことにびっくりしたことが発端だということです。

そのレポートで、大きくなるための根幹はやはり「人」の準備だとしています。ユニーにおける外資対策とは、アメリカのチェーンに比べて圧倒的に少ない人的資源を、一挙に増やすための対策として合併をやるという考え方でした。もう一つの目的は、ジャスコやダイエーへの対策でした。

当時のイトーヨーカ堂は、イズミヤと同じようにセカンドグループと見なされていました。そのためイトーヨーカ堂の伊藤雅俊さんは憤慨して、デニーズというフードサービス業や、セブン-イレブンというコンビニエンスストアをやることで、一挙に三ケタの店数のマネジメント体制をつくろうとしたのです。

その意味で、企業の栄枯盛衰の因果関係には、たいへん面白いものがあります。なかでも人材対策の面で、一番長く、執拗に、あるいは頑固に一定の軌道を走り続けている原理主義者は、イオンだということになります。創業家の岡田家そのものが原理主義者だったのです。

例えば、イオンの歩みのなかで、一九六九年にはいろいろなことが起こっています。同年二月に開催されたジャスコ発足披露パーティーでは、三菱商事と資本提携して日本初のショッピングセンターデベロッパー専門企業として、ダイヤモンドシティが設立されました。七月には企業内の定型Ｏｆｆ-ＪＴ（オフ・ザ・ジョブ・トレーニング）機関としてジャスコ大学が開校し、九月には、東北スーパーマーケット六社連合（伊徳、つるまい、かくだい食品、マルイチ、ヤマザワ、マルトミ）によるジャスコスーパーマーケットグループの設立準備委員会が発足しました。イオンの合併・統合対策と人材対策が同時進行していたことを物語る象徴的な年であったと言えます。

もともと私は経営コンサルタントとしてスーパーマーケットとショッピングセンター（ＳＣ）を日本につくることを活動の大きなテーマにしていましたが、当時の小売業には、それを積極展開するだけの資金力も人材もありません。イオンも弱体でした。そこで私は、大資本を呼び込むために、大手不動産会社に片端からＳＣの写真を送って口説き回りました。しかし日本独特の商業施設としての駅ビルすら当時はまだほとんどない頃ですから、どこも私の話に乗ってきません。ジャスコと三菱商事が結びついたことは日本のＳＣ時代の幕開けになったのです。

ジャスコ大学でわかったチェーンストアマン教育の勘どころ

ジャスコ大学は、文字どおり同社の人材対策の基盤となりました。「大学」という名前そのものが、アメリカのチェーンストアからの輸入なのですが、その実態は不明確でした。そのため、非公式に学長に就任した川崎進一新潟大学教授に教育カリキュラムのすべてを任せました。人材をいかに選抜し、いかに運営していくかは岡田卓也さんの姉の小嶋千鶴子さんの仕事になりました。

ジャスコ大学づくりで最も大変だったのは、カリキュラムづくりでした。例えば、一八〇人の選抜された育成候補がいて、年間三三〇日稼働させるには、教室がいくつあればいいのか。〝学生〟といっても実態は社員ですから、年末年始の売り出しをはじめ、店から離れられない期間が年間に何回も何日間もあります。しかも、一つの教育テーマは三日間から一週間の講習で終わりますが、それを単調に繰り返していくのでは、学ぶ側が飽きてしまいます。

いろいろな教育テーマを現場型に組み合わせます。あるものは一〇人編成で、あるものは一〇〇人編成で、理論を教え、あるいは技能として別の方法で教え、さらにロールプレイングも繰り返すというようなことですが、毎日教室を埋めるカリキュラムづくりは難しいことでした。

ジャスコ大学でまずわかったことは、専用の教室数を増やしていけば、否応なく教育効果は進むということでした。フル稼働させるカリキュラムが必要となるからです。だからそのあと各社はスーパーマーケット学校政策を進めました。そのなかで最も大規模だったのがダイエー大学で、ダイエーが売上高ナンバー1を二五年間続けられた理由です。

もう一つの大きなテーマであったSCについては、私が現地で指導するペガサスのアメリカ視察セミナーで勉強してもらいました。当時もいまも、アメリカ視察に一番多く社内の人を派遣しているのはイオンです。大手のトップのなかで、私と最も多く海外セミナーに行っているのも岡田卓也さんです。ユニーの高木久徳さんや西川俊男さん、イトーヨーカ堂の伊藤雅俊さんもたびたびごいっしょしました。中内㓛さんは、ペガサスのアメリカチーム日程の前後の私の調査のときにつき合うことがしばしばでした。

西友の堤清二さんとは欧州にはごいっしょしましたが、アメリカにはその片腕の上野光平さん、高丘季昭さんらと行きました。上野さんはビバリーヒルズにあった西武百貨店の撤収責任者で、二年間、ビバリーヒルズの百貨店の店長兼経営者もやっていました。それなのに、日本に帰ってチェーンストアを展開するためにペガサスのアメリカセミナーに参加して、上野さんはびっくりしていました。「アメリカで百貨店の経営者として知った知識とはまるっきり違うことをペガサスで学んだ」と、私に感想を述べました。アメリカでは一九七〇年代には、百貨店経営は、もはやチェーンストア経営から脱落していたわけです。

人材教育は四〇代を中心にしなければならない

このアメリカセミナーについて言えば、一番重要だったことは、イオンの参加者の平均年齢がいつも四六歳前後だったことです。ペガサスセミナーでは、アメリカセミナーへの参加を二〇歳代は認めないのですが、イオン以外の参加者は、三〇歳代がほとんどでした。そのためアメリカから帰ってきても、学んだことを社内で実行できません。実行しようとしても、上司と衝突し、辞めてしまうからです。

しかし四六歳といえば、学んだことを帰国して直ちに実行できるポストにいる人です。イオンは、たくさんの人数を参加させただけではなく、改革を直ちに実行できる人間を派遣し続けてきたわけです。イオンは厳しい選抜を繰り返してから派遣してきました。

当然、帰国したら学んだことを三カ月以内に実行しなければいけないという任務を、あらかじめ背負っていました。アメリカセミナーに来ること自体が、社内的には大変なエリートであることを意味したわけです。それが平均年齢四六歳となった理由です。教育するなら四〇歳代中心でなければならないのです。

こう見てくるだけでも、各社ごとの人材教育のやり方や特徴、違いがわかります。多くは二〇歳代後半を中心に講習中心の教育をやりたがります。ひどいところは入社直後の新人教育に重点を置いています。最悪なのは、それが入社前教育になっている場合もあります。

これに対して、イオンは合併・提携問題を考え、相手の人材を洗い出すときにも、常に四〇歳以上がどういう能力レベルかを調べて連邦経営の相手を選んでいました。

したがって合併問題の一番のポイントは、「合併＝教育人材問題」と受け止めたかどうかでした。ところが、いまでも、そう受け止めるべきだと考えている経営者は数少ないのが実情です。

いまから考えても、一九六〇年代後半から一九七〇年代初めにかけての頃に大型合併が続出したということは、本当に進歩的な経営者が少なくなかったのだと思います。

商業の世界では、「合併はいやだ」という経営者がいっぱいいます。いま、パチンコホールの企業グループが急速に大きくなろうとしていますが、ほとんどが合併をいやがっています。最近、ビューティーサロンでもチェーン化志向の企業が増えていますが、三桁の店数、四桁の店数にしていくためにも「合併しろ」と言いたいのです。

日本の流通業とサービス業とが、合併を一般的に拒否する口実は「従業員が不安になる」という言い分です。これは資本家経営者の解釈で、もともと従業員が不安がるような教育しかしていないのです。「合併しても、上司から第三者的評価で高く評価される能力を自分で身につけるのだよ」というしつけをしていればいいことです。実を言うと、企業は合併で伸びていくものですから、いまの上司にゴマをすって目先よい評価点をもらっても、それは将来の保証にはならないと思うべきです。

チェーンストアマンとしてまともに能力を増やしていくしかないという教育を、体系的に一貫してやっている会社であれば、「どんどん合併するぞ」と言えます。従業員自身が自分の能力に客観性を持たないといけないとわかるからです。

第七章　出店政策の分水嶺

——ペガサスクラブ・メンバーの出店作戦——

出店拡大につれて、「不振店対策」が問題に

前にも触れたように、一九七四年（昭和四九年）三月、百貨店法に代わってチェーン化を目指す大型店の新増設を規制する「大規模小売店舗における小売業の事業の活動調整に関する法律」（大店法）が施行され、大型店（売場面積五〇〇㎡以上）の売場面積と営業時間の全面的な規制が始まりました。さらに一九七九年五月には改正大店法が施行され、平成の時代になって各方面で徐々に規制緩和が進みましたが、店づくり規制だけは逆に強化される一方で、チェーンストア志向企業各社は、規制下で全国展開への挑戦を続けてきました。二〇〇〇年からは大店法に代わる強化策として大規模小売店舗立地法（大店立地法）が施行され、二〇〇六年から地方自治体の規制力を強化した「まちづくり三法」が施行されています。

大店法が国会で可決・成立したのは、ダイエーの年商額が当時小売業一位の百貨店三越を追い抜いた翌年の一九七三年九月のことでした。同年一一月にダイエーは第一〇〇号店となる水戸店を開店しています。その年の一二月には、売上高五〇億円以上のチェーン化志向（百貨店を除くという意味）のビッグストアは一一四社となり、ビッグストア売上高合計内でチェーン化グループの占拠率は一〇％を突破しました。ダイエーが小売業初の年商三〇〇〇億を突破したのも、この年の八月です。

国会で大店法の成立が不可避な状況になってきたとき、すでにチェーン化グループは駆け込み出店を続ける一方で、猛烈な立地争奪戦を行っていました。例えば当時のマスコミをにぎわしたダイエーとイトーヨーカ堂の上大岡戦争（神奈川県横浜市）が演じられたのは、大店法施行翌月の一九七四年四月のことです。同年六月にも両社による藤沢戦争（神奈川県）が勃発しました。

大店法で制約を受ける前から立地をめぐる戦いは始まっていたわけです。一九七四年一二月にはチェーン化ビ

ッグストアは一五〇社を突破しました。売上規模拡大を進め得た原動力は売場面積と店数との拡大でしたから、その背後では激しい立地獲得への戦いが演じられていたわけです。

ダイエーとイトーヨーカ堂の激突はその後も続き、札幌琴似戦争（一九七七年四月）、津田沼戦争（千葉県、一九七八年九月）と形容される、熾烈な立地争奪戦が展開されました。

その一方、一九七五年には「一〇〇店突破セミナー」「年商五億円突破セミナー」といったビッグストアを目指す第二の新興グループ育成のためのペガサスセミナーも開催されていました。小から中へ、中から大へと多店化すべく、チェーン化志向グループはビッグストアづくりに邁進していました。

大店法による商業活動調整を背景に、地方自治体や地権者などによる地元主導型の立地開発が最初に出てきたのは、一九七七年九月にオープンしたジャスコ（現イオン）のショッピングセンター（ＳＣ）「サンロード青森」。地元主導型ＳＣの草分けです。

この頃にはチェーン化ビッグストアは二〇〇社を突破していました。家電専門店のベスト電器など専門店が、初めて一〇〇店突破を実現したのは一九七九年のことです。大店法改正は、まさにチェーン化グループの出店拡大が背景になっていたのです。

一九八〇年二月にはダイエーが小売業で初めて売上高一兆円を突破しました。一九八一年四月には、当時わが国最大のＳＣ「ららぽーと」（千葉県船橋市）が開業しています。その頃からペガサスの物流セミナーが始まり、他方では労働組合問題などのセミナーも開かれています。本格的なチェーン化に向けて基盤整備を急いでいた時期でした。

同時に「不振店対策」が問題になっていました。出店規制を受けつつも、ワーッと一気に出店したために、失敗例も多く出ていたからです。一九八二年二月決算で初めて減益に陥ったイトーヨーカ堂が業務改善委員会を発足させ、いわゆる「業革」がスタートしたのは一九八二年四月のことでした。ペガスサスセミナーでも一九八二年三月から一九八三年にかけて「不振店対策実務セミナー」を開催し、チェーン化グループで不振店の収拾対策が本格的に始まりました。この時期の不振店対策の動向が、今日におけるチェーン化企業の規模を決めたと言っても過言ではありません。

倍々ゲームで増えたビッグストア

この間の新規出店拡大との関連性で注目したいのは、ダイエーの動きです。一九七四年五月のアメリカでのADR（米国預託証券）発行に続き、同年七月のアムステルダム証券市場への上場をはじめ海外証券市場（ブリュッセル、アントワープ、フランクフルト等）へ相次いで上場しました。

同じ年に、ダイエーは日本で最初のディストリビューション・センター（DC）を厚木と福岡につくっています。大学の新卒定期採用が三〇〇人を突破したのもこの年です。この二つの出来事は、わが国小売業界として画期的なことでした。チェーン化グループのトップを走るダイエーの動きに象徴されるように、この頃から支店経営ではなく、本格的に多店化問題との取り組みを始めているわけです。

ダイエーの店数の増え方を見ると、一九七三年に新店が二一店、一九七四年が九店、一九七五年が一一店、一九七六年が七店とだいたい同じようなペースで新店ができています。ということは、大店法のできる数年前からチェーン化グループは一生懸命に走っていたということになります。

その頃、各社の店数がどのように増えたかを見ると、一九七五年以降一九八五年までにイトーヨーカ堂（四〇店から一二一店）は三倍になりましたが、ダイエー（一一九店から一五七店）、西友（一一三店から一六八店）、ジャスコ（九四店から一五七店）は、すでにイトーヨーカ堂の前を走っていました。そのためイトーヨーカ堂はコンビニエンスストアのセブン-イレブンや、ファミリーレストランのデニーズの事業展開を始めることで、マスストアーズオペレーションへの急速な挑戦に乗り出さざるを得なかったのです。店数拡大が遅れたのは、イトーヨーカ堂創業者の伊藤雅俊さんが新規出店に慎重論をとっていたからです。

こうして、ビッグストアの数は倍々ゲームで増えていきます。「ＪＲＣビッグストア統計」で見ると、百貨店を含めたビッグストア（年商五〇億円以上）の企業数は一九六〇年に二一社でしたが、一九六〇年代の後半から一気に増え、一九七〇年に一三六社となり、一九七五年には二七五社と五年間で倍になります。さらに一九八〇年には四二〇社、一九八五年は五二〇社となり、このあたりでチェーン化グループは百貨店に代わる主力勢力となりました。

出店規制は強化されたはずなのに、一九六五年から一九八五年の二〇年間は新規出店ブームが続いたのです。商業の世界で、そうしたチェーン化グループに属していたのが五二〇社で、逆にそのブームを知らなかった小売企業は、残念ながらおいてきぼりにされました。

ＲＯＡ二〇％が出店の基準だった

多店化の進展とともに、ビッグストアの全国小売業売上高（自動車販売業とガソリン販売業を除く）に占める占拠率も当然、急カーブで上昇していきました。一九八〇年の一四・五％（この頃はその大部分が百貨店、占拠率一〇・〇％）から一九八六年に二一・九％（同八・八％）となり、一九八九年に二八・〇％（同九・七％）、一九九五年に三三・五％（同八・七％）、二〇〇三年に三九・一％（同八・三％）、二〇〇六年に四六・〇％（同八・三％）と百貨店の五倍に拡大。さらに、フランチャイズチェーンのコンビニエンスストア各社を加えると、ビッグストアの市場占拠率は二〇〇六年に六一％を超えました。

もちろん、その主力はレギュラーチェーンのチェーン化グループでしたが、本格的に多店化問題に取り組み始めた一九八〇年前後の時代に出店作戦で何が問題だったのでしょうか。

一番大事なポイントは、新規出店の方針や原則をもう一度再確認しようということでした。それは一つには、売場販売効率を上げることよりも、店数を増やすことです。これが一番大きな問題でした。いまも同じなのですが、売場面積を増やさなければならないときに、「売場販売効率を高めたい」という経営者が少なからずいました。既存店の商圏内での売上高占拠率やその増減率を語ることは売場販売効率主義、つまり繁盛店づくりです。売場販売効率が一定水準を超えたら、隣接する商圏に二店目の出店を準備することが多店化の原則であり、チェーンストアにおける出店の原則です。

二つ目は、まず坪当たり営業利益高または営業利益率、長期的には総資本回転率だと主張してきました。では、総資本回転率（年営業収入÷総資本）はどのぐらい必要なのでしょうか。

江戸時代の商家の考え方の延長で「税金がなければ五年で元を取らないといけない」のが基本ですから、総資本経常利益率（ＲＯＡ）は二〇％でなければいけません。ＲＯＡは「売上高経常利益率×総資本回転率」で求められます。ＲＯＡを二〇％に持っていくためには、売上高経常利益率が五％ならば、総資本回転率が四回転でなければなりません。

簡単に言うと、五億円投資したら少なくとも年四回転の二〇億円は売らなければならないし、一〇億円しか売れない店なら二億五〇〇〇万円未満の投資しかできないということです。当時から資本の収益力については単純明快な計算式で考えて、売上高至上主義は間違いだとチェーン化企業は納得していました。現在から見ると考えにくいことを、当たり前のように言い、やっていたわけです。二〇〇六年度現在、ＲＯＡが二〇％を超えるチェーン化企業は残念ながら上場流通企業だけで見ると一五社しかありません。大半は総資本回転率が二回転を割り込んでいるのです。（註：現在はＲＯＩ（投下資本利益率）を出店投資の目安とすべきです）

ペガサスクラブ独自の出店対策

一九六〇年代は、新店をつくると「A店は五億円売れている」「B店は一〇億円も売れている」と売上高だけが問題にされていました。これに対して、私は総資本回転率と売上高対比の営業利益率または坪当たり営業利益高ないし経常利益率のほうを問題にしてきました。二億円の投資で五億円売れている店のほうが、六億円の投資で一〇億円売れている店より資本の収益性や営業利益への貢献という点では優れています。こういう視点は、規模拡大策としてこのうえなく大事なことでした。

不思議なことに、一九六〇年代から一九七〇年代の初めまで、公開経営指導協会や「商業界」のゼミナールで「計数に強いモデル」と話題になっていた企業のトップたちは、ものすごく経理には詳しかったのですが、意外に総資本回転率という概念は希薄でした。

ペガサスクラブでは、あるべきROAとして「二〇%」を金科玉条にしてきました。これに対して売上高経常利益率は、当時の業界常識では三%あればいいとされていました。

三%だと総資本回転率は六回転を超さなければならないことになります。当時は「軽装備（少投資）」という考え方はほとんどなかったのですが、その言葉を大スローガンにしたのは、ペガサスクラブのチェーン化グループだけであり、ROA二〇%を新規投資の判断基準にして出店を続けてきたわけです。

このROA二〇%という数字に合う立地は、既存の商業立地ではあり得ないところでした。一つは商店街のはずれですが、この立地は意外と少なくて、一カ所か二カ所に出すとなくなってしまいました。

そこで次は駅前になりました。当時の国鉄の線路は全国どこでも地価の低いところを走っていましたから、都心部以外の駅は必ず繁華街から五〇〇mから一㎞は離れていました。駅前には、材木屋やバス会社、タクシー会社の駐車場、農協倉庫ぐらいしかありませんでした。駅前の地価が高くなったのは、一九八〇年代になってからです。当時は、地価が非常に安かったからチェーン化グループは駅前に店を次々と出していったのです。

私は「売場面積が売上高を左右する」と主張してきましたから、駅前で広い敷地が取れることは絶好のチャンスでした。当時ぺんぺん草しか生えていない、だめ立地のはずの駅前に平気で出店していきました。一般の小売業とペガサスクラブのメンバーでは、立地作戦がまるっきり違っていたのです。マスコミはサバブ（郊外）へ出ていったと言いますが、それは一九八〇年代後半以降のことです。一九八〇年代初頭まではサバブではありません。当時はまだサバブには住宅が少なく、人が住んでいなかったのです。

駅前の次は、一九八〇年前後に線路沿いへと立地を動かしていきます。線路沿いなら店の看板を電車の乗客が見るからいいという人もいましたが、本当の理由は、駅前の地価が高くなってきたからです。駅前がだめなら駅裏に行き、それから線路沿いに移りました。線路沿いといっても、駅のホームの端に立って、すぐ目の前にある踏切の向こう側です。そこならまだ坪当たり投資額は低くてすみました。

チェーンストア志向企業のトップたちが最初から考えていたことは、総資本回転率を高めるために坪当たり投資額を低く抑えることです。彼らは売場面積一坪当たり売上高、あるいは敷地一坪当たり売上高がいくらになるかを数字で把握していました。その土地はいくらでしか買えない、あるいは借りられないと明確に決めていたのです。

ちなみに二〇〇六年現在、日本型スーパーストアの上場企業一四社の平均値は、総資本回転率一・四回転で、スーパーマーケットが二・二回転です。ホームセンターとなると一・三回転しかありません。当時のトップの常識と現在の実態とは、かなりかけ離れています。なぜそうなってしまったのかといえば、収益が苦しいと言いながらも、新店をつくるための計数管理をやらなくなったからです。現在は総資本回転率を少なくとも二回転以上に、できれば二・五回転以上にしないと、収益力が低下して、店数を増やしていけません。

こうした新店をつくるための計数管理の絶対原則を日本の流通業相手に確立したのは、川崎進一先生と藤島俊先生、藪下雅治先生、武川淑先生の四人の功績です。私は、「多店化はやればできるんだ」というイデオロギーを言い続けたのです。「年一回は必ず、いま交渉中の物件を洗い直せ」とも言いました。この原則に基づかない物件は、不動産屋に利用されるだけだから、本当の腕利きを店舗開発専門に使えと指導しました。しかし、時間の流れとともにこの原理原則は破られるようになっていきました。

多店化の原則としての「商圏人口論」

問題は店づくりのあり方ですが、「つくる以上はスーパーストアでなければならない」と主張しました。スーパーストアとは、業界常識の二・五倍から三倍以上の売場面積を持つ店のことです。それだけの売場面積があれば、ひとりでに便利な品ぞろえができます。

しかし、品ぞろえを自分だけで決める能力は、一九七〇年代初頭のチェーン化企業は持っていなかったのです。スーパーストアをつくれば、必ず強力な問屋が売り込みにきました。そこで、私は当時は「品ぞろえはベンダーにまかせろ」と言いました。ただし、条件つきです。まかせた品ぞろえのなかに市場相場より一割以上安く売れる品目がなければならないことと、その品目はわれわれが選択するということです。そのうえで、強力なベンダーが一番よく知っている基本的な品ぞろえはまかせました。

スーパーストア化の次に、多店化という課題が大事でした。当初から多店化のために「店は軽装備でなければいけない」を原則としたはずなのに、実際に始めると、三店目あたりからおかしな店が出現してきました。

初期のペガサスメンバーの店数は多くても三店。ほとんどは一店でしたから、三店目はまあまあでも四店目、五店目で問題が発生しました。さらに、店数が五店から七店、一〇店あたりになった頃には、「やはり江戸時代以来の商家の伝統に戻らなければいけないんじゃないか」といった声まで出てきました。

江戸時代から続く商家には、五店か七店を超える店数を出してはいけないという家憲を持つところがたくさんありました。これから一〇店以上に増やすために、「家憲を破ります。どうかご先祖様、認めてください」というおわびの法要をした例さえあったほどです。

戦前から、一五店を超えると店の経営が行き詰まるという迷信もあって、多店化については、それはもう大論争になりました。

私が商業界ゼミナールに勉強に行っていた頃でも、「店数は一五店までだ。かつて二五店を超えた例はない」と言われていました。

それに対して唯一果敢に反抗していたのは、当時の日専連の指導部長をやっていた宗像平八郎先生です。アメリカのチェーンストアの例を引いて、「そんなことはない。ただ、日本とアメリカでは風土は違うぞ」という話をしていました。それをさらに詳しく単行本にしたのが「商業界」の倉本長治先生です。私は倉本先生の著作に触発され、「もっと多店化できるんだ」と言い始めました。

ところがペガサスクラブのメンバーのなかでも、三店目、五店目あたりで、もう赤字の店が出始めました。私にとっては、こうした事態はチェーン化理論と反しているわけです。アメリカでは、「チェーンストアは二〇〇店を超えなければならない。七〇店や一〇〇店ではチェーンとは言わない」と教えられました。日本では、一五店から二五店で終わりだと言われていました。そこで、なぜだめなのかを調べました。調べてわかったことは、商圏人口（一店当たりの居住または通勤中の）の違いを無視した立地選定だったのです。

当時は商圏調査のやり方が正確にはわからなかったこともあって、私自身が現地で調べてみると、A店は三万人、B店は一〇万人、C店は三〇万人らしいことがようやく判明しました。そのとき、隣の町に近いからという理由で出店するという考え方はだめだとわかりました。

繁盛店づくりには三〇万人の商圏人口が必要です。そこで成功して、次に隣の町に二店目を出すと、必ず成績が悪くなり、三店目でだめになります。三〇万人都市の隣は、必ず五万人か三万人の町だったからです。二店目も繁盛店にしたければ、そこも三〇万人の集客が可能な立地でなければならなかったのです。

二店目あるいは三店目で失敗するのは、商圏人口が一〇万人を割った立地のときです。スーパーマーケットもそうでしたが、一番わかりやすいのは靴屋や衣料店でした。隣町に出すと、絶対に失敗しました。商圏が違うから立地が違うのです。

当時の多店化のモデルは十字屋と長崎屋でした。十字屋は県庁所在地に、長崎屋は人口三〇万人以上の都市にのみ出店していました。しかも、人口が一〇〇万人でも五〇万人でも三〇万人でも一店だけの出店でした。それでは一〇〇店突破はできないのです。そのくせ十字屋の山藤捷七さんも長崎屋の岩田孝八さんも、「いくらでも売れるよ」と自信タップリでした。

しかし私は自分自身で調査した結果から、「それは違うのではないですか。多店化のためには店ごとの商圏人口の標準化がまず必要だ」と主張しました。そこで初めて、本物の商圏論が始まったのです。

多店化の技術的な大問題だった商圏人口論

私が日本で初めて言い始めた「多店化するためには自社の店ごとの商圏人口の統一が必要」という商圏人口論は、当然ながら「何万人に統一するのがいいのか」という議論が結論になります。

もしも私がそこで間違ったことを言っていれば、今日のようなビッグストアづくりもチェーン勢力の発展もなかったでしょう。商圏人口論は多店化への技術としては重大要件だったのです。

私は一九七〇年代後半には「多店化なら商圏人口一五万人が目標だ」と言えるようになっていました。当時の繁盛店を調べてみると、必要商圏人口は約三〇万人でした。しかし、私の主張は二〇万人を割る形での一五万人ですから、三〇万都市には二店、一〇〇万人都市なら六店つくらないといけないことになります。

行政単位とは別に、合計で一五万人の人が住んでいるエリアには一店つくれるという意味です。一九七〇年代末のペガサスセミナーの私のテキストには、はっきりと「一〇万人～一五万人型の中型商圏のみを狙え」と明文化しています。

チェーンストアとして不可欠条件の二〇〇店以上を出店し、さらに一〇〇〇店以上四桁の店をつくっていくという軌道上では、常に一店当たりの必要商圏人口を小さくし続けなければなりません。必要商圏人口が五〇万人を超えるような品ぞろえの店なら、日本全国にせいぜい五〇店しかつくれません。五〇万人以上の都市は三六カ所。その人口合計三七〇〇万人しか日本にはないからです。

もちろん、必要商圏人口が五〇万人のフォーマットならば、それでもいいでしょう。実際、日本トイザらスやイオン系のスポーツオーソリティは、もともと一〇〇店はつくらないという考え方で出店を始めました。彼らはアメリカでの経験が豊富であったにもかかわらず、日本では商圏人口問題についての原則がブレてしまったから、業績が低迷しました。

商圏人口を前提にした現段階での国内店数可能値を推計してみると、すべての大型店はアメリカのようにフリースタンディング（孤立店、いわゆるロードサイド店）ではなく、SCとしての商業集積に入るとして、商圏三万人型の小型NSC（Neighborhood Shopping Center）は全国で約一万一三〇〇カ所（うち一〇〇万人未満の商圏人口の地域では一万カ所）、七万人型の中型CSC（Community Shopping Center）なら約二〇〇〇カ所（同一六〇〇カ所）です。五〇万人型の大型RSC（Regional Shopping Center）なら約二〇〇カ所、一〇〇万人型の超大型SuperRSCなら多くてもせいぜい一〇〇カ所までとなります。

この場合に、人口規模別の市町村数を加味して、人口二〇万人未満の市町村での成立可能SC数が全体に占める割合を見ると、三万人型NSCで六三%（約七〇〇〇カ所）、七万人型CSCで五七%（約一一〇〇カ所）に達します。これを一〇万人未満の市町村で見ると、三万人型NSCで五四%（約六一〇〇カ所）、七万人型CSCで四五%（約九〇〇カ所）と推計できます。これで日本でのSC成立可能数は合計約一万三六〇〇ないし一万五一〇〇カ所となります。

これに対して、アメリカは人口二億九〇〇〇万人で四万六〇〇〇カ所、日本の人口はその半分ですから、アメリカ並みに普及すれば二万三〇〇〇カ所できてもよいのですが、日本は大都市の地価が異常に高いので、少なめの見積もりでした。ちなみに二〇〇六年末現在、まだ日本に二〇〇〇カ所、これからその一〇倍に増えるでしょう。

さて私が、「多店化のためには、まず必要商圏人口が一五万人の店をつくれ」と言った理由がここにあります。必要商圏人口を少なくすることが、多店化を進めるための決め手なのです。全国に成立可能な店数の一割はナンバー1の企業が取れるが、二割は無理とされています。

そこで、私が指導するチェーン化グループは、まず一五万人商圏を狙って多店化を始めたのです。

商圏人口の統一が第一なら、多店化で重要な第二のポイントは、商勢圏の増加作戦です。商勢圏とは、企業としてのマネジメントや商品物流の地理的単位のことです。私は、「必ず一つの商勢圏のなかだけで一五店をつくることに全力を集中する」と主張しました。

アメリカの経験法則では、一つの商勢圏は人口一二〇万〜二五〇万人規模になります。そこで商圏人口一五万人の店なら一〇〜二〇店ずつつくれるということです。当時これがペガサス流〝出店対策〟原理だったのです。

ナショナルチェーンを標榜するのは間違い

最初のうちは「商圏人口は一五万人を割る形を狙う」というものでしたが、多店化がある程度進んで、五〇店を突破したら、次には「チェーン化には、商圏人口で一〇万人を割る形を目指せ」ということにしました。言い換えれば繁盛店型の三〇万人型を一五万人型にするのがビッグストアづくりであり、さらに三桁の店数でチェーン化に取り組む際の必要商圏人口は、一〇万人未満だという意味です。いまでもこれは変わっていません。この一〇万人未満型の店ができないと、店数は一〇〇店を超えられないのです。

不思議なことに先輩のコンサルタントは当時、こういうことをまったく指摘していなかったのです。もともとこの主張は私が「ローカルチェーン」をつくることを目指したためでした。私がそれを言い始めた理由は、一九七〇年代と一九八〇年代のアメリカで、「ナショナルチェーン」を呼称していたチェーンストアが片端から潰れていたからです。

ウォール街のアナリストに聞くと、「破綻したのはドミナント（商勢圏）エリアがなかったからだ」と言いました。実際には「ローカルチェーンがないから弱い」という意味だと私は理解しました。アメリカのチェーンストアの強さの実体は、「ローカルチェーン、すなわちドミナントエリアづくり」だったからです。アメリカのマスコミがその頃威勢のよい企業解説で見出しにしがちだった「東海岸から西海岸まで」の出店という戦略はだめだったということです。

実際、当時のアメリカの有力チェーンで全州に店のあるチェーンは一社もなかったのです。JCペニーもシアーズも、フェデレイテッド百貨店も、店のない州がたくさんありました。

スーパーマーケットではセーフウェイは会社案内で自らをナショナルチェーンと呼称していましたが、店があったのは太平洋沿岸の三州とワシントンＤＣだけでした。Ａ＆Ｐも同じです。つまり、ローカルチェーンが集まってリージョナルチェーンになっているから強いのであって、文字どおりのナショナルチェーンではなかったわけです。

ですから「ナショナルチェーンが目標だ」という経営者は間違っているのです。日本でアカデミズムが、「ビッグストアはナショナルチェーンを目指している」と表現したために、こちらは「目指していません」とわざわざ言い続けなければならなかったのです。ナショナルチェーンになったら潰れてしまいます。

私と同じようなことは、アメリカの流通アナリストなら誰もが言うことです。彼らはチェーンストア企業の五年後、一〇年後の業績を予想するとき、ドミナントエリアがいくつになるかを推定し、それを経営業績予測の判断尺度にしていました。どの地域のドミナントエリアがいつ頃競争相手に潰されるか、逆に乗っ取っていくかということで、未来の株価を見通そうとしていたわけです。

その考え方を取り入れて、日本でもチェーン化志向企業はまずローカルチェーンをつくることをスローガンにすべきだと主張しました。「まず一五店で一つの商勢圏をつくれ。ただし、第二商勢圏に出る時期を間違えるな。第一商勢圏で七店を超えたら、第二商勢圏に一店は出せ。しかし、できるだけ早く第一商勢圏で一五店はつくらなければならない」と。

当然、どの商勢圏でも、じゅうたん爆撃的に出店していくことになります。当時、国と地方自治体によるビッグストアの出店規制が厳しくなり始めていましたが、私たちはこの出店原則を守り抜こうとしていたのです。規制逃れとして、その逆の出店作戦をとった百貨店グループは結局ビッグ化とチェーン化とに失敗したのです。

実際的な商圏の類型

出店立地の順序論として最もだめなやり方は、はるかに遠く、隔絶した都市に新店をポツンと出す「点作戦型」です。二つ目に隣の町からさらにその隣の町へと進む「直線進行型」出店もいけません。すでに述べたように、人口数が地方自治体ごとに大幅に違うからです。

「行きつ戻りつ型」というのもあります。一つの商勢圏内で行きつ戻りつするのはまだしも、隣町に出て、またわが町に帰り、さらに新たな隣町へ出るというやり方では、ドミナントエリアづくりにはなりません。それよりは、ある距離を置いて三角形を描くように出店していく「三角形型」のほうがいい。

しかし、あるべき出店立地の順序は、先に述べた「じゅうたん爆撃型」です。ただし、人口が五〇万人を超える都市、さらに一〇〇万人を超える都市になると、この原則は修正が必要です。

まず五〇万人を超える都市では、都心部を捨て、周辺に輪を描くように立地する「輪型」になるべきです。一〇〇万人を超える都市では、都心部を見捨てる点は同じですが、周辺部から外縁部にかけて、いくつかの輪ができるように立地する「環型」になります。大都市では、人口規模によって「輪」と「環」の違いが出てくるわけです。

こうした考え方は、一九八〇年代にペガサスクラブ加盟企業が大原則としてきた出店立地の順序です。いまも基本原則は同じです。その前提として、出店立地選定に必要な、わが社の品ぞろえに応じた商圏人口調査方法は、一九七〇年代には確立できました。ところが、最近でも、大手を含めて店舗開発担当者の多くは「商圏は半径X㎞圏内」と言います。

しかし商圏の形が円形だというのは間違いです。「同心円型」(A)に商圏設定してはいけません。そういう形の

■実際の形の商圏の類型

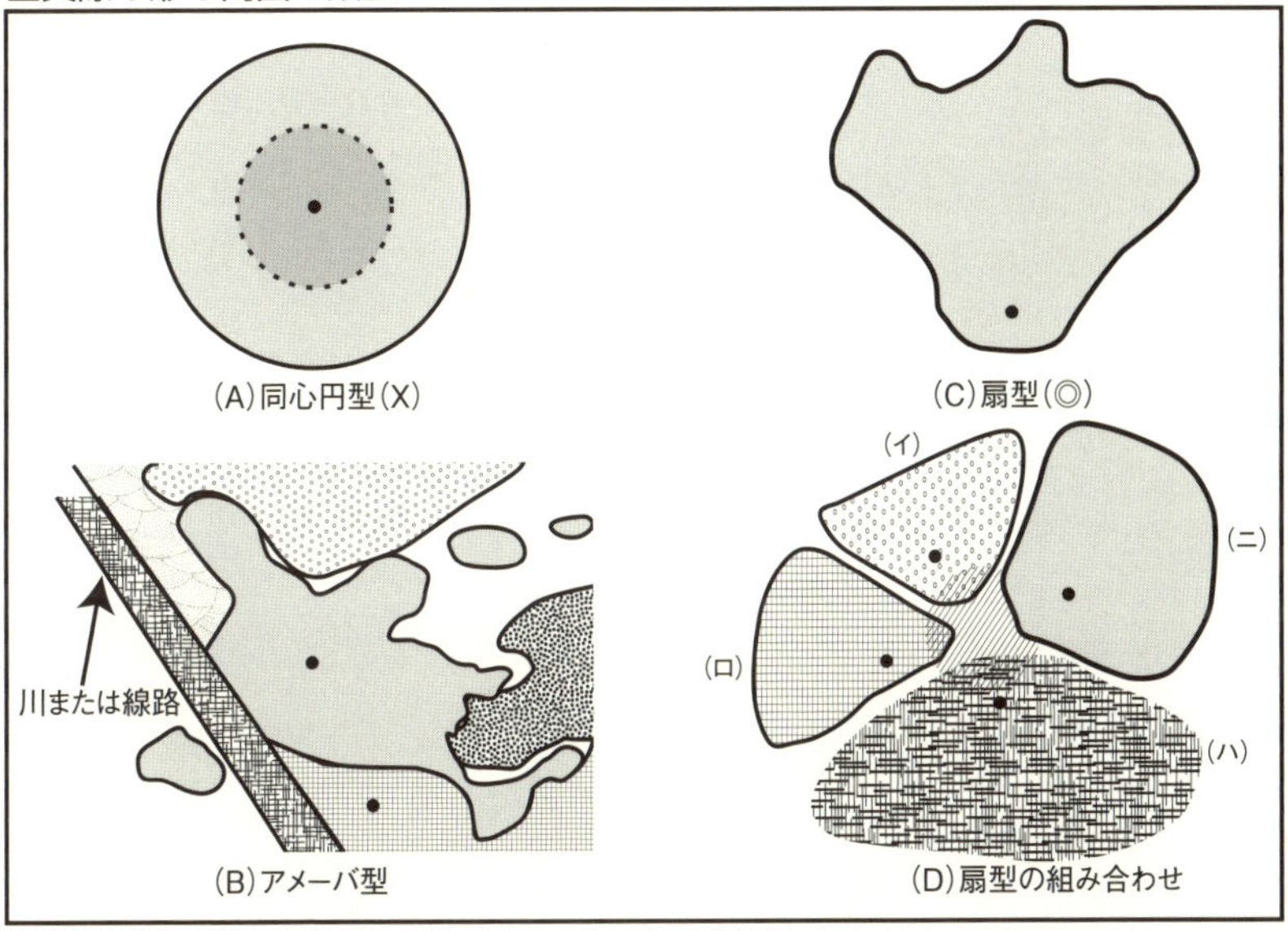

商圏はあり得ないからです。実際の商圏の形は「アメーバ型」(B)なのです。川や線路があると商圏が分断されます。踏切や山によっても影響が出ます。バス路線や主要道路に沿って、商圏が串団子風に細長く延びることもあります。強力な競合店があると、自店の商圏に凹みができます。

結果として、商圏は必ずアメーバ型になります。特に人口密度の高い地域の商圏は凹凸の大きいアメーバ型になります。さらに輪のように競合店が並んでいるところでは、空白区に見えるど真ん中には店をつくってはいけません。地価が高いうえに、次の新店をつくりにくくなるからです。

ということは、それぞれの店を起点に考えると、実際の商圏は店を要とする「扇型」(C)になります。店がそれぞれの商圏の真ん中にあるわけではないのです。地方都市になればなるほど、この扇型の組み合わせになり、全体としては「輪型」(D)になります。したがって年一回、少なくとも三年に一回はわが店の実際の商圏がどうなっているのかを一店ごとに実測調査し、店ごとに競争条件の変化を分析する必要があります。

しかしこの店ごとの商圏の形の変化を検討している企業は、とても少ないのが実情です。わが店の商圏変化を調べないで、いたずらに老朽化を理由に改装コストをかけても、効果が上がるはずはありません。

出店対策と撤退対策は表裏の関係

出店問題にはさまざまな原則があります。商圏問題で、商圏を「同心円型」と思い込むミス以上にいけないことがあります。それは「時間」で商圏設定せずに、「距離」で設定することです。

いかなる場合でも、半径の「距離」で商圏が決まることはあり得ません。徒歩で五分、七分、一〇分、一五分、二〇分、次に自転車と乗用車でそれぞれ三分、五分、七分、一〇分、一五分、二〇分と実際に歩いてみて、走ってみなければわかりません。そうすれば店までのアクセスの便利さは「距離」ではなく、「時間」で左右されることが理解できるはずです。

こうした調査と分析と検証という社内手続きが、出店対策の原則を確立するためには絶対に不可欠なことなのです。

また、出店対策では重要なことなのに、意外なほど無視されてきたのが、出店と表裏の関係にあるスクラップ化（撤退）の問題です。

多店化が進んだ一九七〇年代後半には、もうスクラップの必要性が発生してきていました。スクラップをいかに上手にやるかは、多店化において出店と並び成否を左右する重要な課題になっていたのです。

わが店がどういう状態になったらスクラップを決断するべきなのかという判断についての私どもの意見は、当時は総資本回転率が二・五回転を割ったときでした。不動産費分配率(粗利益高に占める不動産関係経費の割合)でいうと、三五％を上回ったときです。多くの例ではリース料が高すぎて、経費率を下げることが困難になるのです。言い換えれば、あるべき利潤分配率（粗利益高に占める経常利益高の割合）が二〇％を確保できなくなるときです。

コンサルタントとしての私にとって出店問題で説得しにくかったことは、商圏人口問題とスクラップのタイミング（時期）の問題でした。あるべきスクラップの基準を示し得ても、どういう経営状況のときに決断すべきかが、あいまいなままの企業がいまでも多いのです。

スムーズな多店化のためには、あるべきスクラップの基準を明確にしておいて、出店のための基準と同じように頑なに守ることが有益なのです。

もう一歩進めて言えば、営業継続可能の不可欠条件は、一三カ月目の月次損益計算が黒字になることです。もちろん、初期特別経費と本部経費負担後の数字です。新店が二桁のＲＯＡになってほしいのは出店後三七カ月目です。これはアメリカのアナリストから、私が絶対法則として教わった数値です。この二五年間、ずっと私も変えていません。

この見通しは、出店後三カ月も経てばわかります。「一番賢明なのは三カ月で撤退できることだ。それがだめでも一年未満で撤退できること。三年以上かかるようなら財務と店舗開発担当部長はクビである」とまで当時の私ははっきりと言っていました。

しかしながら、いまもって全店のうち店数の三割から四割が赤字でも平気という企業が存在しているのが実情です。経営トップがなぜ、こういう事態を続けていられるのか、私には理解できません。

「スクラップ＆ビルド」という言葉があるように、撤退問題は出店対策と表裏の関係にあります。出店を積極的にやるようになったら、撤退対策も同時並行で積極的にやらないといけません。これもペガサスクラブ企業に金科玉条として教えてきたことです。

経営トップの業がリストラを遅らせる

ところが、撤退の必要性についてだけは、経営トップが私に本当の数字を隠したがる傾向がありました。特に物件交渉に経営トップが直接関わった思い入れの強い店舗ほど、赤字でも閉鎖しません。経営トップを補佐する幹部たちも、経営トップの心情を慮って言い出しませんから、結局は誰も話題にしないこととなります。

心ある大幹部のなかでは、誰が猫の首に鈴をつけるのかが常に問題になります。ずっと経営コンサルタントをやってきて、一番難しい経営判断が事業、つまり店舗の撤退です。これを数値で割り切れることは企業の成長にとって、とても大事なことでした。

物件は道具です。ところが、そう人にも言っていた経営トップでさえ、物件が自分の血を分けた子供のようになってしまいます。だから切り捨てられない。そう思うからこそ一生懸命に努力したのかもしれませんが、本来は道具だと思わなければいけません。

あれだけ活発に出店し、成功事例を積み重ねてきた大経営者のダイエーの中内㓛さんでも、自分が苦労した物件ほどわが子のように可愛くなり、思い入れのある物件は退陣するときまで閉鎖できず、リストラが遅れる原因となりました。それは人間の業、執念ではなく業なのだと私は思います。これは成長する過程でひとりでにできてしまう大欠点です。

出店がうまくいっても、スクラップの遅れた企業は、市場から潰え去っています。その意味では、私がペガサスセミナーで一九七〇年代後半以降、撤退原則を何度も繰り返して強調していたのは、間違いではなかったと思います。

撤退原則の中身については、当時からアメリカのアナリストの言い分も、私の言い分も同じでした。いまも変わりません。そのことは、経営陣が知っていなければならない絶対的な経験法則だと思います。

日本では、活発に企業を発展させていくための経営指南書が次々と出版されています。「とにかく事業拡大を」と説く単純な攻めの経営ノウハウ書ばかりです。

しかし、企業が拡大し始めても、間もなく収益力は低迷し始めます。業績がいいのは一時です。小売業、フードサービス業の場合、単純な攻めは一〇年間以上は通用しません。闇雲に出店するのではなく、「出店対策」と「撤退対策」という同時並行の原則を守り抜かねば、小売業、フードサービス業成長の活路は拓けてこないのです。

出店の原則をペガサスクラブのメンバーが守った不思議

こうした出店問題を振り返ってみると、不思議なことがあります。それは、当時青二才で一介の新聞記者にすぎなかった私の言い分に、実業の世界で独力で繁盛店づくりを実現させていた実力派の経営者が耳を傾けてくれたことです。

自分の命より大事な代表取締役の印鑑を押さなければならない不動産入手において、私の言うことに従ってくれた心理的条件はいまもって私にはわかりません。

その意味では、ペガサスクラブの初期のメンバーは理屈でのみ正当さを理解したのです。私自身ただモットーとしていたことは、事例をたくさん集めることと、数字と論理で実証することでした。

ただ、私の言い分を聞いてくれたことで、チェーン化グループがすいすい伸びたことは事実です。もちろん、その過程ではいい話ばかりではなく、「とんでもない、やめろ!」と声を荒らげて激論を交わすことも多くありました。

いまでも覚えていますが、イトーヨーカ堂の創業者である伊藤雅俊さんとは出店問題で大議論をしたことがあります。伊藤さんは、三越や高島屋、伊勢丹のような八階建ての店をやることが若い頃の願いでした。そこで私は伊藤さんに、「そんなに高層ビルをつくりたいなら、入場料を取ってみろ」と言いました。ちょうど入場料を取って展望台を開放していた東京タワーができたばかりの頃です。「東京タワーに匹敵する店をつくるなら、やっぱり五〇階か一〇〇階建てをつくらなきゃいけないだろう」「それがいやなら売場はアメリカのように二フロア型でいいじゃないか」というのが私の主張でした。伊藤さんは猛烈に反ばくして、翌日まで仲たがいとなりました。しかし、イトーヨーカ堂は一九九九年まで高層ビルの店をつくらず、ずっと平屋か二フロア型を主力にしてきました。

一九六〇年代の日本の小売業で最初のビッグストアづくりのモデルであった赤札堂とキンカ堂は三〜五階建てでした。それが当時の業界としての理想と思われていました。伊藤さんは、それ以上の高層階の店をつくりたいと思っていたのに、断念したのです。私と大議論をしながらも、私が主張した考え方に伊藤さんが切り替えることができたということは、すごい理解力、決断力だったと思います。実際に虎の子の資金を使ったのは伊藤さん自身であって、私ではありません。

なぜ伊藤さんがその気になったのかは、説得した側の私もいまだに不思議だと思っていますが、初期に高層ビル型をつくらなかったからイトーヨーカ堂は大きくなりました。

私は、この当時の出店立地の原則に対する考え方は、チェーンストアづくりにおける大事な歴史のヒトコマだと思います。第二次世界大戦前に日本のチェーンストアが生まれなかった実際の理由は、実はこの出店原則にあったと思うのです。

第八章

ディスカウントストア幻想

――なぜ日本でディスカウントストアが成立しなかったのか――

初期のアメリカセミナーの一番人気はディスカウントハウス

これまでに日本でも多くの企業がディスカウントストア（DS）を目指して登場してきました。創業年を時系列で見ても、MrMax（一九二五年）、多慶屋、キムラヤ（一九五五年）、タイヨー（一九六〇年）、カウボーイ（一九六八年）、ロヂャース（一九七三年）、ダイクマ（一九七八年／イトーヨーカ堂子会社化）、ビッグA（一九七九年／ダイエー）、トポス（一九八〇年／ダイエー）、ドン・キホーテ（一九八〇年）、Dマート（一九八一年／ダイエー）、ハイパーマート（一九八八年／ダイエー）、ザ・プライス（一九九〇年／イトーヨーカ堂）、ビッグバーン（一九九〇年／イオン）、メガマート（一九九四年／イオン）など数多くあります。

売上高規模で見ると、ダイエーのトポスグループが最大時三四九七億円（四九店舗）、イトーヨーカ堂系のダイクマが同一七三二億円（二二店舗）にまで巨大化しましたが、トポスは姿を消しダイクマはヤマダ電機に吸収されました。キムラヤは経営破綻しました。

現在も存続する企業で、二〇〇五年度の売上高が一〇〇〇億円を超えているのは、ドン・キホーテと鹿児島のタイヨー（DS志向店舗は一部）だけです。ここに掲げた企業はすべてディスカウントハウス（DH）ですが、そのうち七割まではかつてDSを目指していました。

しかし、結果的には成立しなかったと言えます。DSたらんと努力をしたのはMrMaxとイオン系のメガマートですが、売上高一〇〇〇億円の壁を突破できていません。これはDSとしての商品対策が実現できなかったためでした。

もう一つ重要なことはオペレーション（作業）コスト対策です。私が初めてアメリカ視察に行ったのは一九六三年でしたが、その当時、アメリカで一番オーソドックスな小売業チェーンは、百貨店のフェデレイテッドとメイシーでした。

一九七〇年代になってチェーンストアのモデルは百貨店ではなく、GMS（ゼネラル・マーチャンダイズ・ストア）のシアーズとJCペニーになりました。

DSがアメリカの小売業界の主流になったのはその後の一九八〇年代以降です。なぜならば、現在のアメリカの非食品市場の過半を占めているDSグループのスタートは一九六〇年代と真新しいのです。大手DSの多くは一九六二年創業です。アメリカを代表するチェーンストアに成長するのに、それから二〇年かかったのです。DSが小売業の主流として台頭するまでの間、アメリカでずっと生活必需品領域で底流にあったフォーマットは、DHです。一九六〇年代にアメリカの一般マスコミを賑わせていたのは、フェデレイテッドやメイシーなどの百貨店ではありません。両社を高く評価していたのは、アナリストのみで、一般マスコミや経営マスコミの人気はDHグループに集中していました。

DHは、安く仕入れられるものだけを安く売る店です。そのなかに生活必需品に近いものもありますが、前提は「まず安く売れる状態」ですから、過剰生産品主力にならざるをえません。これに対してDSは生活必需品でライフサイクルの短い品はすべてそろえる店です。そのためには、これらをすべて、低価格で集荷すべきです。DSへの道は、まことに難しいのです。

DHの草分けは一九四八年にニューヨークでスタートしたE・J・コルベットです。さらに、シカゴではポークブラザーズ、西部ではホワイトフロント、さらにスーパーマーケットのラッキーがやっていたジェムコ、ハワイではジェムが一九六〇年代の一番勇ましいDH企業でした。

ペガサスクラブの初期のアメリカセミナーでは、大部分の人が見学に行き、感動して「こういう店をやりたい」と思ったのが、DHでした。勇ましい雰囲気があったからです。

当初は私も百貨店チェーンとDHという二つのグループに注目してみましたが、すぐにまずいことのある点に気づきました。その欠点は、オペレーションコストの高さにありました。

当時のＤＨの粗利益率（売上高に占める粗利益の割合）は一五％から二二％の間でした。大手ＤＨの多くは二〇％を上回っていましたが、それでも営業利益率（売上高に占める営業利益の割合）三％を確保できたということは、（営業利益＝粗利益マイナス経費なので）経費を売上高の一五％ぐらいでまかなっていたことになります。当然、急所は、この一五％でまかなえるという低い経費率にありました。

当時の日本では、この経費率の切り下げが大変に難しくなりつつあったのです。しかし、かつてのダイエーではコンツェルンの一部で成功事例も出始めていましたから、中内さんは「これはやれるぞ」と思ったはずです。ダイエーは一九八〇年代に次々とＤＨを立ち上げていきました。

それがいずれも行き詰まったのは、どのＤＨでも店数が一〇店から一五店になった段階でした。アメリカでも例外なく三〇店から五〇店あたりで行き詰まりました。まず集荷不能による欠品、次いで労働コストの漸増に直面したのです。

理解されなかった本部機能の重要性

日本でもアメリカでも同じですが、二五店を出店したあたりでチェーンらしい本部機構が必要になります。本部経費は間接コストですが、これで一挙にトータルの経費率が二〇％を超えてしまいます。当然、営業利益はなくなります。

原因は、一五店か三〇店の段階でやらなければならない標準化ができなかったことです。本部機構が経費の点で重荷になるために、アメリカの本部はどこも簡素でした。

これは日本でも同じことです。いま、大チェーンと呼ばれる日本型スーパーストアの経営トップと私が一番大議論したのは、一五店から三〇店段階の本部機構のあり方です。専門店チェーンのニトリや西松屋チェーン、フードサービス業のサイゼリヤもそうでしたが、みんな当初は本部の費用はタダに近いという極端な切りつめ方をしていたのが実態でした。

本部はどこにあるのかと言えば、文字どおり「その時点で社長のいる場所」。毎晩、社長が夜九時にいるところが本部という状況になっていました。本部システムと呼ぶに値するマネジメント体制はなかったのです。しかし店数が一五店を超える頃から、店段階の経費が急増し、効率もバラバラになります。本部がマネジメントシステムをちゃんとつくらないからです。

店段階で、労働生産性の非常に高い作業と管理システムが動き出さない限り、本部機構を整えることもできません。本部機構が進まないと、三〇店から五〇店あたりで出店がストップして、後発のチェーンストアにしてやられてしまう。それがDHグループの実態でした。

私は一九六〇年代から一九八〇年代にかけての二〇年間、アメリカに毎年二回から三回行き続けて、つくづくこのことを思い知らされました。日本もまったく同じ道をたどっていたのです。

アメリカのチェーンストアづくりの歩みを見ると、五〇〇店、一〇〇〇店という店数はすでに、一九世紀中に実現しています。第二次世界大戦後の二〇世紀後半ともなれば、チェーンストアが取り組んでいたことは、どこでも最低で五〇〇店、基本的には四桁の店を前提としたマネジメントでした。

ところが、日本のDHの場合は、一九八〇年代でまだ三〇店いくかどうかの段階でしたから、本部機構づくりの重要性をいくら強調しても、なかなか理解してもらえませんでした。そのため今日のDHは、本部機構の強化があまりできなかったところがほとんどです。店数が少なく、だいたい一五店から五〇店の間でとどまっています。

チェーンストアの本質というのは、本部が仕組みづくりの調査と実験とをして決まりを精密につくり、店が完全作業としてそのとおり実行していくという体制が基本なのに、その必要性があまり理解されていないようなのです。

チェーンストアで重要なのは本部組織の役割

例えば本屋で商業関係の経営誌や単行本の棚を見ると、「店長向け」を冠にしたものが多く、書いてある内容は「もっと工夫しろ」と店長に個人的なアイデアを求める論旨ばかりです。これは、逆に言えば、本部は何もしない、あるいはいらないということです。本部が調査と実験とで新しくよい仕組みづくりを行い、店長は部下を使ってあるべき作業を正確にやらせるという考え方はないわけです。

私はアメリカでチェーンストアのあり方を学びました。一九六〇年代に九〇歳代ながらも存命だったGMSのJCペニーの創業会長と二回会い、Kマートの前身で当時七〇〇店を展開していたバラエティストアチェーン、SS・クレスゲの創業者クレスゲ会長にも会いました。

この二人に、「日本では新しい店をつくるたびに新しいアイデアを出して、『これは改善した新店だ。年ごとに進歩している』と経営者たちが言いますが、一つひとつの店はバラバラです。あなたはどうして、同じ店を七〇〇店以上もつくり続けることができたのですか」と質問しました。

これに対して彼らの答えは、二人とも同じでした。「アメリカでも日本と同じで、ほとんどの経営者は新店をつくるたびに部分変更をします。店を変えるのがいけないのではありません。重要なことは、新しくベストの方法が見つかったときは、全店をそう変えるべきだということです。そうしなければ効果が上がりません。一番よい方法が見つかっているのに、なぜそうでないものを安易に認めるのか。私に言わせれば、そのほうが不思議で仕方がない」と。

そこで、「どうやって、それがベストの方法であると本部は決め続けることができるのですか」と聞くと、「それがチェーンストアで重要な本部組織なんだ」という話でした。

後日、文献を調べてみると、この五〇年間、アメリカで最大のスーパーマーケットチェーンであり続けたクローガーの創業経営者も、同じことを書いていました。「本部で費用と時間をかけてベストな形をつくりあげ、そのとおりに全店で実行すべきである」と。この三人は、チェーンストアの本質、本部機構の役割の重要さを、同じ表現で語っていたわけです。アメリカでDHチェーンが中途半端な発展の後、次々と消えていったのは、標準化や本部機能のシステムづくりの失敗が原因です。逆の立場が今日、アメリカで隆盛を続けるDSグループなのです。

ライフサイクルが短いディスカウンティング・フォーマット

もう一つのディスカウンティング・グループの欠点は、どこの国も同じですが、商品の集荷システムの問題です。三店から一〇店の商品供給は、一人の人間の肉体的努力だけでできていました。

しかし、三〇店、五〇店あたりからその方式では対応が不可能になります。その都度の買いつけでは、数量がそろわなくなるからです。特に売れ筋は材料と加工段階での品枯れが多くなって、店頭ではほとんど欠品になってしまいます。

昔からバイヤーには「足で稼ぐ仕入れ」という行動原則があります。しかし足で探し回って、その都度拾い物をしている限り、三〇店以上の店で売れ筋商品を同時に売り続けることはできません。さらに重要なのは、これでは前シーズン、前年の経験が一切生かされないことになり、小売業にとって致命的な弱点となります。これもアメリカで学んだ考え方でした。

日本のＤＨグループは、この失敗をずっと繰り返してきました。しかし、店見学に行くと、目先は勇ましく、華やかで、店も客で混雑しています。しかも坪当たり売場効率が異常に高い。同じような商品を扱う他社の店と比べると一・五倍から三倍にもなっています。一九八〇年代の経営効率数値を見ると、日本のＤＨグループは坪当たり売場販売効率が五〇〇万円から一〇〇〇万円が当たり前でした。逆に、低い販売効率では成立しなかったのです。さらに内幕を言うと、売れ筋商品を継続的に売っていたわけではなく、〝きわもの商品〟を売っていたわけです。

当時、商品台帳という考え方をアメリカで学んで持ち込みましたが、「商品台帳をつくってどうするんだ」と私の主張はバカにされました。

彼らにはステープルアイテム（常備商品、一三週は品切れさせない品目）という考え方がまるっきりなくて、一年間を通じて短期販売のシーゾナルアイテム（短期エレクションン特売商品、通常は一～三週間のみ扱う）を売り続けるという形の商売をやっていたのです。当然、一三週以上売れ続けた商品はないという話にもなります。これがＤＨの実態で、いまも変わりません。

ＤＨの経営トップが自慢することといえば、「現ナマで買いつけてくるんだ」とか、「小売売価の二〇分の一で買う。高くても一〇分の一だ」という勇ましい言葉でした。だから、そうした商品は「バッタ物」と言われ続けたのです。ごく最近まで、バッタ物の仕入れが、日本のＤＨを支えていたのです。

ディスカウントストアへの乗り換え要件

こうした商売のやり方は、二〇世紀における迷信にすぎません。皮肉なことに、ＤＨの経営者と話していて、一番理解してもらいにくいことです。彼らは「ＤＨでなぜ悪いんだ」と反論します。「ＤＨなら粗利益率は一五％

から一八％にできないとダメ。そのためには、経費は粗利益高の八掛けですから、すべての経費を売上高の一二％から一五％でまかなわないといけない」と説明してから、「あなたの店では、それでまかなえるんですか」と質問することにしています。

しかし、その質問の趣旨がピンとこない経営者が多いようです。「安く仕入れれば、粗利益率は二〇％でも二二％でも取れる」と言います。しかし、安い仕入れはバッタ物になりますから、これは問題外です。継続集荷ができず、売り続けることができません。

その意味でも、ＤＨはＤＳというフォーマットに乗り換えなくてはならなかったのです。事実、大手の日本型スーパーストアは、各社ともに、一九八〇年代初めに、ＤＳへの乗り換え策に着手しています。

しかし、彼らは乗り換えに失敗しました。なぜか。当時、大手の日本型スーパーストアは売上高一兆円を目前ににらんでいました。彼らは当然「ＤＨになってはいけない。ＤＳにならなければいけない」という理屈はわかっていました。しかしいままで指摘してきたような単純な課題が克服できなかったのです。ＤＳをつくるときに必要な本部機構づくりに、ことごとく失敗しているのです。

なぜそうなるのかというと、そのための特別な人件費コストが気になってしまうからです。私は当時、「ＤＳをつくろうとするプロジェクトの長は、管理会計上のことですが、『五年間、一〇億円または二〇億円だけ借ります』と社長に借用書を書いて、それを初期の本部費用に使わなければならない」と主張しました。

イオンのメガマートだけは、それに近いことをやろうとしましたが、やはりちゃんとした本部機構はつくられていません。それでも三〇店できましたが、それ以上は増えなくなりました。

ＤＳにとって不可欠な要件は、本格的チェーンストアとしての本部機構づくりです。それは独特の商品開発と特別なオペレーションと集荷との体制確立です。これはディスカウンティング・グループにいまも共通の課題です。

一番難しいのは、一品目当たりマスで集荷する場合、そのメーカーとの取引契約と物流計画です。

店段階の作業問題も、思い切った単純化と合理化をして、従来の作業コストを半額未満に下げるというシステムづくりに取り組まない限り、経費二〇％を割る形のＤＳはできません。

決め手は、スローガンを何にするかではなくて、二〇％を割る経費率で経費のすべてをまかなえる体制がつくれることです。これが最も肝心な仕組みなのです。

でも、この経費率を実現することは、きわめて難しいことです。どうしても二二％以上かかってしまうのが実態なのです。もちろん、作業システム改革の実験に取り組んでいる企業は漸増しています。その成功事例は間もなく出てくるはずです。

なぜ欧米と同じディスカウントストアが日本でできないか

実際に日本で低経費率を実行している企業もあります。アメリカのメンバーシップ・ホールセール・クラブ（ＭＷＣ、会員制卸売業）フォーマットのコストコ社です。コストコは粗利益率が一二％ですが、その内訳は値入率一〇％で年会費が二％です。それで三・五％ぐらいの営業利益率を確保しています。

ということは、売上高の九％未満の経費率でまかなえていることになります。立派なものです。そういう実例が目の前にあるのに、なぜ、そこから学び取ろうとしないのでしょうか。

例えば、コストコの食品売場は、午後六時頃に行くと生ものの陳列商品はほとんどなくなり、午後八時になるとゼロになってしまいます。ところが、日本のスーパーマーケットは逆で、夜八時でも午前一時でも生鮮売場に客が来なくなっていても、たくさん陳列しようとしています。コストコのようなやり方でないと、経費率を八％台でまかなうことはできないのです。

日本の経営者は、「売れなくても（売上高は少なくても）儲かる店」ではなくて、「儲からなくても売れる店」

が欲しいという原始的な思いが、思考の物差しになっているのです。これは重大な思い違いです。

元来、作業システム問題を真剣に捉えるようになったのは、わずか数年前からです。私が経営コンサルタントとして反省していることは、作業システムについて、一九九〇年代初めには真っ向から最大の経営課題にし、強調し続けねばいけなかったということです。経営工学的な発想の導入が遅すぎたために、非食品の世界でアメリカのウォルマートやターゲットやKマートと同じようなDSができなかったのです。別の言葉で言うと、非食品で一人当たり売場面積六〇坪、食品で同二〇坪の作業体制が取れないことです。

さらに、DSの各商品となる、コモディティグッズ（日用必需品）の低価格での継続集荷という難しい問題があります。これは物流問題ではありません。生産ルートでバーティカルに一品大量取引ができる仕組みをつくらないと解決できない問題です。普段の生活に必要な衣料が一九〇〇円、一〇〇〇円で買える状態にしなければならないのです。

それをNBメーカー側のマーケティングの発想にのみ頼ってしまったのがコンビニエンスストアです。NBメーカーの実験場になり、物流システムを彼らに依存しているため、小売価格を下げることができません。

その意味では、一番難しい道はDSチェーンへの道です。しかし、目の前に実物はあるのです。アメリカのDSチェーンに行き、日本ではまだ売ってないもので、消費者の立場から見て品質や機能あるいは価格がすごいと思える商品を発見したら、それをサンプルとして買い、中国などに持って行き、こういう商品をつくっていないかと尋ね歩けばいいのです。そういう努力をしない限り、DSの核商品は開発できないでしょう。

ダイエーのディスカウンティング・グループ失敗の本質

日本のディスカウンティング・グループには、二〇〜五〇年の歴史を持つ多慶屋やロヂャース、カウボーイ、キムラヤ、アイワールドなどがありますが、キムラヤ、アイワールドはこの数年で経営が行き詰まり、他も年商四〇〇億円から六〇〇億円あたりで伸び悩んでいます。

店数が一〇〇店を超えたのは、ドン・キホーテとやまや、ジャパンの三社しかありません。やまやは酒類専門で商品が絞られていますから、総合DHでは、ドン・キホーテとジャパンだけということになります。

ダイソーだけは二〇〇〇店を超えましたが、それはバラエティストアだったからで、別のフォーマットです。DHはこの四〇年間の歴史のなかで、二〇〇店まで出店できたのは一社もありません。DHは、まず店数で一〇〇店を超えることが至難なのです。売上高も一〇〇〇億を超えられません。

この最も顕著な例がダイエーです。同社の本体は日本型スーパーストアという、まったく別のフォーマットですが、それとは別にディスカウンティング・グループがありました。

日本のディスカウンティング・グループで最大の売上規模になったのはダイエーのトポスグループ（トポス、Dマート、Dランド、バンドール、ハーフアンドトップ）です。トポスグループは最大時に総店数四九店、売上高三四九七億円にも達しました。さらにハイパーマートやメンバーシップ・ホールセール・クラブのコウズなど類似のフォーマットも手がけました。

ダイエーはトポスを最初からDHだと割り切っていました。トポスは、業績不振に陥った日本型スーパーストアの物件の活用対策としてやむをえず始めたものです。その建物はほとんどが五階から八階建てで、ワンフロア当たりの面積が狭い多層階ビルでした。

しかし、その救援発想のまずさが、トポスの大失敗につながっていきます。五階建てや八階建ての店はワンフロア面積が狭いだけでなくて、運搬リフトが小さく、位置も悪いため商品補充が大変で、オペレーションコストがかかってしまいます。フロアごとの作業コストが割高で、「もうやめよう」と店舗運営側も言っていた日本型スーパーストアの廃物利用ですから、うまくいくわけがありません。しかも苦肉の策として粗利益率一五〜一八％

という薄利多売でいくには、店舗構成からまず不適切だったのです。発想が逆でした。

しかし、後に実験が相次いだＤランドやＤマート、バンドール、ハーフアンドトップといった店の発想は違います。この四タイプの合計で約四〇店までできました。このグループは後に単なるＤＨになりましたが、出発時はＤＳの構想で、売場面積も平屋で一五〇〇坪から始め、三〇〇〇坪まで持っていこうとしていました。

ところが、何度も店名が変わったのはその都度、新メンバーによる別組織を再出発させていたからです。私が知る限り、中内さんは五回ほどこうしたＤＳへの挑戦をして、すべて失敗しました。

この形で最後に出てきたのが、ハイパーマートというダイエー独自の店名の店づくりです（これは決してフォーマット名ではありません）。ワンフロア型として再出発したことは正当な考え方でした。

しかし、不思議なことに最初から重装備でした。何を特徴にしたかったのかわかりません。ワンフロア型ならまずたいして売れなくても儲かる形になっていなければなりません。しかし重装備ですから、ものすごくたくさん売らないと成り立たない形の店だったのです。

資金繰りのためにやめられなかったトポス

トポスグループは完全なＤＨであったにもかかわらず最高時の売上高が三四九七億円に達したのはすごいことです。日本で三〇〇〇億円を超す売上高というのは、チェーンストアにとって一つのメルクマールだからです。

しかし、先人の成し遂げられなかったことを実現できたばかりに、それがダイエーの足を引っ張ることになりました。トポスグループの売上高規模が大きすぎたからです。ダイエーが一五年間、なぜ赤字続きでもディスカウンティング・フォーマットをやめられなかったのか。それは資金繰りのためです。トポスグループ以外も含めると四〇〇〇億円以上になるディスカウンティング・フォーマットが生み出すキャッシュフローが、あまりにも大きかったからです。

その意味で、中内さんが下すべきだった本当の大英断は、資金繰りで一～二年はムリをしても、赤字の大原因であるディスカウンティング・フォーマットをやめることでした。それができなかったばかりに改革が遅れ、リストラは進まず、致命傷になりました。

欧米にも同じような事例がたくさんあります。DHとして五〇店までは成功しても、それ以降はオペレーションコストの増大で赤字に陥ります。粗利益率は高くても一八％、低いところは一五％ですが、経費率は二〇％を超えます。赤字だからやめたいのですが、キャッシュフローを考えるとやめられません。

その時点でDH以外の事業で借入金が多いと経営は破綻します。欧米でも、そこを乗り越えられた企業は、借入金が比較的少ないところでした。ダイエーは、たまたまDH以外で借金が多く、赤字の源泉とわかっていながらDHを切り捨てられず、それが今日のダイエーの悲哀を生む最大の要因になっていったのです。

簡単ではないディスカウンティング・フォーマット

中内さんはトポスを始める前年、一九七九年に食品中心のディスカウンティング・フォーマットのボックスストア「ビッグA」の展開を始めていました。これはDHの考え方とはまた別のものです。

ビッグAの母体は、ドイツで一九七〇年代以降に有力となったボックスストア（ハードディスカウンター。店舗投資の抑制と値札付けをしないなどの省力化が特徴の小型店）のアルディです。アルディはわずか五〇〇品目のグロサリー主力の品ぞろえで、粗利益率一二％でも利益を三％確保できるという運営方法でした。ペガサスクラブでも視察に行きましたが、みんなが「これは総合食品店ではない。それよりもスーパーマーケットのスーパーストア化のほうに力を入れたほうがいい」という結論でした。

アルディのノウハウを持ち込んで、アメリカでもアメリカ版アルディができましたが、五〇〇店の段階で、「もうアメリカではこれ以上は伸びない」と気づき、アジアへの売り込みを図ったのです。

当時多くの日本の小売業経営者が米アルディの本部に招待され、その都度、彼らから「やるべきか」と相談があり、私は「勧めない」と言い続けました。

ところが、中内さんだけが向こうのトップと意気投合して、突然ビッグAをやると決めたのです。私は契約後に聞かされたのですが、思わず「ええっ?!」という声が出ました。すると中内さんは、「だって紹介してくれたのは渥美先生じゃないか」となじりました。

実際、私は中内さんといっしょに、米アルディの社長邸を訪問し、夕食をおごってもらいました。しかし私としては、アメリカの小売業のトップはどんな邸宅に住み、どんなホームファニシングの自宅をつくっているかを視察チームの人に見せたくて、連れていったのです。しかし中内さんはその後何度も訪問し、米アルディの経営陣と仲よくなっていたのです。

たしかに、いまでも欧州のアルディには強さがあります。英国でも、PB主力で勝負している点と、オペレーションのシンプルさではなかなか立派で、強力でした。

ところが、中内さんはビッグAでPBではなくてNBを安く売ろうとしました。これでは小型DHでしかないわけです。なぜ中内さんがアルディに惹かれたのかはわかりませんが、「安さ」をテーマにしていることにほれたのでしょう。一九七四年に大規模小売店舗法が施行されて大型店の新規出店が心配されつつあったことで、小型店のアルディなら、いくらでもつくれるという意味で日本型スーパーストアに次ぐ第二のフォーマットと考えたのかもしれません。

しかし、先立つものはオペレーションと集荷体制の確立です。店段階の作業システムも日本の慣行を全面的に否定した合理化、システム化をし、一品目当たりマスで集荷する取引契約と物流計画が不可欠の要件です。仕入

■トポスグループ最高売上時（1995年決算時）の各社の売上高と店舗数

店舗名	売上高（億円）	店数
トポスグループ（ダイエー）	3,497	49
ダイクマ（イトーヨーカ堂）	1,732	22
ザ・プライス（イトーヨーカ堂）	60	1
ビッグバーン（イオン）	204	5
キムラヤ	1989年350億円、9店。以降不明	
ロヂャース（北辰商事）	585	6

れコストとオペレーションコストとを同時に大きく引き下げるための一連の仕組みについて、二桁店数段階での実験に成功しない限り、店数は増えません。経費率が二〇％を割ることが条件です。

もちろん、これはダイエーだけの問題ではなく、ディスカウンティング・グループ全部に共通する課題でした。

なぜ日本で本物のDSができなかったのでしょうか。一番大きな問題は、ベンダー側からいえば、本体の日本型スーパーストアが一〇〇店か二〇〇店あり、それと並行して新しくDSを一店か二店つくられても、たとえ品目数が少なくても、その店にだけ安くは納入できないということです。

つまり、本体の日本型スーパーストアやスーパースーパーマーケットとは全然別個のビジネスとして新しい仕入れルートでやらなくてはいけないのです。並行して独自の商品開発とローカルブランドの開発で大廉価版の核商品群をつくることが必要なのです。

一方、DSとして収益力を確保するためには、最初から物流と補充と販促とを含めた全作業システムを、アメリカの大チェーン方式で抜本的に組み立てることが必要です。西友もユニーも、そしてスーパーマーケットの東急ストアも後にDHを手がけましたが、どこもうまくいかなかったのは、こうした不可欠の軌道がとれなかったためです。しかし逆に、他の大手のDSまがいのDHがうまくいかなくてよかったかもしれません。DSを間違えてDHとして小成させれば、ダイエーのように後に大きな痛手を負うことになったからです。

第九章

ディスカウントストア再挑戦

――ディスカウントハウスからディスカウントストアへの転換――

イオンのメガマートが伸び悩んだ理由

ＤＳづくりのために一番正当な努力をしてきたのは、イオンが一九九四年から展開を始めたメガマートでした。イオンは西友やユニー、イトーヨーカ堂、ダイエーのＤＨとＤＳとの失敗原因を教訓として学び、一九九〇年に密かにビッグ・バーンという新しいＤＳをつくりました。ところが、一号店を長野県につくったばかりに、悪い意味で地域ベンダーと密着、作業システムや物流の新しい仕組みができませんでした。

仕方なくもう一度プロジェクトチームを編成し、アメリカで再度勉強して、岡山県でメガマートという新しいシステムのＤＳづくりを目指しました。しかし、これもまだオペレーションコストが高く、商品開発も線香花火的でうまくいきませんでした。一般には売上が少ないからだめなのだと言われましたが、私に言わせると経費コントロール力、すなわち収益力がなさすぎたことが最大の問題でした。

ただ、メガマートの画期的な点は、ベンダーとコンピューターシステムとを、イオン本体の日本型スーパーストアとは変えて、独自の仕入れルートをつくろうとしたことです。同じコンピューターでは、取引状況がベンダー側に把握されてしまうからです。そうして新しい本部機構づくりに取り組んだのです。

その結果、まだできたばかりのメガマート三店のほうが、すでに二〇〇店ある日本型スーパーストアより同じ商品を安く売ることができました。ベンダー側は、「もう下げられない」と言いながらも、「このＤＳを一〇〇〇店つくるつもりだ」と言われれば、二〇〇店向けより、将来は一〇〇〇店のメガマート三店向けの商品の卸値を、少しは下げてきます。最初はベンダー側のトップも話に乗ってくるわけです。

しかし現場のベンダー営業マンにとって、二〇〇店のほうの仕入れ値が高いのは、おかしいということになります。特に市場で品枯れ状態の売れ筋商品ほど、大手ベンダーの担当者は成績の上げやすい既存の日本型スーパーストアのバイヤーの要望を優先するようになります。できたばかりの少数店のDSはいつも割を食って、売れ筋商品ほど入荷できなくなってしまうのです。

ディスカウントハウスから脱却する二つの方向性

DHから脱却するには、どうすればいいのかというと、二つ考え方があります。

一つは、世界中にDHだけで三〇年以上続いて大企業になった例はなく、成長を維持するにはDHからDSへの切り替えを図らなければなりません。

もう一つは、バラエティストア化です。ダイソーなどの一〇〇円均一ショップのグループです。生活必需品だけに絞って、本格的な製品開発をし、徹底したセルフサービスでショートタイム・ショッピングのできる店です。それを本格的に、生活必需品のすべてを網羅的に扱うのがアメリカのDSグループですが、それは以下のような手順が不可欠です。

アメリカではどうやったかというと、どこも出発点は売場面積二五〇坪ないし三〇〇坪の昔流のバラエティストアでした。ゼロからDSになったところはありません。

Kマートはエス・クレスゲというバラエティストアの大チェーンから出発しています。ウォルマートもバラエティストアの大チェーン、ベンフランクリンのフランチャイジーから始まっています。ターゲットは地方百貨店チェーンのデイトンが母体でしたが、アメリカのDSチェーンの大半は二五〇～三〇〇坪で展開していたバラエティストアの出身です。

バラエティストアの伝統とはいったい何かというと、基本的にはPBとストアブランド（SB）で固定客を固め、小商圏で成立することです。SBは値段が安いだけですが、PBは安いだけでなく、品質についてもNB商品を追い抜く仕様書発注をしています。

アメリカではバラエティストアをスーパーストア化するために、例えば三〇〇坪型から一〇〇〇坪型に、一〇〇〇坪型から二〇〇〇坪型に、二〇〇〇坪型から三〇〇〇坪型へと三〇年間もかけて転換し、その都度、品ぞろえも段階を踏んで進歩してきました。

例えば、三〇〇坪から一〇〇〇坪になるときには、増えた新売場七〇〇坪のうち三〇〇坪は直営で、残りの四〇〇坪は最初からコンセッショナリーでやりました。直営の三〇〇坪も、基本的には六〇坪ずつの実験をしたあと、これらを組み合わせたものです。

日本流に言えば、売場面積一坪当たり一〇万円以上の営業利益が確保できるという実験がすんだ六〇坪分ずつ、新しいスーパーストアの新売場としてお目見えします。逆に言うと、A売場からE売場まで六〇坪ずつ合計三〇〇坪増えたということは、実際にはAからZまでのもっと数多くの実験が他の店で行われているわけです。新たにお目見えした直営売場は、そのなかから選ばれた売場ということになります。これがスーパーストア化の手順なのです。

ディスカウントストアづくりには長期経営計画が必要

アメリカのスーパーストアは、二〇世紀初めから一〇〇年間を超える伝統的なマーケティング上の手順を踏んだもので、六〇坪単位の売場づくりは、従業員一人当たりのあるべき売場面積（非食品の場合）にも対応しています。つまり従業員一人分ずつ既存店で実験済みの売場が増えていくわけです。

例えば、既存店の標準化された売場が三〇〇坪の場合に、実際の店舗の売場面積は四〇〇坪ほどあれば、そのうちの一〇〇坪の売場で新しくA売場とB売場の実験が行われているわけです。

このやり方を私は大手小売業のほとんどのトップに言ってきました。彼らは日本型スーパーストアの二五〇〇坪から五〇〇〇坪までの店を持っているわけですから、そのなかで成績の悪い売場を、この種の新しい実験場所にすればいいのに、それができなかったのです。

なぜできなかったかというと、商品部内で商品部門間の垣根が高すぎるからです。部門ごとに、実はベンダー側のテリトリーになっているからです。

例えば、ここに三〇〇坪のXという売場があった場合、そこにX1とX2とX3のベンダーが絡んでいます。その三社でX売場を全部扱っているとすると、そこで実験する余裕はありません。ベンダー側が、させないわけです。余裕があっても、それは自分たちだけの実験に使ってしまいます。

つまり、直営売場なのにベンダーの品ぞろえになっている現状が日本でのスーパーストア化の根本的な欠陥なのです。わずか六〇坪あるいは三〇坪でもいいから、ベンダーの意向から独立した考え方のチェーンの社員が実験しようとしても、それができないのです。小売業側の独自の品ぞろえ実験をやろうとするなら、ベンダーと商品部組織の完全な変更をしない限りムリなのです。

商品部と結託した形のベンダーの悪しき影響力は、店段階にも及んでいます。店では、ベンダーが面倒な現場作業を代わってやってくれることが多いため、公正取引委員会がいくら取り締まりをやろうとしても、徹底できません。ベンダー側は、自らの意思で自分の商品を持ち込み、自ら人件費をかけて、品ぞろえや陳列の組み替えをするのが実態ですから、公取委はそれを不公正とも言えないわけです。

店側もベンダー側の人手サービスで楽をしていますから、品ぞろえ実験などやれるはずもなかったのです。もし実験をやり始めても、ベンダー側の社員の手で三時間もしないうちにもとに戻されてしまうのです。

その意味では、日本でもまず二〇〇坪型のバラエティストアをつくり、それを三〇〇坪に持っていって、それからアメリカでやったように一〇〇〇坪型に、さらに二〇〇〇坪型、三〇〇〇坪型へという長いステップを、長期経営計画で踏んでいかない限り、日本で三〇〇〇～二〇〇〇坪型の本格的なＤＳをつくることは難しいと思います。この商品問題の解決はこうした段階を踏んでいかないと、結局はベンダー側に取り込まれてしまいます。ＤＳづくりはそのことに対する真剣な挑戦が必要だったのです。

ディスカウントストアが高占拠率を持つアメリカの実態

アメリカでは、基本的に非食品で一番大きな占拠率を持つのはＤＳということになっています。しかし、一〇年ほど前から、ＤＳに関する統計では本当の占拠率がわからなくなってしまいました。例えば「ＤＳＮ　Ｒｅｔａｉｌｉｎｇ　Ｔｏｄａｙ」誌の統計では、スーパーセンターとＤＳとを分けています。二〇〇五年六月一三日号の統計では、スーパーセンターの占拠率は一一・三％、ＤＳは八・八％になっていますが、スーパーセンターとＤＳは品ぞろえがだぶりますし、スーパーセンターのなかには、スーパースーパーマーケットの商品が含まれます。

しかも、この統計は小売業売上高の上位一五〇社のなかの占拠率しか示していません。「ＵＳ　Ｃｅｎｓｕｓ　Ｂｕｒｅａｕ（連邦人口統計局）」の統計もあります。アメリカの小売業とフードサービス業のフォーマット別売上高占拠率を示したもので、大分類の「ゼネラル・マーチャンダイズ」のなかで、ＤＳとスーパーセンターの占拠率は一〇・三％（二〇〇二年版）とされています。これがＤＳの占拠率としては唯一使える数字です。

では、どの部門の占拠率が高いのか。一九九〇年代のアメリカの「商品大部門別売上高占拠率」統計だと、数量統計ではなく、金額統計になっています。例えばスーパーセンターを含むＤＳの乳幼児衣料の占拠率は三七・四％です。これはデパートメントストア（ＧＭＳを含む）の三七・二％と同水準です。しかし、ＤＳの商品単価はデパートの三分の一ですから、乳幼児が一〇人いたら、そのうちの七人はＤＳで買ったものを着ていると言えます。

金額ベースでＤＳの占拠率が三〇％を超えている部門は、他に玩具三七・五％、カーテン・リネン三四・五％、小型家電三六・八％、カメラ・関連資材三二・二％です。数量なら過半数になるはずです。次いで紳士・少年衣料二三・八％、家庭用品二五・〇％、文具二五・七％、園芸二二・八％、金物・工具二〇・四％の占拠率が高くなっています。

数量統計がないので詳細はわかりませんが、ＤＳの数量占拠率は、金額占拠率のそれぞれ二倍以上と考えてよいのです。

品種ごとには別の統計もあります。例えば衣料品では、アメリカの消費者がベーシック衣料をどこで買うかを電話調査した特殊な統計（「Ｌｅｏ Ｊ Ｓｈａｐｉｒｏ Ａｓｓｏｃｉａｔｉｏｎ」（一九九七年調査））があります。ここでは、「ディスカウントストアで買う」と答えた人の比率が、婦人衣料はパンティ四三・三％、ソックス五一・八％、パンティストッキング三一・五％、アクティブウェア五九・〇％、ジーンズ三五・一％と、すべてトップを占めています。

しかしブラジャーだけはＧＭＳで買うと答えた人が二八・二％で、ＤＳの二七・七％を上回っています。ブラジャーは耐久力のあるものが求められるからです。ドレスとスカートはＧＭＳとデパートメントストアに次ぐ三位です。

紳士衣料でも下着、ソックス、アクティブウェア、Ｔシャツ、ジーンズで各一位。スポーツシャツはＧＭＳに次ぐ二位、カジュアルスラックスはＧＭＳ、デパートメントに次ぐ三位です。

これが子供衣料になると、ＤＳの圧倒的強さが目立ちます。下着六七・三％、ソックス七一・二％、アクティブウェア六四・〇％、Ｔシャツ五六・五％、ジーンズ四四・一％、カジュアルスラックス四〇・二％、パジャマ五九・三％が一位で、よそゆきのみＧＭＳの三六・七％に次ぐ二位で二二・二％となっています。

ディスカウントストアはなくてはならないフォーマット

ＤＳを目指すのならば、こうした商品部門が強くならなくてはならないわけです。それによって何が起きるかというと、来店頻度が高まります。アメリカでは、ＤＳの来店頻度は月四回（週一回）もあります。スーパーセンターの来店頻度は月六回、つまり五日に一回は来店しているのです。食品だけを買いに来る客がいるとしても、少なくとも週に一回は来ていることになります。これは日本では考えられない数字です。日本では、非食品で週一回以上の来店頻度などあり得ません。せいぜい月三回です。

しかし、来店頻度が高いのは、アメリカ人が少しでも安く買うためではなく、低価格品ばかりをＤＳが置いているからです。この状況はバラエティストアととてもよく似ています。したがってウォルマートのスーパーセンターの形を真似るだけではだめで、客の来店頻度が高まる品ぞろえに変更することが必要です。そうでなければ効果がありません。

もう一つ興味深い統計があります。アメリカの大ロス地区（ロサンゼルス市とロングビーチ市を中心とする大都市圏）人口一一〇〇万人について調査したＤＳ客の特色です。

これを見ると、年収や家長の年齢、家長の学歴、家長の職業などの要素に関する居住者平均とＤＳ来店客平均は、ほとんど一致しています。例えば年収水準で見た来店客の比率は、二万ドル未満二四・七％（居住者平均構成比二五・八％）、二万五〇〇〇ドル未満一〇・八％（同一〇・八％）、三万五〇〇〇ドル未満一五・八％（同一六・二％）、五万ドル未満二八・四％（同二七・一％）、五万ドル以上二〇・五％（同一九・九％）となっています。

ＤＳには低所得者層が主力で来ているわけではなく、むしろ高所得の人々が、実感以上に来店しています。家

■アメリカの消費者はベーシック衣料をどこで買うのか　単位：人数の%

婦人衣料							
	パンティ	ブラジャー	ソックス	パンティストッキング	アクティブウェア	Tシャツ	ドレススカート
DS	① 43.3	② 27.7	① 51.8	① 31.5	① 59.0	① 43.1	③ 10.4
GMS	② 18.0	① 28.2	② 19.0	② 12.7	② 17.0	② 15.5	① 29.9
アパレルSS	③ 11.1	④ 8.5	2.4	7.3	2.0	5.2	8.5
Dept.	④ 10.6	③ 16.4	6.0	③ 11.5	5.0	6.0	② 24.4
OPS	2.3	1.4	3.6	1.8	—	4.3	6.7
通　販	1.4	2.3	1.8	9.7	5.0	2.6	4.3
その他	9.7	10.8	8.3	20.0	6.0	9.5	11.6
不　明	3.6	4.7	7.1	5.5	6.0	13.8	4.2

紳士衣料							
	下　着	ソックス	アクティブウェア	Tシャツ	ジーンズ	スポーツシャツ	カジュアルスラックス
DS	① 52.8	① 49.3	① 53.8	① 45.8	① 27.6	② 17.5	③ 13.5
GMS	② 23.6	② 16.2	② 11.3	② 21.7	② 25.9	① 26.7	① 39.6
アパレルSS	—	1.5	2.5	4.2	④ 10.3	7.5	5.2
スポーツSS	—	2.2	3.8	2.5	—	3.3	—
Dept.	8.3	8.1	8.8	8.3	③ 11.2	② 17.5	② 15.6
OPS	1.4	2.2	1.3	1.7	—	3.3	4.2
通　販	0.7	—	1.3	0.8	0.9	3.3	1.0
その他	5.6	11.1	12.6	10.8	15.6	11.7	12.5
不　明	7.6	9.4	4.6	4.2	8.5	9.2	8.4

子供衣料							
	下　着	ソックス	アクティブウェア	Tシャツ	ジーンズ	カジュアルスラックス	よそゆき
DS	① 67.3	① 71.2	① 64.0	① 56.5	① 44.1	① 40.2	② 22.2
GMS	② 19.6	② 16.2	② 18.0	② 20.9	② 25.5	② 25.3	① 36.7
アパレルSS	5.6	3.6	4.5	7.0	③ 11.8	③ 16.1	③ 16.7
Dept.	3.7	2.7	5.6	3.5	5.9	5.7	④ 14.4
OPS	0.9	2.7	2.2	6.1	3.9	4.6	3.3
通　販	—	0.9	—	—	—	—	—
その他	—	1.8	4.4	2.6	7.8	4.6	2.2
不　明	2.9	0.9	1.3	3.4	1.0	3.5	4.5

資料）1997年Leo J Shapiro Association調べ（全米760世帯電話調査）　注）GMSにKohls、Mervynを含む。
OPS：Off-Priced Branded Store（装飾を排した店舗でブランド品の低価格販売をする業者）

長の年齢も学歴も職業も居住者平均とそっくり同じです。居住客層分布と来店客層分布とが一致しているからDSは強く、米国でなくてはならない社会的インフラになっているわけです。

そういう考え方が、日本にはまるっきりありません。一部の客層だけを取り入れたくて仕方がないという企業が多いのです。これらの統計は当然、DHとDSが全然違うものであることも示しています。

経営マスコミは、西友について、「ウォルマートが完全子会社にしたのは、西友の業績が悪いからで、それはアメリカ式のエブリデイ（セイム）ロープライス（ESLP）をやりすぎたからだ」と書いています。しかし、それはアメリカのDSの特徴です。私に言わせれば、これまでの日本型スーパーストアでもESLPは続けるべきです。しかし日本型スーパーストアの主力価格帯がモデレートプライスに安定していることが問題なのであって、それをポピュラープライスにまで下ろしてくる新しい集荷体制への変更努力をしなければ、DSにはなりません。

ディスカウントストアの強化商品

そのための問題は、商品の転換です。アメリカの統計を見ればわかるように、強くしなければいけないのは大衆品（エブリボディグッズ）と実用品（エブリデイグッズ）です。

エブリボディグッズは、所得水準とは無関係に、国民の八〇％の人々が共通に使うもので、エブリデイグッズといえば年三六五日のうち三〇〇日は使われるものです。

もう一つ、消耗度の激しいものという条件があります。商品のライフサイクルが短いもの、これらこそマスで売られ続けるものです。具体的には例えばベビー向けや少年少女向け衣料です。赤ちゃんなら三カ月、少年少女でも二年もたずに買い換えなければいけません。

ところが、日本でロープライスといってもモデレートプライスのなかでのことですから、一〇年ももちそうな物をつくってしまいます。

だから、まずベビーと子供の衣料が強くなければいけないのに、日本のDS志向企業は、そこがすべて弱いままに終わりました。

大人の衣料なら、DSはホームウェアを売らなければいけません。ところが、日本でそれを売っているのは、大手ではしまむらぐらいしかありません。

例えば、家庭内作業着なら、洗濯するときの作業着と調理するときの作業着、庭いじりするときの作業着は、本来は違うべきですが、日本ではほとんどの人が作業着として外出着のお古を使っています。転用なのです。

それとは別のホームウェア領域が広くたくさんあります。ディスカウントストア志向なら、それを開発しないといけないのに、日本型スーパーストアではいまだにほとんど売っていないのが実情です。

寝具も基本となるのは布団や座布団や毛布でなく、シーツと枕カバー、それにスリーピングウェアです。しかし後者は日本では種類が少なくてパジャマだけどっさりあるのです。消耗度が高いのだからそこの強化が必要です。当然、それもファッショナブルでありたいし、値段も八〇〇〜一八〇〇円の間にすべきです。

季節ごとに取り換えるべきカーテンも、日本では一〇年以上もたせるため、色あせが目立たない地味な色が中心で、季節やファッションカラーを楽しめるようにはなっていません。

ガーデン用品も寿命の短いものを売るべきですが、日本でガーデンというと、すぐ栽培のための種や肥料の話になってしまいます。そうではなくて、きれいで瑞々しい緑の葉、咲き誇る花といったライフサイクルの短い商品を楽しんでもらうのがDSのガーデニング売場なのです。

家電も同じように消耗度の高い小型家電が品ぞろえの中心になります。雑貨関係ではまず玩具が大事で、ついで掃除・洗濯用の品々、調理用品も消耗調理品のほうが、調理道具の金物類より多いのです。

ということは、DSで売るものは衣料であろうと何であろうと、どんなに高くても一八八〇円までのもので、主力は九八〇円までです。そうした商品で二五〇〇坪の売場を埋められないとDSではないのです。

一方で、もう一つ難しい課題があります。作業システムです。従業員一人当たり売場面積は最低でも三五坪でなければいけません。三五坪というと、現在のニトリやコメリがモデルになりますが、それは日本でのモデルであって、グローバルな意味では何度も指摘したように、六〇坪を突破できることです。その意味では、作業システム改革は、まだまだ緒に就いたばかりという状況なのです。

第一〇章　バラエティストアの復権

——ワンプライスからバラエティストアへ——

一九九〇年代に復活したバラエティストア

アメリカで二一世紀初頭に登場した新興勢力は、小商圏型バラエティストアです。一九世紀半ばから始まったチェーンストアづくりの非食品領域で最初に台頭したフォーマットですが、当初は商圏人口七万～一〇万人という中商圏型でした。かつて非食品の世界で最初に一〇〇〇店を超えたウールワースが代表企業です。

第二次世界大戦後の一九五〇年代後半から、新業態としてショッピングセンターと名乗る商業集積がアメリカで台頭しましたが、その初期モデルでは第一核はスーパーマーケットで、第二核は常に売場面積四〇〇～八〇〇坪型のバラエティストアでした。

ところが、一九七〇年代以降、非食品の世界で主流として台頭したのが、より広い売場面積を持つDS（一店の売場面積約一五〇〇坪、後に三〇〇〇坪型）です。このDSにバラエティストアの服飾売場を奪取され、さらに当時八〇坪型のドラッグストアから三〇〇坪を超える形にスーパーストア化しつつあったスーパードラッグストアによって、日用家庭用品領域も奪われた結果、バラエティストアは衰退していきました。

ウールワースはすでに存在していません。二〇世紀半ばにアメリカのバラエティストアで最大の店数を誇ったベンフランクリンは、いまも企業としては存在していますが、かつての大チェーンの面影はありません。DSやスーパードラッグストアが、このようにかつてのバラエティストアから客を奪えた理由は、中型商圏型のバラエティストアに比べて商圏人口が三万～七万人で成立する小商圏型のフォーマットだったからです。

そのバラエティストアがアメリカで復活したのは、一九九〇年代からです。商圏人口が一万人あれば一店成立するという極小商圏型バラエティストアが、二〇〇～三〇〇坪型で急速に台頭し、業界トップのダラーゼネラルの店数は、いまや七〇〇〇店を超え、二位のファミリーダラーも五〇〇〇店突破という大チェーン化が行われました。

開発輸入の必然性

現在、アメリカでは非食品の大部分は三〇〇〇坪型のDSで週一回から月に二回買われています。それより多頻度の非食品は、スーパードラッグストアかバラエティストアで買われています。もちろん後者のほうが多頻度小商圏型です。

一方日本では、商圏人口三万人を割る形で週一、二回、頻度の高い非食品、つまり日用家庭用品の買物をしたいと思っても、便利な総合店がない状態が一九八〇年代から続いていました。

その盲点を突いたのが均一価格店です。当初一〇〇〇円均一店から始まり、五〇〇円、三〇〇円、二〇〇円、一〇〇円均一へと単価が下がって、一〇〇円均一型の多店化が一九九〇年代から本格的に始まりました。

均一価格店は戦前からもあったし、戦後の半世紀の間にも、日本で何度も挑戦が行われましたが、二桁の店数になったあたりで潰え去りました。その理由は簡単です。一見安そうに見えても、劣質品だったために、結局は消費者にとって割高だったからです。

突破口を開いたのはダイソーでした。ダイソーが目覚ましい成長を遂げた要因は、典型的な開発輸入と取り組んだことにあります。

もともとフランク・ウールワースが一九世紀に創業したバラエティストアの経営原則は、①製品の最終加工メーカーに直結して商品を集荷すること、②大衆品、実用品のなかでも特に多頻度の生活必需品に限ること、③軽くて小型の商品、④完全なセルフサービス方式、という四条件でした。

最初に集荷体制が問題になります。問屋や卸売業を経由しないことが不可欠条件でした。私は一九六〇年代から、そうしない限りグローバルスタンダードとしての安い価格は出せないのだと主張し続けてきましたが、日本で急速成長しているビッグストアあるいはチェーン化志向企業は、心がけとしては理解しても、実際には供給サービスを十分に行える大手のサプライヤーとの取引が主力で、一九六〇年代からの四〇年間をむだに過ごしてきていたのです。

製品開発といっても、従来と変わらない品質、つまり代わり映えのしない仕様書の中身で、価格は一〜二割安いだけのストアブランド（SB）商品の領域を超えることはできないでいました。チェーンストアが本来製品開発すべきPB商品は、非食品の世界ではほとんど実行されていなかったのです。

もちろん、私は一九七〇年代終わりから開発輸入チームをつくって、少ないときで三〇人、多いときでは三〇〇人の各社バイヤーを引率してアジア各国やオセアニアへ商談に出かけましたが、どの社も開発輸入商品が扱い商品全体の五％を超えることはなかったのです。

それに対してダイソーは、国内サプライヤーや仲介業者を一切相手にせずに、まず中国に飛んで最終加工メーカーとの接触を始めていたのです。その実態は、私どものバイイングチームが具体的に捉えています。

開発輸入の定石を実行したダイソー

例えば、二〇〇五年春の中国上海交易会で、われわれのバイイングチームが行ったサンプル取引の価格（建値USドルを一一〇円で換算）では、ダイソーと同じで、ビーチサンダル三〇〜五〇円、割箸八〇膳袋なし四〇円、つまようじ（五〇〇本×二）二八円、タオルカラープリント三九円、衣料用洗剤八〇〇g六九円、家庭用芳香&消臭剤三四円、ハンガー鉄製三一円、ネットスポンジ五個二四円、水切りネットストッキングタイプ三〇枚入り二八円などとなっています。

参考までに同じ調査でウォルマートのものでは、トレーニング・ジャージのトップ三八五円、同ボトム二六四円、ビーチサンダル三〇～五〇円、ソーラーガーデンライトLED二灯三一九円、調味料入れセット一六〇円、せともののマグカップ三八円、大判バスタオル一八三円、ネットスポンジ五個二四円などがあります。いずれもいわゆるFOB価格（現地船積み引き渡し価格）です。

その商品がなぜダイソーやウォルマートのものとわかるかといえば、ブランド名が商品についている実物見本だからです。サンプル取引ですから、取引単位は一〇ないし一〇〇なので、実際の取引では、ここでつけられた価格をもっと下回っているはずです。FOB価格がこんなに安いことは、日本の売上高一兆円規模の大手のバイヤーですら、ほとんど知らないのが実態なのです。

彼らは口を開けば、「店数がまだ少ないからロットが合わない」と言って、「メーカーとの直接取引はできない」と屁理屈をこねたがります。しかし、ここで示したように、サンプル取引でも安い価格は出してくれるのです。サンプルにもとづいて新しく仕様書発注をして、それから①科学的検査、②試用（ライフテスト）と、③試売とを繰り返したあとに、もう一度、仕様書の中身をつくり替えます。さらにその試作品を入手してから、上記と同じ手順を三～一〇回は繰り返したうえで、全店で扱うための大量発注にこぎ着けるのが定石です。

それを最も忠実にやったのがダイソーでした。欧米のチェーンストアの場合は、一般にFOB価格の三・五倍を小売売価にします。FOB価格に加え、通関費や船積み、あるいは航空運賃、日本国内の物流コストなどもかかるので、そういう売価になるわけです。それでいて粗利益率は十分に三五～五〇％を確保します。

このためダイソーなら、ビーチサンダルなどFOB価格が三〇円前後のものは一〇〇円でも楽に粗利益と経費がまかなえます。つまようじは二八円ですから一〇〇円で売っても普通以上の粗利益が出ます。

ダイソーで売っている衣料用洗剤八〇〇gは少しFOB価格が高いため、一〇〇円で売れば非常に割安品になりますが、本来は二〇〇円で売るべきものです。それでちょうどFOB価格の三・五倍になります。

バラエティストアの経営効率の課題

一番びっくりしたのは、一膳ずつ紙袋に入った、つまようじ付き割箸四〇〇〇膳が、一九八〇円だったことです。ダイソーは毎週大型コンテナを仕立てていますから、私どもで計算すると、同社の年間集荷額は、日本国内での割箸の全消費量の一五%に当たります。ということは、ダイソーは店で売っているよりも、日本のフードサービス業にブローカーを通じて売っている量のほうが多いのではないかと私は推測しています。その意味で、新しい総合商社の機能も果たしているわけです。

それなのに、ダイソーの商品管理状況について、「相当以上のデッドストックがある」といった陰口を叩く人々が後を絶ちません。しかし、ずっと店数（会社発表、二〇〇五年現在で国内二四〇〇店、海外四〇〇店）を増やし続けていられるのは、やはり商品の仕入れ価格の圧倒的な安さにあります。

ダイソーにも技術的な問題点はあります。一つは、この一〇年間に品種数が非常に増えたために、必ずしも最終製品メーカーと直結しないで、一部にジョバーやサプライヤーを使う集荷ルートがあることです。

二つ目は、ダイソーのよさは多頻度の生活必需品をロワーポピュラープライスで提供しているところにあるはずなのに、ダイソー本部や店長クラスの人は「宝探しをする場所だ」という言い方を、いまでもしていることです。事実、品ぞろえを見ると、店の面積の何割かはチェーンストアで「キューリアスグッズ」と呼ぶ珍奇品や趣味品で占められます。

その点ではキャンドゥやセリアやワッツのほうが、より生活必需品的な品ぞろえになっています。一〇〇円を売価として投資しようとすると、基本的にはＦＯＢ価格三〇円前後のものしか集荷できません。したがって、シングルプライス制をやめたときに本当に大チェーン化できるバラエティストアとなる道が開けてくるはずです。

ダイソー以上に、右記三社のほうがバラティストア化を追いかけているようですが、この三社にも問題はあります。ＦＯＢ価格の高そうな商品の比率が高いことです。すべての商品を三五円前後のＦＯＢ価格で取引できる状態に集荷体制をつくり直さないと、ダイソーには対抗できないのではないかと思われます。

さらに、根本的な欠点が日本のシングルプライスストアにはあります。それは小売店舗の収益力が非常に低いことです。上場企業のキャンドゥ、セリア、ワッツの三社だけで言えば、彼らの粗利益率は三四〜三八％です。ということは、まだ純粋なＦＯＢ価格での集荷商品（言い換えれば自社開発、開発輸入品）が少ないことを意味しています。粗利益率は四五％以上確保しなければなりません。

売場販売効率（坪当たり年商）は六四万円から一〇六万円の間に分布しています。平均して八〇万円ぐらいでしょう。坪当たり粗利益高三〇万円未満では、収益が確保できません。営業利益率は最大でも三・二％です。労働生産性（従業員一人当たりの年間粗利益）となると、最低でも一〇〇〇万円は必要なのに、最大で六〇〇万円とあまりにも低すぎます。したがって、作業システムを変えて、作業効率を抜本的に転換しない限り、バラエティストアのチェーンはつくれません。

その証拠に一人当たり売場面積の現状は、わずか一三〜二〇坪です。すでに述べたように、日本のスーパーマーケットの平均は九坪で、日本型スーパーストアの平均は二〇坪ですから、日本型スーパーストアよりも低いのです。やはりマスストアーズオペレーションの体制ができていないとしか言いようがありません。

これを克服しないと、総資本経常利益率（ＲＯＡ）が二桁になることは不可能です。だとすると上場三社の店数は五〇〇店前後までできていても、これ以上伸びられるかどうかは疑問ですし、国民大衆の日常生活に不可欠な社会的インフラになり得るバラエティストアへの道は、このままでは進みそうにありません。

シングルプライスストアのバラエティストア化を阻む二つの要因

すでに述べたように、一九九〇年代からアメリカでは七〇〇〇店規模のダラーゼネラルや五〇〇〇店のファミリーダラーのようなバラエティストアの大チェーンができています。

しかし、日本ではバラエティストアに対する関心は低いままです。ホームセンターグループのホーマックやカインズなどがバラエティストアというスローガンの店を始めていますが、売上高の大部分をグロサリーで確保しているのが実情で、生活必需品の非食品で勝負すべきバラエティストアとしてはまだまだの状況です。本格的に製品開発品目を増やさない限り、バラエティストアにはなれません。

本格的な製品開発はそれほど難しいことではありません。まずアジアのどこかの国まで出かけて行けばいいのです。とは言ってもやみくもに開発輸入に着手すると失敗も多くなります。現地の加工メーカーが供給する商品の品質が均質ではないことが多いからです。特に雑貨では、八割が品質基準を満たしていないことさえあります。当然、正確な検質が必要となります。日本に製品が届いてから検質しても間に合いませんから、現地でやらないといけません。

もう一つの大問題は、徹底した数量管理をやらないといけないということです。どの店も商品品種ごと、品目ごとの商品回転率が違いすぎます。そのためデッドストックが増えてしまうのです。

例えばダイソーには、売場面積が三〇〇坪や五〇〇坪の店、さらには一〇〇〇坪の店もありますが、その場合でも高回転している売場は一〇〇坪もないのが実情でしょう。売れない商品、つまりデッドストックをいっぱい持っているから手数がかかり、店段階の労働生産性は、前述のとおり六〇〇万円ときわめて低いのです。売れないものでも、置いてあれば何度でも整理や掃除や棚卸しなどに、手間がとられるからです。売れないものが多いため、仕入れはすばらしいのに、商品管理システムにムリがあると言えます。それを「宝探しの場所だ」と説明していると、売れないものがますます増えていくでしょう。

生鮮食品がショップ99の成長の源泉

シングルプライスストアには、一〇〇円ショップ以外にも、九九プラスが展開するショップ99があります。九九円ではない弁当や、生鮮食品の一部には一〇〇g九九円の商品もありますが、基本売価は九九円です。

しかし、ショップ99はバラエティストアではなくて、コンビニエンスストアとしてやっていこうとしています。しかも生鮮食品を主力にしています。ですから他社がまねをしてもうまくいきません。そのため、ショップ99はますます生鮮食品を主力にしていかなければ、競争力を維持し続けることは難しいでしょう。逆に非食品主力のバラエティストアに近づくことは、自分で自分の首を絞めることになりかねません。

しかし、ショップ99が、困難で画期的なことをやっているのかというと、そういうわけでもありません。ライバルはスーパーマーケットのノウハウを持っていない人々がやっているから、うまくいかないだけの話です。ローソンも生鮮食品主力で売場面積四〇～五〇坪と従来型コンビニエンスストアより広い「ストア100」を出店しましたが、実験店を短期間で閉店させるなど模索が続いています。

これは多分、セブン-イレブンがやっても同じでしょう。ユニーグループのサークルKサンクスも二〇〇六年二月、ユニーと協力して「99イチバ」という生鮮食品主力のコンビニエンスストアに参入しました。二〇〇九年二月期までに一〇〇店舗を出店する計画です。

商品の八割は税抜き価格九九円に統一し、残りは同一九九円、二九九円、三九九円、総品目数四〇〇〇～六〇〇〇品目のうち生鮮食品で一〇〇〇品目を用意するとしています。

これに対してショップ99の母体はスーパーマーケットでした。生鮮食品主力のコンビニエンスストアが成功する鍵は、実は人材問題ですから、ユニーにしても日本型スーパーストアの生鮮食品担当者や、ユーストアというスーパーマーケット事業の人々が、「99イチバ」の運営会社に異動できるかどうかが成否を分けるでしょう。

スーパレット型の可能性

現在、ショップ99は独走しています。自らの強みをさらに強くするために、産地とも直結する方向で、時間を稼いでいます。ショップ99を追いかけるには、まず有能な人を集めるべきだと、私は思っています。どうでもいい人材ばかりを投入しても、それは左遷人事でしかありません。たしかな能力とノウハウを持つ人材を多数投入できるかどうかが、多店化の決め手になります。

ショップ99のように、「これしか生きる道はない」と思う人々が必要なのです。同社の経営陣と従業員は、独立運営のためにショップ99の営業力を高めなければならないということで、必死です。これは厳しい生き様です。サラリーマン根性ではありません。

あと数年してショップ99の完全な独走態勢ができたとしたら、それは根性論の一番いい例になると思います。独立したい一心で頑張っているのですから。

その意味では、日本におけるワンプライスストアのなかで、ショップ99というのはまったく別物です。より正確に言うと、コンビニエンスストアというよりも、スーパレット（小型のスーパーマーケット）のチェーンです。コンビニエンスストアは買物の「便利さ」がテーマで、その考え方の出発点は、深夜の煙草とお酒でした。しかし、ショップ99はスーパーマーケットの売れ筋だけ、特に生鮮食品に特化した本格的なスーパレットチェーンです。

スーパレットのチェーンは一九世紀末から一〇〇年以上の伝統があるということで、欧州では強力な存在です。この形で、四桁の店数になれると思います。

食品小売チェーンを実際にやるならスーパレットの四〇坪型でいくか、それとも六〇〇～八〇〇坪型のスーパースーパーマーケットで取り組むしかないのです。それを足して二で割って、一五〇～二五〇坪型でチェーン化しようとすると、おそらく失敗に終わるでしょう。

西友もかつて挑戦し、マルエツも「フーデックスプレス」を展開し、ダイエーも二〇〇五年一二月に東京・三軒茶屋に第一号店を出店した「フーディアム」で、同じことをやろうとしています。セイフー三軒茶屋店を二億五〇〇〇万円投じて全面リニューアルした「フーディアム三軒茶屋店」の売場面積は、二一三坪です。人件費のかさむ対面販売も含めて総菜部門を強化しました。

しかし、一五〇～二五〇坪型というのはスーパレットにはなりません。ショップ99のような生鮮食品主力のスーパレットを目指すのならば、六〇坪が限界です。しかも、生鮮に徹し切ることが求められるのです。

（二〇〇八年、ショップ99はローソンに買収され、店名を「ローソンストア一〇〇」に変更）

■ワンプライスストア比較表

（株）日本リテイリングセンター調べ

店　名	ダイソー	Natural Zacca Can★Do	ショップ・ワン・オー・オー Seria生活良品	安價堂 meets. 花祭り	ローソンストア100 (SHOP99から変更中)
社　名	大創産業	キャンドゥ	セリア (旧山洋エージェンシー)	ワッツ	九九プラス (親会社ローソン)
本社所在地	広島県東広島市	東京都北区	岐阜県大垣市	大阪府東大阪市	東京都小平市
売上高	3,380億円 (2008年3月)	603億円 (2008年11月)	632億円 (2008年３月)	328億円 (2008年８月)	1,229億円 (連結・2008年3月)
売上高前期比増減率	＋2.4％	−6.3％	＋6.5％	＋7.9％	−1.2％
店　数 (FC含む国内のみ)	2,500店 (2008年３月)	803店 (うちFC240) (2008年11月)	891店 (うちFC137) (2008年３月)	752店 (2008年８月)	837店 (うちFC119) (2008年３月)
特　徴	①60,000品目、うちSB比80% ②売場はTPOS分類 ③生活密着型に変更中（？） ④CD、本、縫製品、ベビー、洋品も ⑤200円と300円もVS化 ⑥営業利益率10%（？）	①日用雑貨のSB比率25% ②食品以外は1年間保証 ③重点販売型 ④1店年商直営は1億円。FCは3,200万円 ※卸もする	①SB名「生活良品」 ②環境対策商品も ③コーディネーションを強化中 ④300、500、700、1,000円コーナーあり ※卸もする	①店は直営、303坪未満 ②6,000品目 ※卸もする	①食料品中心に5,000品目 ②90%は99円、最高999円 ③売上高構成比：生鮮・デイリー43%、グローサリー45%、日用雑貨12% ④客単価480円 ⑤粗利27%（？） ⑥SB名「バリューライン」20%

注）FC：フランチャイジー、SB：ストアブランド、VS：バラエティストア

第二章　ダイエー帝国の衰亡

――中内流「流通革命」成功と失敗の「本質」――

大きくならないと安く売ることができない

ダイエー再建には、産業再生機構が介入しました。私はその経過について憤慨に堪えません。政治と金融庁および経済産業省が介入し、過剰な関与をしたからです。自由競争のなかで栄枯盛衰があるのは当たり前です。たとえ競争に敗れる企業が出ても、そのことは世の中が健全な資本主義社会、競争社会であることの証明でもあります。経営危機に陥った企業の再建問題は、断じて政治や行政が介入すべきことではありません。

また、その失敗をもってダイエーの創業者である中内㓛さんのチェーンストア草創期に果たした役割の大きさが否定されるものではありません。中内さんの有名な言葉があります。「どんなに疲れていても、どんなに出店反対運動が厳しく、製造業界から圧迫されようとも、自分の救いはレジがチンと鳴る音だ」

これは、アメリカのチェーンストアの創業者の一人が語った名言でしたが、中内さんも口癖にした言葉です。いまの人が聞くと、「中内さんは売上の話、金のことばかり言う人だ」と思うかもしれませんが、それは間違った解釈です。

昔のレジがチンと鳴るのはお客一人につき一回で、一万円買おうが一〇〇万円買おうが一回しか鳴りません。レジがチンチンチンとなるのは客数の多さを物語るわけです。中内さんは、それを活力源としました。

私がアメリカに行き始めの頃、アメリカの経営者とチェーンストアの本質論について話していると、この名言を彼らもよく引用しました。そして、「客数をこよなく愛することは商業の本質だ。客数が大きければ、どんな苦労も吹っ飛ぶ。一日努力したら翌日かその週のうちに客数に影響する。お客は敏感に反応する」と説明してくれたのです。私はすごくいい話だと感じ、いまでも鮮明に記憶に残っています。

中内さんは、誤解されている点が多かったことも事実です。でも、私の立場から言うと、中内さんは二つの画期的な革命を成し遂げました。

その一つは、チェーンストアへの飛躍の基盤となるビッグストアづくりです。ビッグストアとは何かを最初の実例によって示した人でした。

一九五七年（昭和三二年）に出店したダイエー一号店の大阪千林駅前店。わずか一六坪で、薬局として開店初日に三〇万円も売れましたが、クスリのヒグチが翌々日から反撃に出ると、日商は一気に五万円に落ちました。仕入れパイプの太さの違い、ベンダーの応援の仕方が違うために、一挙に価格競争に負けて、中内さんは悔し涙に暮れました。

中内さんは大きくならないと安く売ることもできないとつくづくわかって、大きくなるとはどういうことかを真剣に考え始めました。「決して大型店でないのに、なぜヒグチは安く仕入れることができるのか。それは店数だ」と彼は気づき、とにかくしゃにむに店数を増やそうと努力したわけです。

どこよりも早くスーパーストア化に取り組んだ

中内さんは店数を増やすために銀行から借り入れを起こすことを考えました。銀行から借りるのには、二つの条件がありました。一つは増資をし続けることです。そのため一九六〇年代を見ると、ダイエーとイトーヨーカ堂では資本金の増やし方が全然違っています。ペガサスクラブのメンバーで最初に連続増資に取り組んだのは中内さんです。

もう一つは、収益性のいい企業でなければならないということです。最初の出発点では、中内さんは収益性を重視する考え方がありました。収益性を上げるのに、最初から薄利多売で結果的に粗利益高そのものを増やすという論理を持っていました。それは、非常にオーソドックスな考え方でした。後に世界一となった米ウォルマートの創業者であるサム・ウォルトンの考え方と同じです。

かなり安い売価で売って、一個当たりの粗利益高は少なくても、安ければどんどん売れ、ボリュームとしての粗利益高は大きくなるから、一定の経費率で抑えることができれば、結果として利益が出ます。これはビッグストアづくりの基本原理です。

しかし、普通の人はそう考えません。一個ごとに高いものを売り、一個ごとの粗利益高が大きいことが店の儲けにつながると、当時の商店経営者の大半は考えていました。私に言わせれば、それは迷信です。「よいものを安く売ろう」と言っても、「よいもの」とは値段の高いものでした。

中内さんは戦後の荒廃のなかで闇市からのし上がってきたため、まずは価格が客数を左右することと知っていました。次に、年商一〇〇〇億円までは、コストのかからない回転差資金を利用するために、商品回転率で高速回転を実現しました。当時のダイエーでは年間一〇〇回転以上していました。

そのうえで、中内さんは売場面積と店数の勝負に出ます。千林店は一六坪をたちまち二六坪に広げ、二号店の三宮店は一八〇坪から始まり、改装で三五〇坪に増え、三国店では三八〇坪となり、そしてＳＳＤＤＳ(セルフ・サービス・ディスカウント・デパートメント・ストア)と称して、日本型スーパーストアの第一号の実験をした、三宮の改装新店では、九六〇坪（直営）を超えました。三層構造の完全セルフサービスの大型店で、食品と雑貨、ベーシック衣料、家電という四部門構成でした。この間、わずか六年間です。

当時の中内さんは、アメリカにおける売場面積の拡大、つまりスーパーストア化の時流はまだ知らなかったはずです。知らないけれども、ヒグチに最初に負けた対策として出てきたのが、面積を拡大すれば、企業としての売上は増え、仕入れパイプは太るのだという考え方でした。

大部分の小売業は、売場面積を拡大しないで、坪当たり効率を上げようとしていましたが、坪当たり効率は努力してもそんなに上がるわけではありません。当時の超繁盛店では一年間に坪一八〇〇万円売っていました。二〇〇〇万円以上を売ろうとしても商品の補充ができません。超繁盛店でも商品在庫はせいぜい坪当たり一〇万円程度ですから、年一八〇回転となり補充作業ができなくなります。補充ができないということは、面積を増やすしかなく、そのためには資金がいります。

そういう考え方で一年ごとに三倍以上の面積拡大をやり、どこよりも早くスーパーストア化と店数拡大とに取り組んだのが中内さんです。これは誰に教わったわけでもなくて、中内さん自身の発想でした。まだ私と中内さんが出会う前の話です。

エブリボディグッズ、エブリデイグッズの販売に徹した

さらに重要なことは、店名に「主婦の店」と冠したように、中内さんが大衆品、実用品を売るという考え方に徹していたことです。

当時、「安さ」をテーマにした店はその後、例外なくDHになっていきましたが、中内さんの安売りの仕方は違いました。「売れるものは何でも」と冗談で言いましたが、実際は大衆品、実用品に限っていました。DHは「売れるものなら何でも」と言っても、有名ブランドのクローズドアウト（処分）商品なら何でも扱うという意味では、お客にすれば何屋かわかりません。出たとこ勝負で、店に行って宝探しをするという形になってしまいます。

中内さんの安売りは「暮らし密着」ですから、同じお客が日常何度も来店し、結果として固定客化します。当時のマスコミは、「ダイエーの店には遠方からも押しかける」と書きましたが、私が新聞記者として取材すると、同じお客が二日か三日に一回、必ず買物に来ていることがわかりました。大部分は近所の居住者でした。それはエブリボディグッズ、エブリデイグッズを扱っていたからにほかなりません。

中内さんは闇市時代、ペニシリンという特殊な需要の非常に高額な商品を中心に売っていたそうです。その人

が、暮らし商品専門によく商売替えしたものです。何が転機だったのかはわかりませんが、これはすごいことです。だからこそ、当時の主婦の店運動とは別個に、「主婦の店」という店名をつけたのでしょう。中内さんは大衆商法に徹しました。コンサルタントとして、このあたりの中内さんのノウハウは、私の経営指導のモデルにもなりました。

中内さんがやったもう一つのすごいことは、業態開発が早かったことです。業態とは販売方法です。その一つは、セルフサービス理論を知らずに始めました。中内さんはセルフサービスでした。飛ぶように売れるからお客さんに「持ってけ！」とばかりに始めたやり方でした。

しかし、これはセルフサービスの原点でもありました。お客が飛びつくようなリテイルパックを一方ではつくっていました。すべての商品はお客がすでに知っている、改めて説明のいらないものばかりです。だから有名必需品ばかりをそろえていました。これもセルフサービスの重要な原理です。

昭和五〇年代後半から六〇年代前半は、日本のNBメーカーの勃興期ですから、急速に消費を拡大させていたNB商品を片端から扱い始めたわけです。

ダイエーは、一番簡単なグロサリーから入り、日用家庭用品や、家電、衣料品に広げ、やがて生鮮食品も始めました。当時、服飾品では外衣に強力なNBがなく、あるのは下着や肌着だけでしたから、自然とベーシックな品ぞろえになります。

その点では、ベーシック商品中心のセルフの大型店、つまり現在の総合店のモデルを、中内さんは誰よりも早く開発したことになります。セルフサービスを指導したNCRの先生方が八〇坪モデルを示し、「できたら一二〇坪をつくりなさい」と言っていたときに、中内さんはいち早く独自に四〇〇坪の店づくりに挑戦していたのです。

日本初の郊外型ショッピングセンターを開発

中内さんが成し遂げたもう一つの革命は、日本で初めてチェーンの本部を独立してつくったことです。ダイエー西宮本部は一九六三年一月に発足しました。

当時、ダイエーの売上高は一〇〇億円を超えていましたが、本部開設当日の昼頃に中内さんが電話で「みんな遊んでいる。やることがない」と言ってきました。「ふだんはきりきり舞いしていたんだから、やることはわかっているはず」と私が反論すると、中内さんはこう言いました。「三宮店の屋上に本部があったときは、結局、昼間は店を手伝っていたということが今日わかった。本部らしいことは夜やっていたんだ」

これはチェーンストア草創期のエピソードの一つですが、本当は現在でも多くのチェーンで本部が何をすべきか、わかっていないのかもしれません。

さて、この本部の特徴は、一階と二階が、日本で初めてのディストリビューション・センター（ＤＣ）だったことです。そこでは、トロッコのような台車が自動的に動いていました。真ん中に溝があって、そこから突き出た棒が台車を引っ張る仕組みで、自動倉庫のはしりでした。

ダイエーは日本初のアメリカ型ショッピングセンター（ＳＣ）を開発しました。一九六八年一一月開業の「香里園ショッパーズプラザ」（大阪府寝屋川市）です。

日本のＳＣ第一号は、同年七月開業の「イズミヤ百舌ショッピングセンター」ですが、こちらは三フロアのビル、これに対し、ダイエーはフラット型（二フロア）で、駐車場も完備したサバブ立地ＳＣでした。当時、誰もがビックリしたのは、どの角度から写真を撮っても、田んぼが写っていたことです。この二つのＳＣ開発では、私がともに立地選定にタッチしていました。実は、両店とも池を埋め立てて建設したものでした。

当時、私はペガサスクラブのメンバーにはサバブでのSC開発を呼びかけていました。しかも敷地は五〇〇〇坪以上の土地が必要と主張していましたから、なかなか見つかりません。

そこで航空写真で調べようということになりました。関西地区では大阪府、京都府、奈良県で真四角に見える空地、特に奈良県は大和朝廷時代からの名残の用水池がいっぱいありました。明治以降、灌漑用水が整備され、用水池は当時の費用で、坪五万円で埋め立てられるSC用地とわかったわけです。

しかし、埋め立て地でのSCや店舗開発では三つの問題が起こりました。一つは、埋め立て用の土をどこから持ってくるかです。近場から土を集めることは意外なほど難しいことでした。二つ目は、基礎工事の難しさです。池中に一五mの杭を打っても硬い岩盤に届かない場所もありました。

私の思い出に一番残っているのは、これとは別に、イトーヨーカ堂大船店（神奈川県）です。付近は底なし沼が多く、工場や住宅はできず、映画セット用の掘っ建て小屋しか建てられない映画撮影所ができました。この撮影所跡地をイトーヨーカ堂は格安で手に入れましたが、イトーヨーカ堂の歴史上、最も高い基礎工事代がかかってしまいました。

三つ目は、建設後一〇～一五年に一回は大雨が降ると、ショッピングセンター全体が水浸しになってしまうこともありました。

ついにマスストアーズオペレーションは確立できなかった

中内さんはドラッグストアも、スーパーマーケットも、フードサービス業も、さまざまな業態（売り方）を打ち出し、それらは日本で初めての画期的なものが多かったのですが、チェーンストアのフォーマットの確立には失敗しました。

マーケティング上、TPOSごとに必要な商品の品質は違う、という問題に気づかなかったことが、第一の原因です。第二に、メーカーとは違う形でトレードオフ（商品のあるべき性質を決め直すこと）ができなかったことです。この二つの点で、中内さんは技術的に失敗しました。フォーマットの確立ができなかったために、多角経営がうまくいかなかったのです。

中内さんは、「スーパーマーケットをやるんだ。まず問題は生肉だ」と言って、暮らしの商品を売る世界に飛び込み、アメリカのチェーンストアの二〇世紀初めの努力を他山の石として取り組んだことはたしかです。ダイエーが最初に独走体制を築けたのは、積極的な出店意欲、都市ごとに最大面積の企業は最大を続行できるという大規模小売店舗法の追い風とが、超大型店を可能にしたからです。

それは、結果的に大商圏型の店づくりでした。三〇万人商圏型のモデルを、一五万人商圏までは小さくできましたが、一〇万人を割った商圏設定で本格的なチェーンストアを構築するという段階までは、進むことができなかったのです。フォーマットづくりの第三の条件、小商圏型の開発にも失敗したのです。

そこで、第二の弱点が出てきます。それは何かというと、三桁の店数のマスストアーズオペレーションのマネジメントシステムづくりが、過去に一度もできなかったことです。

私は、ダイエーが行き詰まるたびに「二五店から三五店規模のマネジメント体制の原点に戻れ」と勧めたのですが、ジワジワと店数が増えるにつれて、マネジメントや企業文化の統一ができなくなり、数字もばらつきが増えて、結局は収益力低下につながっていきました。

ですから、経営システム設計の観点から見ると、ダイエーは最大で八〇〇店規模まで店数は伸びましたが、マスの効果がまったく出ていません。もったいない話です。

ベンダーや取引先は、ダイエーが規模を急速拡大していくにつれて、異常なほどの協力体制を敷きました。しかし、マスストアーズオペレーションでは、商品問題で、金額よりも数量を大事にします。何万円売れたかではなく、何個売れたかです。その観点が、ダイエーとベンダーの間にはなく、金額主義ばかりでした。

先にも述べましたが、ダイエーは一九六八年にコンピューターシステムを導入し、一九七一年には商品管理のための商品受発注システムを稼働させました。この分野の草分けです。しかし、数量重視の取引とは、コンピューターの問題ではなく、商品部の「態度」の問題です。物流のシステム構築ではダイエーがリードした形でも、商品の品目と量の決定ではベンダーが主導権を持っているため、本当の意味でのマスになりません。裏返せば、店段階の商品管理体制の「標準化」が進まなかったということです。

ダイエーは、どこよりも早く売上高が一〇〇〇億円を突破し、どこよりも早く二兆円を突破したけれども、マススストアーズオペレーションというチェーンストア独特のマネジメントシステムは、ついに確立できませんでした。それはローソンも同じで、常にセブン-イレブンの後追いにならざるを得ませんでした。

本来なら店数が多くなればなるほどマスの効果が上がるはずなのに、逆に経営効率は店数と反比例して低迷していきました。

大議論から始まった中内氏との出会い

私がダイエーの中内㓛さんと初めて出会ったのは、一九五八年のことです。公開経営指導協会の喜多村実先生が主催する、神戸の主婦の店ダイエー三宮店の見学会に、読売新聞の記者として同行したときです。中内さんは約束の面会時刻から三〇分も遅れてやって来たので、私と中内さんとで言い合いになりました。

「あんた日本一の大先生を路上で待たせるなんて失礼じゃないか」

「経営コンサルタントは他人の成功事例を人にしゃべって飯の種にしている、けしからん連中や。勉強会なんてアイデアをとられるだけで、なんもいいことはないわ」

「日本には十字屋や東光ストアのトップでさえ来る勉強会もある。偉そうに言うな」

「そんな勉強会があったら出てみたいもんや」

「来月、湯河原でスーパーマーケット協会のセミナーがある。全国の代表的スーパーのトップが集まるぞ」

そして翌月、そこに中内さんが来ていました。「なんで来たの」と聞くと、「気になって来たんだ」と言いました。その晩、二人で徹夜で論じ合いました。

「なんで店をやってるんですか」

「これが一番金が儲かるからや！」

「金儲けのためだけなのか！」

と、大議論になりながらも徹底的にスーパーのあり方を討論したわけです。印象に残ったことは、当時の繁盛店モデルとされた十字屋やキンカ堂、赤札堂のトップは「売り切る努力」を常に語っていたのに対し、中内さんは「売り続ける努力」を強調したことです。

当時、「大衆実用品」という言葉は使われていませんでしたが、中内さんは大衆実用品とは何かをよく知っていました。

大衆実用品を扱うならば、「売り切る努力」ではなく、「売り続ける努力」が一番必要となります。売れ筋品目の大量販売主義です。かつて一九九〇年代終わり頃のフリースブームのとき、コナカとイオンは二週間で品切れになりましたが、ユニクロは売り続けました。商品を品切れさせない大量販売とは何かを、当時から中内さんは知っていたわけです。

その夜、私は中内さんに「アメリカに行って見てこい」と説得しました。中内さんが初めてアメリカ視察に行ったのは、それから三年後の一九六二年五月のことです。アメリカのスーパーマーケット業界団体の総会に出席し、そこでケネディ大統領の「チェーンストアは米国民大衆の暮らしを守り育てている」というスピーチに感激したのです。これが中内さんの、その後の商売の原点になりました。

逆風時は最大の弱点となるカリスマ性

小売業としての人材の開発・育成に、どこよりも早く積極的に取り組んだことも歴史的な中内さんの偉業です。四年制大卒の定期大量採用や、各種の社内資格試験制度の確立、人件費の五～一〇％を教育費に投入した人材育成制度も、ダイエーがイオンと早さを競うように挑戦しました。初めての労働組合結成から、労組と協調して労働条件や職場環境の整備にも取り組みました。

一般産業界からの四〇歳以上のスカウト人事を、最も早く多くやったのもダイエーです。他産業から人材をスカウトするなんて、当時の小売業では考えられないことでした。

一九八二年二月期に上場後二度目の減益に陥ると、ヤマハの河島博元社長をスカウトして商品部改革を始めました。一九八三年に上場来、初の連結赤字に転落すると、その陣頭指揮で、短期間に赤字脱却を果たす〝V革〟を達成しました。一九九九年には財務改革のため、味の素の鳥羽薫前社長を社長としてスカウトしました。

しかし、大物スカウト人事も結果的には威力を発揮しませんでした。マネジメントができる人ほど社内で優遇されず、長続きせずに辞めていきました。そういう意味では、ダイエーは野武士集団だったのです。

中内さんは爆発的な野性と鋭敏な感性、たくましい実行力を持ち、万人を魅了する人間的魅力がはち切れるばかりの経営者でした。しかし、そのカリスマ性が、逆風時には最大の弱点になりました。軌道逸脱があっても誰も真っ向から反対できなかったからです。

ベンダーの死に筋商品押し込み先になってしまった

ダイエーはマネジメントシステムでは、いい意味でのビューロクラシー（官僚制）を設計することができませんでした。多店化への第一関門である三〇〜五〇店段階の管理システム、標準化の第一段階が構築できなかったのです。それを早くやったのがイトーヨーカ堂でした。官僚制には弊害がありますから、一〇〜一五年ごとにマネジメントシステムを様変わりさせるべきです。ダイエーでは店数の関門ごとに行われるべき体質改革もないので、せっかくの画期的な対策も拡大できず、継続されなくなっていきます。

いま振り返ると、中内さんとダイエーが掲げたビジョンが変質し始めたのは、一九七〇年代後半からです。上場来初の減益となった一九七六年以降、決算期が近づくと根拠のない協力金や商品納入条件の変更など、ベンダーへの〝特殊な頼みごと〟をしてダイエーは堕落していきます。ベンダーから物流センターのセンターフィー（センター使用料）をとるという悪しき慣習を最初につくったのもダイエーでした。

何度か公正取引委員会の摘発を受けましたが、不当取引は二五年以上続いてきました。その結果、バイヤーは理由のない値下げ要求を繰り返すだけで、品ぞろえも仕入れもベンダーへの包括委任に近い形になりました。ベンダーにとってダイエーは死に筋商品の便利な押し込み先にもなったわけです。商品部とベンダー間の正当なコマーシャルベースの取引ができなくなった結果ですが、原因はバイヤーの道徳心の薄弱さではなく、マネジメント体制ができていなかったことにあります。

マネジメント体制がないと売上も伸びないはずですが、ダイエーは店数と売上規模を拡大し続けました。売上高の異常なほどの拡大現象が、すべての経営上のマイナスを消してしまっていました。それができたのは、前述のとおり、一九七四年三月に施行された大店法のおかげです。

大店法では、その地域内ですでに一番広い店を持つ小売業が、常に地域内売場面積順位で一位を占め続けることになります。その恩恵を最も受けたのが、早くから急速な多店化に乗り出していたダイエーです。二五年の間、売場面積順位が変わらないために、ベンダーはダイエーにサービスの限りを尽くし、これに商品部が甘えるという構造ができ上がったのです。

当然、三〇歳代の若手バイヤーほど能力形成がスポイルされる一方、本人の実力以上の売上高をとることで、尊大になって堕落します。これが一九八〇年代のダイエーでした。有象無象がダイエーにたかり、さまざまなビジネスモデルを持ち込んできたのもこの頃です。中内さんも最初は慎重にやっていましたが、一九八〇年代前半には、思い切り手を広げすぎる状況へとつながりました。

結局、広げすぎた手を一九九〇年代には次々にカットするしかなくなったのです。残念ながら、ダイエーには、頑張リズムの権化はいっぱいいても、厳密なマネジメントシステムづくりのできる人材は育っていなかったことになります。

「流通革命」に燦然と輝くダイエー中内氏の業績

中内㓛さんは日本の流通革命の母である以上に、偉大なる発明家であり、発見家、社会啓蒙家でした。彼が日本で初めて挑戦した流通経営上の革新的プロジェクトは、二〇以上にのぼります（図表参照）。そのすべてが、今日、大手各社に共通の取り組むべき重大経営課題となり、各社とも懸命に努力中のものです。

セルフサービスは、レジスターメーカーの日本NCRにいた先生方が普及活動をされましたが、そのセルフサービス導入理由は「省力化」でした。しかし、中内さんは違っていました。「なんでセルフサービス方式なの」と聞くと、「どんどん買ってもらって、どんどん売るためで、お客さんにとっての便利さを追求したら、その結果がセルフサービスになっただけだ」と答えました。中内さんにとって、セルフサービスはスピード販売、ファストセリングの手段だったのです。人手省きという受け止め方ではなかったのです。

次に中内さんが問題にしたのは、売場販売効率（一坪当たり売上高）の拡大ではなく、店舗面積と店数を増やすことで、規模拡大をすることでした。そうすることでのみ、小企業が中となり、大となるという革命的な原則を実行していたのです。

もう一つは、売上高よりも一品大量販売を前提に、その商品が一日に何個売れるかという数量を問題にしたことです。中内さんは常に数量を追いかけました。

大量販売するには、売れ筋の在庫をたくさん持ち続け、売り続けられることが必要です。下手に在庫高が増えるのは危険ですが、それをあるべき形にするには、売れ筋の数量確保が大事なのです。商品管理といえば、誰もが在庫高管理を意味していたときに、彼だけは数量管理というふうに捉えていたのです。

一品大量仕入れの結果、仕入れ値が一挙に安くなりました。現金取引からいち早く通常取引に切り替えたことも、成長の原動力の一つになりました。繁盛と成長とは対策が違うことをはっきりさせたのです。

中内さんが突破口を開きながらも、いまだに成し遂げられていないものの一つとして、一品大量取引計画にもとづくボリューム・ディスカウンティングがあります。NBメーカー品の定価破壊に挑戦と言っても、せいぜい五～一〇％引きにすぎませんでした。それでも値引きできた最大の理由は、ペガサスクラブのメンバーが取り組んだ、ローカルチェーンづくりにありました。

当時の小売業大手は百貨店でしたが、百貨店は店数を増やせないために、NB価格をまったく崩せませんでした。一方、チェーンストア志向勢力は全国津々浦々でドミナント（商勢圏）エリアづくりを進めていました。NBメーカーは、自社製品を全国で売ろうとすれば、われわれへのルートづくりしかなかったのです。マスコミや評論家が主張するように、高度成長期だったから安売りができたのではなく、ドミナントエリアづくりの出店で、ローカルチェーンを次々とつくっていったから、NBメーカーの価格を崩せたのです。

その展開の中心にいたのが中内さんです。東京と大阪、ついで福岡・札幌とをつないでいくのが一番早かったのもダイエーです。店数を急速に増やせたのは、中内さんが大衆・実用品の販売に徹したからです。

「売り切る努力」より「売り続ける努力」が重要で、さらにより安く売るために、ベンダーの定期的な改廃という大胆な方式を最初に実行したのもダイエーでした。

命と日々の暮らしを大切にするのが、中内さんの変わらない原点

SBやPB開発に真っ先に着手したのもダイエーです。SB第一号は一九六〇年のミカンでした。その後一九九六年にダイエーが、国際PB商品製造者協会より日本初の優秀賞を受賞したことを受け、その八月一七日に日本経済新聞など全国紙に一ページの意見広告を出し、中内さんの名前で「〝PB商品〟は、本当に悪者でしょうか」と、人々に問いかけました。「NB商品の逆襲」「PBの役割は終わった」といったマスコミ記事が目立つことに対して反論したもので、こう書いています。

「餅は餅屋だけにまかせておくと、ろくな餅にならない」――ひとことで言うと、これが商品づくりの基本にある私の信念です。たしかに、メーカーは商品づくりの専門家です。が、メーカーにまかせっきりにしておくと、頻繁なモデルチェンジ、過剰な品質や性能の追求など、「つくる側の論理」がとにかく優先されてしまう危険があります。(中略)創業して以来、私は、「主婦のみなさんが、買いたい商品を、買いたい価格で、買いたい量だけ買える社会をつくろう」と、テープレコーダーのように繰り返し言いつづけ、その一環としてPB商品の開発にずっと取り組んできました。(中略)日々の生活の場面

に応じて、NB商品とPB商品を使い分け、より合理的な生活を実現する。そんな「選択できる社会」をつくっていくことが大切（後略）。

これは、中内さんが以前に書かれたPB論を少し手直ししたものですが、PB本質論として、いまも光っています。

したがって、メーカー主導の慣行流通ルートの破壊を担ったのもダイエーでした。アメリカ型SCそっくりのサバブ出店という立地創造にも真っ先に取り組みました。ディストリビューション・センターやプロセスセンターなど物流センターづくりも同様です。

また、企業規模拡大の原動力としての人材の開発・育成計画、一般産業界からのスカウト人事も突破口を開き、一番積極的に取り組みました。人件費の五〜一〇％を教育費に投入という画期的な制度も、〝スーパー大学〟という企業内実務訓練スクール開校も、ダイエーがイオンと競って挑戦した金字塔です。

社会的地位が低かった流通業界の地位向上のための活動も、中内さんがリードしてきました。労働組合主導の賃金制度の改善や、私が提案した流通科学大学の開設に私費一五〇億円を投じています。これは一〇〇年後にも残るに違いない中内さんの功績です。

中内さんは土佐藩の御典医の家系に生まれましたが、父が薬剤師になったため、親戚から「医者にならないでけしからん」と非難されました。中内さんは子供の頃から薬の小売業で身を立て、大繁盛店をつくって親戚を見返したいと思っていました。先の大戦では、部隊の三分の二が戦死する激戦地から帰還し、命の大切さを、まず身をもって知る人だったからです。戦後、主にペニシリンを売る薬局を創業したのも、そのためです。そうした高価な薬を売ろうとしていた人が、早期に大衆・実用品中心の暮らしの店に一気に転換したのは驚くべきことですが、命と日々の暮らしを大切にするという中内さんの原点は、変わっていなかったと思います。

■中内㓛氏が、わが国最初の挑戦をした経営課題

経営課題	西暦	年号	月
①食品・衣料・雑貨・家電を総合化したセルフサービス（①〜③：「日本型スーパーストア」の創造）	1959	昭和34	4
②3層1500坪型大型店 ③暮らし必需品主義の品ぞろえ	1963	昭和38	7
④メーカーによる定価制の破壊とオープン価格の実現 ⑤ベンダーの定期的改廃	1958	昭和33	12
⑥SBとPBづくり、同シリーズづくり	1960	昭和35	
⑦サバブ出店 ⑧高層売場の否定（→3F→2F→1F型へ）	1968	昭和43	11
⑨他社店舗との集積商業施設　→　SCづくり ⑩地方自治体新都市開発計画への参加	1963	昭和38	7
⑪DC・PC・TCづくり	1970	昭和45	10
⑫本部建物と機能の独立	1963	昭和38	1
⑬40歳以上のスカウト活発化（流通業への人材流動化）	1974	昭和49	
⑭4年制大学新卒300人ずつの大量採用	1970	昭和45	4
⑮各種の社内資格試験制度 ⑯人件費の５～10%を教育費に投入	1976	昭和51	4
⑰教育センター（「スーパー大学」）の開設	1971	昭和46	9
⑱労組結成と労使協調	1965	昭和40	5
⑲流通業の労働条件と職場環境の整備、地方同業の賃金水準アップ	1970	昭和45	5
⑳株式公開と外国債発行	1971	昭和46	3
㉑協会づくりで行政・立法へ働きかけ(政治家の流通業シンパ増加へ)	1967	昭和42	8
㉒国際機関と国内財界活動への参入	1990	平成２	12
㉓私費で商業経営専門の実学重視「流通科学大学」を開設	1988	昭和63	4

注）DC：ディストリビューション・センター、PC：プロセスセンター（加工センター）、TC：トランスファーセンター（各店への仕分け・配送センター）

第三章　フードサービス業の揺籃

――外食・中食産業でも、大規模化、チェーン化に邁進――

同業者と同志として切磋琢磨

一九六二年（昭和三七年）のペガサスクラブの創設以来、一〇周年、二五周年、三〇周年と節目ごとにペガサスクラブ・メンバー企業のトップに特別体験発表会での発言や、機関誌「経営情報」への寄稿を求めてきました。それらの記録を振り返ると、フードサービス業のビッグチェーン、株式上場企業の大半はペガサスクラブのメンバー企業から生まれていることがわかります。

例えば、「経営情報」一〇周年、二五周年記念特集号には、すかいらーくとそのグループの藍屋とジョナサン、さらにリンガーハット、サト（現サトレストランシステムズ）、フレンドリー、タカラブネ、ハウス食品工業、中村屋、京樽、幸楽苑、帯広の六花亭、スガキヤ、マリアーノ（現サイゼリヤ）、東天紅、ジョイフル、元気寿司、吉野家さらにセゾングループだった西洋フードシステムズなど、大手フードサービス業のトップが軒並み寄稿しています。

アメリカでは、小売業のチェーンストアは一五〇年前からありましたが、フードサービス業での歴史は戦後からです。日本の食堂業は一九七〇年代から、小から中、中から大になっていきました。ペガサスクラブのメンバーは、小売業でも食堂業でも、同業者どうしが切磋琢磨し、ビッグストアづくりへの同志として同一の道程を歩んできたのです。その点が、普通のコンサルタント会社とクライアントとの関係とは、まったく違うところです。

「月刊食堂」第一号への寄稿がフードサービス業へ取り組むきっかけ

私がフードサービス業と積極的な関わりを持ち始めたのは、一九六一年からです。その年の一月に柴田書店の柴田良太社長（当時）が突然、私に会いに来ました。当時の柴田書店は、料理の高級豪華本や日本文化を象徴する芸術作品を海外に紹介する本をつくっていた出版社で、国民大衆の日常生活を向上させるような経営指導誌をやっていたわけではありません。それなのに彼は、「食堂業の経営理論誌を出したい。ついては主力論文を毎号書いてほしい」と言うのです。

「私は、小売業でスーパーマーケットのチェーンをつくろうとしている。フードサービス業のチェーンもつくるべきだと思うが、もっと後に取り組みたい第二のテーマだ」と断ったのに、柴田社長は、「だからこそ、先駆けてやりたい」と強調するのです。

当時、食堂や飲食店は「水商売」だと普通の人々は思っていました。その頃でもフードサービス業向けの雑誌はありましたが、店の厨房や外装、内装の写真が主に掲載され、あとは調理人の話ばかりというものでした。私はそういう雑誌しか見ていないから、「出版社側のあなたを信頼できない」と反論すると、柴田社長は「それなら見本誌をつくってくる」と一度は帰りました。

できあがった見本誌を見ると、非常に堅い内容のものになっていました。そこで騙されたと思って、「月刊食堂」創刊号（一九六一年八月号）に「これからの食堂経営」は従来とは異なる、「しゃにむにがんばる」繁盛策ではなく、「商店の総合化と薄利、適正規模だ」と、これまでとは異なる経営政策論を展開しました。

これはアメリカのフードサービスチェーンのあり方からヒントを得たものです。読者から予想外の反響があり、翌一九六二年一月号から、体系的な理論展開を連載しました。共通テーマは「経営革新」でした。

一九六二年の一二月、日本初のレストラン業の経営理念とマネジメントの入門書「食堂経営入門」を柴田書店から出版しました。これが、私がフードサービス業界に取り組むきっかけになりました。

それから約五年後の一九六七年九月、満を持してペガサスセミナーとしては初めてとなるフードサービス業向けの「食堂経営大企業化のための出発セミナー」を箱根小涌園で開催しました。同年一二月には「食堂チェーン化特別チーム」を発足させ、五年後の一九七二年には五〇店以上一〇社、一〇店以上三〇社というビッグストア化の目標を打ち出しました。

当時はフードサービス業経営に関する国内統計はまったくありませんでしたが、セミナー参加者の内訳は、店数一〇店以上が六社、売上高一〇億円以上はわずか二社だけでした。ただし、全体の三分の一は、一年間の売上高伸び率が二〇％以上の成長組でした。このセミナーでは、「大規模化の公式」として「人材が増えないと店数が増えない」ということを特に強調しました。

フードサービス業への転換で一〇〇〇店を突破したすかいらーく

一九六七年一二月に「食堂チェーン化」を打ち出しましたが、それはまさにゼロからの出発でした。「フードサービス業でも一〇〇〇店つくれる」ことを示す意味で、アメリカのマクドナルドを、モデル企業として紹介しました。フードサービス業も「産業」になれるという意味を込めたのです。

続いて、ホテル業でも当時五〇〇店をつくったホリデイ・インを紹介しました。こうした多店化型のチェーンストアをつくることが、いかに革命的であるかを主張しました。「食堂チェーン化特別チーム」のミーティングは、一九七五年七月までの七年半余の間に二二回開催しました。フードサービス業の上場組のほとんどは、この特別チームのメンバーから出てきました。そして、一九六八年四月には、フードサービス業専門のアメリカ視察チームを組み、第一回の「アメリカ食堂業視察セミナー」を挙行し、ペガサスクラブ機関誌「経営情報」に視察報告を詳細に掲載しました。

すかいらーくの茅野亮さんは、「経営情報」のペガサスクラブ二五周年記念特集「チェーンストアの産業化」（一九八七年八月発行）で、このアメリカ視察報告について、こう書いています。

渥美先生の「アメリカのレストラン業界に学ぶ」（「経営情報」昭和四三年六月号）というレポートを見て、〝わが社の未来はこれかな〟との思いにかられた。それがわが社が外食ビジネスに着手していくきっかけとなった。現在の二人の専務と顔を寄せて、その可能性を考えた。当時、流通革命の嵐が吹きすさぶ中、現状の苦境からの脱出策に苦慮していた時期だけに、渥美先生のレポートは我々に一筋の燈明をともしてくれたのです。

すかいらーくがファミリーレストランの第一号を出現させたのは、一九七〇年七月のことです。すかいらーくがペガサスクラブに入ってきたときは乾物屋で、その後に私の勧めでスーパーマーケットに転換したものの、二年続きの大赤字で商売替えを検討していた頃でした。

一九六〇年代後半のペガサスセミナーでは、小売業のための「ストアマネジャー育成セミナー」や「コントローラー実力養成セミナー」など、チェーンストア産業化に不可欠なセミナーを定型化していました。一九六七年に初めて食堂業に対して、「小さい成功で満足するな」「チェーンストア化のために時間と辛苦とを集中しろ」と呼びかけ、大企業化作戦を提案したわけです。その意味では、すかいらーくは遅れてやって来た企業でした。しかし、フードサービス業への転換を決意したことで、破竹の勢いで、一〇〇〇店突破という偉業を成し遂げました。

「中小企業であり続けることは恥ずかしいと思え」

なぜ当時のフードサービス業経営がだめだったのかというと、経営者の肉体的な努力と自己満足だけで、経営理論がなかったからです。目的も金儲け中心なのに、経営者は数字に弱く、人材もいないし、組織づくりも、将来に対する展望もまったく持っていませんでした。私はチェーンストアとはこういうもので、これを実現することで、フードサービス業も世の中に大きく貢献できる、だから経営者は生涯をかけて挑戦すべきだという主張で、この趣旨自体が業界常識への挑戦でした。

あの頃の食堂業経営といえば、いかに税金を脱税するか、節税するかが最も大きな経営テーマでした。もう一つは、店員が辞めないように、店員のしつけという名目で、いかに良い職場と思わせてしまう催眠術をかけるかでした。後は、調理技術と店舗の内外装とデザインしか問題になりません。当然、経営相談で多かったのは、「税金が重いから、やめたい」という声です。税金といっても、固定資産税や従業員給与の源泉徴収で困っていたのではありません。法人税、所得税と事業税が問題だったのですが、それらは、企業が利益を出してから課せられるので赤字業者には負担になりません。もっとも、ほとんどの食堂業は経営者一族がタダ働きしていたから、実質赤字でした。そういう計算すらしていない有様でした。

税金が多いから多店化のための資金が貯まらないのではなく、貯めようとしなかったから貯まらなかったのです。そう指摘すると、経営者たちは「われわれは中小企業だ」とつぶやくのです。

そこで私は、「中小企業であり続けることは、経営者として恥ずかしいと思え」とまで言い切りました。

当時、国民金融公庫からの借り入れができたと自慢する経営者がいましたが、私に言わせれば、それは自慢できることではないのです。「いかに早く国民金融公庫や中小企業金融公庫から借りないで、銀行から堂々と借り入れできる身分になるかが重要だ」というのが私の持論でした。そういうあたりから日本のフードサービス業は、チェーンストア化への試行錯誤を始めたのです。

食堂チェーン化特別チームは、大企業化したいというメンバーを集めたチームでした。第一回の「アメリカ食堂業視察セミナー」では、当時のアメリカで最強の存在と見られていたハワード・ジョンソン（コーヒーショップ）に一番注目が集まりました。
日本の学者のなかには、ハワード・ジョンソンに追いつき追い抜けと主張する人々がいました。しかし同社は戦前派で、第二次世界大戦後のアメリカでは、ケンタッキー・フライド・チキン（ＫＦＣ）とマクドナルド（創業はともに一九五五年）をマークせよというのが、私の最初の主張でした。しかしこの二社の方式は簡単にみえて、そのくせ、見よう見まねでは制度化が困難なビジネスでした。

大企業化とチェーン化への出発点となったアメリカ視察

私はアメリカ視察では、まず「国民生活を守り育てるビジネスとは、どういうものかを見ること」を求めました。そのために視察した店で必ず買物をさせました。チェーンストアには買物の楽しさがあることを体験させたわけです。すると、一週間でコロっと変わって、ほとんどの人が「アメリカ国民は幸せだなあ！」「日本にもこういう店があれば！」と思うようになります。この感動こそチェーン化のスタートなのです。

例えば、第一回アメリカ視察に参加した梅もとの綱一馬社長（当時）は、「そこで初めて、食堂チェーン化が、アメリカ人にできて、日本人にできぬはずはない、との自信を持った」（「経営情報」ペガサスクラブ一〇周年記念号）と書き、京樽の田中博社長（当時）も「ロスに着いた途端、『一〇〇億円ではダメだ。一〇〇億円以上売らなければきっと競争に負けてしまう。それにはまず一〇〇店である』と方針変更をしたのです」（同）と述べています。京樽は後に経営破綻しますが、彼は当時の食堂業界きっての理論家でした。

一九七五年春のアメリカ視察セミナーに初めて参加したリンガーハットの米濱鉦二会長も、「チェーンストアをつくろう。リンガーハットはまだ一店だが、一〇〇店はつくりたい。社員は私を含めてわずか三人。けれども、アメリカをモデルに一つひとつ確実に実行していけばできる、という確信が湧いてきた」（同二五周年記念号）

と振り返っています。

当時、アメリカのフードサービス業はチェーンストアとしては新興勢力でしたが、彼らは真っ向から産業化を目指していました。日本の食堂業や小売業の経営者たちは、それを見て勇気づけられ、彼らを追いかけていったのです。

最初に注目されたのはコーヒーショップ

一九六八年当時のアメリカのフードサービス業界は、一〇〇〇億円以上売り上げている企業が五社、一〇〇億円以上が七〇社あり、アメリカで「大企業」と呼ばれる一億ドル（三六〇億円＝当時）以上の企業は、三〇社ありました。軍隊向けの給食事業などの非営利事業でも一〇〇〇億円以上が四団体、一〇〇億円以上は三〇団体もありました。つまり、一〇〇億円以上の企業・団体が一〇〇以上あったことになります。

具体的に見ると、一九五五年創業のKFCは直営二〇店、フランチャイズ（FC）一六四五店を展開し、総売上高は一〇〇〇億円を超えていました。同じ年に創業したマクドナルドは、その頃まだ直営八四店、FC八六二店で、売上高は八〇〇億円でした。

当時、世界一のフードサービス業と言われたコーヒーショップのハワード・ジョンソンは直営四八四店、FC三二九店で、もう一つのレッド・コーチ・グリル（直営一八店、FC一店）と合わせて八三二店ありました。しかし、創業後一二、三年でも、急速成長組のKFCやマクドナルドのほうが当時のアメリカのレストラン業の代表になっていました。

さらにサンドイッチのアービーズ・ロースト・ビーフがあります。一九六四年の創業で、四年間に直営三店、FC二八一店になっていました。このほかに、アイスクリームのデイリークイーン三六〇〇店、ダンキンドーナツ三一〇店などを見学しました。

そのなかで、日本組が最初に注目したフォーマットはコーヒーショップでした。コーヒーショップはビッグボーイが六〇〇店ありました。後にイトーヨーカ堂と提携したデニーズは一五〇店しかなく、まだ大きな勢力とは言えない状態でした。

そこで、すかいらーくは一九七〇年七月に第一号店を出店したときには、コーヒーショップチェーンの「サンボ」をモデルにしました。アメリカ視察で最も注目されたハワード・ジョンソンはその頃競争上では〝負け犬〟で、それに戦いを挑んでいるビッグボーイ（後にダイエーと提携）、それを追いかけるサンボという構図ができ始めていたからです。

しかし、すかいらーくがモデルにしたサンボも、同社が三店ほど出店したときに潰れています。その点で言うと、日本でアメリカ方式のコーヒーショップに最初に本格的に取り組んだのはイトーヨーカ堂のデニーズでした。イトーヨーカ堂は一九七三年一一月にデニーズ・ジャパンを設立し、フードサービス業への取り組みを始めたのです。

イトーヨーカ堂がデニーズと提携した理由

なぜイトーヨーカ堂がデニーズを始めたのか。それは大規模小売店舗法のためです。同法施行はデニーズ設立の翌年、一九七四年三月ですが、一九七三年九月に成立していました。イトーヨーカ堂から私に、「このままでいくとわが社はいつまでたってもダイエーやニチイ（現マイカル）、ユニー、ジャスコ（現イオン）の後塵を拝してしまうことになる。何とかして優位に立つ方法はないのか」との相談がありました。

一九六二年のペガサスクラブ創設時のイトーヨーカ堂は店数一店、売上高三億円で、ダイエー以外の三社とほぼ同規模でしたが、その後の一〇年間、多店化で立ち遅れ、東京都内と神奈川県の川崎、横浜地区に出店しているだけで、あまり注目されない存在になりつつありました。「このままでは永久に二流だ」という焦りがあったのです。

私は「優位に立ちたいならマネジメントの能力を持つことだ」と指導しました。そのためのトータル手段は誰よりも早く、まず二〇〇店を展開することです。モデルとしたアメリカのチェーンストアでは、「チェーンらしいご利益の出る標準化された二〇〇店を持つこと」が第一の目標とされていました。当時、そんな店数はどこも持っていません。せいぜい一〇店から三〇店でした。それだけの店数を誰よりも早く達成するには、大型店の日本型スーパーストアでもスーパーマーケットでもだめです。では、何ならできるのか。

その一つの回答がデニーズであり、もう一つはコンビニエンスストアのセブン-イレブンでした。日本型スーパーストアと比べると、デニーズの一店当たり投資ははるかに少なくてすみ、いち早くまず一〇〇店突破、次いで二〇〇店突破できるのではないかと考えたのです。

なぜイトーヨーカ堂の提携先がデニーズになったのかというと、訪問したなかでデニーズ本部は「説明が非常に理路整然としていたし、本部もきれいだった。デニーズこそ新しいチェーン化の花形になる」と、当時、伊藤雅俊さんは私に説明していました。

しかし同社の作戦の背後にあった考え方は、あくまでも他の大手、ダイエーや西友、ジャスコ、ニチイよりも早く三桁店数のマネジメント方式を確立することでした。しかし、この伊藤さんの思惑はデニーズでは実らず、その半年後の一九七四年五月に第一号店を出店したセブン-イレブン・ジャパンで、ものすごいマスストアーズオペレーションの体制を確立することになります。私が当初同社にセブン-イレブンを紹介したときの意図も、伊藤さんが他の大手をしのぐ作戦としてマスストアーズ対策を紹介するためでした。セブン-イレブンは半年間で一五店になり、一九七六年に一〇〇店を突破し、一九七八年には五〇〇店を突破。いまは五桁の店数チェーンになっています。その結果、イトーヨーカ堂は大手のなかで最も早くマスストアーズのマネジメントシステムを確立できたのです。

着手はデニーズ事業のほうが三年ほど早かったのに、デニーズの成長が遅れてしまったのは、第一号店の出店でもたついたからです。それには理由があります。

一九六五年にアメリカで創設されたボストン・コンサルティング・グループが、当時、ロサンゼルスでさかんに日本進出セミナーを開いていました。フードサービス業などの新事業も含めて日本進出を狙う企業は、ボストン・コンサルティングのジェームス・C・アベグレン先生の指導を受けていました。アベグレン先生は、「日本は独特の文化を持つ国だから、日本人を採用して、商売の仕組みを日本方式に換骨奪胎しないといけない」と指導していました。アベグレン先生が日本独特の文化を非常に高く評価していたためです。

その考え方が、結果として日本におけるデニーズの成長を遅らせたのです。アベグレン先生の考え方とは逆に、アメリカ方式をそっくり持ち込むことで成功したのが日本KFCと日本マクドナルドでした。

日本マクドナルド誕生にまつわる秘話

フードサービス業界で創業時に私がコンサルタントとして関与した会社の一つが、日本マクドナルドです。アメリカの本社は一九五五年創業と戦後派なのに、今日、世界一一九カ国で計三万店、客数は毎日五〇〇〇万人の企業です。

日本マクドナルドの創業者である藤田田元会長と私は東京大学法学部の同期、同年齢で、二人ともに「新人会」という政治結社に所属し、学生運動をしていました。新人会のトップは渡邉恒雄氏（読売新聞グループ本社会長）、その右腕が氏家齊一郎氏（日本テレビ放送網会長）で、私は作戦・情報担当、藤田は学生動員リーダーをしていました。同期生として以後は藤田と呼ばせてもらいますが、藤田の生き方と日本マクドナルド創業に関して、思い出がたくさんあります。

後になって聞かされたことですが、藤田は学生時代、同じ法学部の山崎晃嗣がやっていた闇金融会社「光クラブ」に関係していました。その仲間だった藤田は後に有名になってから「金儲け主義」「拝金主義」と批判されました。さらに「ユダヤ商法」という本当はきまじめな本を出したことで、なおさら彼の本質とは違う方向へとイメージがつくられてしまいました。

藤田が光クラブで学んだことは、「ビジネスを金儲けだけで考えてはだめだ」という反対の思想で、彼のその後の哲学になりました。彼はGHQ（連合軍総司令部）の通訳として、米兵がPX（米軍売店）で買物をすることで、一般兵士ですら、当時の日本人とはかけ離れた豊かな日常の暮らしができているのを見て、このような店をやりたいと考えていました。

当時、私にも彼にも、すぐ上の年齢の人々がたくさん戦争で死んだのに「われわれは生き残ってしまった」という後ろめたさがあり、敗戦後の復興のために尽くしたい、国民大衆のために何かをやりたいという志を持っていました。その先にアメリカに追いつき追い越せるような経済機構までつくりたいという方向がありました。

しかし、PXで輸入業務を覚えた藤田は、在学中に藤田商店を設立し、当初は高級ブランドのバッグ輸入商として、三越百貨店の納入業者になります。藤田の志からすれば、その特権階級向けの商売には内心忸怩《じくじ》たる思いがあったはずです。そのためか、PX関係者からマクドナルドを知り、興味を持った彼は、直ちに提携交渉に乗り出しました。

しかし同じ時期に、ダイエーとマクドナルドとの提携交渉が先に進んでいたのです。中内㓛さんは、ペガサスクラブの当初からのメンバーで、マクドナルドが急速に伸びていることを早くから知っていたからです。米国のマクドナルドは当初、三越の一ベンダーにすぎない藤田商店を相手にしませんでした。ダイエーがスーパーチェーンとして急速に伸びつつある時期でしたから当然、ダイエーを提携相手に選びました。

そして、ダイエーの提携交渉は契約調印寸前にまでこぎ着けていたのです。中内さんは最後の詰めをするために渡米し、明朝に調印式をすると決まった夜、それを祝うパーティーをやってホテルに帰りました。

ところが、朝になって調印式会場に出かけると、すでに前日の深夜に藤田商店と契約したことを告げられました。ダイエーとの提携話を藤田は一夜でひっくり返してしまったのです。藤田の「国民大衆のために何かをやりたい」という執念が契約奪取につながったのです。

それがなぜできたのかは、ずっと謎でしたが、彼が二〇〇四年に亡くなった後に明らかになりました。詳しく語ることはできませんが、要はアメリカ側のトップたちの個人的利益に貢献する仕組みを設けることに同意したか否かのようです。藤田は同意し、中内さんは認めなかったと言われています。中内さんはフェアでありすぎたのかもしれません。

アメリカの仕組みをそのまま採用すべき、とアドバイス

しかし、すぐに藤田は大挫折に遭遇します。

アメリカ側が契約で求めたマーケティング・リサーチを、当時の金額で三〇〇〇万円も投じて大がかりに東京地区で実施しましたが、大部分の日本人が「ハンバーガーは食べたくない」と答えました。びっくりして〝食い道楽〟の大阪でも調査しましたが、結果は同じでした。

私が藤田と再会したのは、その頃です。彼から「渥美いるか?」と突然事務所に電話が入り、「俺はほとほと困っている。マクドナルドのライセンス契約を取ったんだが、売れないというリサーチの結果が出た。この契約

はやっぱりやめたほうがいいのか」と質問してきました。私は愕然としました。マーケティング・リサーチの結果をそのまま素直に信じる経営者を初めて見たからです。そこで真っ青な顔で私を訪ねてきた藤田に言いました。

「米マクドナルドは、私がつくろうとしているチェーンストアの最良の事例だ。フードサービス業のモデルであるだけでなく、小売業チェーンのモデルでもある。大衆の日常をカバーする、理想的な経営方式の会社だ。契約をやめるなんてとんでもない。ハンバーガーを食ったこともない人は、〝おいしい〟とか〝食いたい〟とは言うはずがない。実際に試食してもらえば、〝これならいくらなら買う〟と答えるだろう。まずライフテスト（試食、試売調査）を繰り返すことだ」と。

その日、藤田と約三時間話しました。その後、「もう一度、同じ話を聞かせてくれ」と言われ、三回目に「お前の話をうちの社の幹部にしたが、半信半疑だった」と言われました。「それなら徹底的に幹部教育から始めよう」と私が提案し、ペガサスクラブへの入会とセミナーの連続受講を勧めました。それより先、最初の幹部の採用は私どもＪＲＣが代行して試験をしていました。一期生は三〇人受験して採用は一八名でした。

当時、ダイエーやイオンもやっていなかった適性検査も全員やりました。組織開発原則の最初の適用例です。これは言い換えると、人づくりの問題と本格的に取り組んだということです。

藤田は知的レベルも高い男で、それなりの理屈屋です。それなのに、藤田が私の勧めることに素直に従ったのはなぜか。私に言わせれば、藤田ほど説得しやすい人はいません。三段論法で数字データを交えて話せば、彼はこの上なくものわかりのいい経営者でした。藤田の最大の特徴は、科学的思考やフィールドワークで出てきた数字を、実に素直に理解する人だったことです。藤田は自然体の経営者でした。ありふれたことを淡々とできる人でなければ、四桁を超える店数はできなかったはずです。

藤田はたいていの課題について、最初に「何がコツか」「絶対にやってはいけないことは何か」という二つの質問を繰り返しました。これは、藤田がドライ商法、つまり少数の課題だけを完全かつ徹底的に追求し、実現しようとする商売の基本態度を理解していたことを物語る質問です。

私は彼の質問に対して、こう答えました。「アメリカのやりかたをそのままそっくり踏襲すること、決していいとこ取りだけをしないことだ。次にやってはいけないことは、日本流のアイデアを出すことだ。お前は百貨店の納品業者をやっているが、それは我流の商売だ。人類としてやるんならチェーンストアづくりをしなければ意味がない。お前は流通や商売の世界を知らなさすぎるのだから、下手に自分のアイデアや勘を働かせないで、アメリカの仕組みをそっくりそのまま採用すべきなんだ。もしも、それを日本流に改善したいなら、一年後か二年後にやればいい」と。

マニュアルとの格闘から学んだ、チェーンストア・オペレーションの普遍性

いまでも不思議なぐらい、藤田は素直に私の言うとおりにしました。でも、その二カ月後に藤田が「そっくりできないこともある」と文句を言ってきました。その一つで最も困った問題は、熱源であるガスの熱量です。

マクドナルドのマニュアルでは、ハンバーガーのパテを焼く鉄板の下を温める熱量は五〇〇〇kcal／m³とされ、五％の誤差も認めません。

しかし、当時の東京ガスの熱量は二五〇〇〜四〇〇〇kcal／m³の間で、時間帯や地域によって浮動していました。そうなると、鉄板の加熱温度が違うのだから、加工時間が一定になりません。そこで、米側の部品を一〇種類持ち込みましたが、全部使えず、ゼロからつくり直すことになりました。ガスバーナーの酸素取入口の大きさや角度や鉄板の支え治具《じぐ》などをいろいろ工夫して、あるべき熱量に安定させるまで一〇カ月かかったのです。予想外の苦労でした。それを乗り越えたのは、完全な科学的実験でした。

どう工夫すればよいのかは、マクドナルドのマニュアルにも書かれていません。「この器具を使って、このよ

うに調整する」と書いてあっても、実際にやってみると品質が安定しなかったのです。

しかし、科学的実験を繰り返すことで、わかったことがあります。それは、マクドナルドのオペレーション・マニュアルは科学的実験を突き詰めてでき上がっていることが最大の特徴だということでした。逆に言うと、一番肝心なことはマニュアルに書いてあることではなく、その背後にあったわけです。

そのときに、マニュアルの良さ、悪さを理解するには、そっくりそのままやって、矛盾を見つけて、次にそれを実験で潰していくしか学び方はないんだということを、私もつくづく理解しました。これはチェーンストア・オペレーションのすべてについて言えることです。

外資と提携したフードサービス業はたくさんありますが、そのほとんどは日本的修正を加えたために伸び悩みました。そっくり踏襲して軌道に乗った例は、日本ＫＦＣと日本マクドナルドです。

藤田も大手コンサルティング会社から「日本的に改良すべきだ」と指導されたそうですが、「絶対に忠実にやれ」という私の言い分どおりに実行したのです。

アメリカの味の再現に多大な労力と研究開発費を投じた理由

日本マクドナルドの準備段階で、ガスの熱量問題のほかに日本的に工夫せざるを得なかったことは、ハンバーガーパテのコスト問題です。

アメリカと同じ肉を使えば、マクドナルド流の品質は確保できるのですが、採算に合いません。当時、牛肉の輸入価格はいまの五～八倍も高かったからです。アメリカで使う原価の低い肉と同じ国産のものとなると、日本ではスジ肉ぐらいしか使えません。これでは、牛肉のフレーバーがまったくありません。

マクドナルドは「ピュアビーフでなければならない」がモットーですから、イメージが壊れてしまうのです。

そこで、当時他社がやっていたようにデンプンを混ぜる案も出ましたが、採用しませんでした。マクドナルドはハンバーガーを知らない日本人に、「その商品価値はアロマ（香り）とフレーバー（後味）である」と、本物のハンバーガーの味を知らせたかったのです。

私は藤田に「日本の大衆がうまいと思う味は何か」を徹底的に教えました。当然ながら私も彼もハンバーガーを食べ続けました。従業員やその周辺の人たちも合わせると、八〇〇〇食以上も試作し、試食させたことになります。

そして実験開始から一カ月後のある日、私はふと思いつきました。和牛で最も価格の安い脂身を加えることです。和牛の脂身には香りがあり、しかも無制限に集荷することが可能でした。さらに実験を重ねることで、消費者にも理解できるピュアビーフらしいアロマとフレーバーが出せるようになりました。

パテは開発できましたが、さらにパテを焼く機械の改良が必要となりました。アメリカ側の仕様どおりにアメリカの味を再現しようとすると、日本的に工夫したパテは脂肪含有率が高いため、アメリカ側が想定した時間よりも短い時間で燃え出し、パサパサになってしまったからです。燃えこげないで焼き上がるようにするために、パテを焼く鉄板の厚さと合金の成分を変え、板を支える部分から放熱調整をするという三つの科学的実験が必要となりました。そのために二〇〇通り以上の想定をつくり、すべてを実験してみました。これだけで約八カ月もかかりました。

最初の交渉で、アメリカ側から「一号店出店まで契約調印から一年間待つ」と言われていたので、つくっては焼き、試食することを繰り返しました。多額の食材費や機具代や人件費がかかります。私はこれを研究開発費としました。

製造業では、新製品の原価の一〇％は研究開発費とすることが当たり前で、フードサービス業も製造直売業ですから当然ながら研究開発費を使うべきなのですが、藤田は「何で、そんなに開発費がいるのか。フードサービス業の業界統計の平均値を見せろ」と反対しました。これには私もほとほと困ってしまいました。

私はアメリカのマクドナルドの味を日本で再現するために、「製造直売事業として研究開発費は、十分に使うべきだ」と藤田に言いました。「試食は一万食必要」と私が言ったときも、彼は「とんでもない。そんなの金をドブに捨てるのと同じじゃないか」と反発しました。私は、「日本の統計はないが、アメリカにはあるはずだ」と言って押し切る一方、食品や家電メーカーの新製品開発の具体的な実例を出して説明すると、彼は一転してすんなりと認めました。

藤田はいったん認めると、多額の資金と多くの時間をかけても、一言も文句を言わない人でした。淡々と手順を踏んで実験を繰り返し、二週に一度、データを持って私のもとに相談にきました。こういう点が、藤田の経営者としての素晴らしさでした。

一号店が銀座に出店した理由

私と藤田が一番対立した問題は出店立地でした。私は、こう主張しました。

「当然、サバブに出すべきだし、それも街中ではなく、住宅地帯に出すべきだ。そして、少なくとも三〜五店目以降は、ショッピングセンターに入れよう。アメリカではレギュラーチェーンで成長したのだから、日本もレギュラーで行こう。フランチャイズなんかとんでもない」

最初は、私の主張どおりに合意が成立しました。ところが、しばらくすると、「物件が見つからない。サバブの物件は人口が少なすぎるから、ダウンタウンでやりたい。ダウンタウンならPR効果も大きい」と藤田が言ってきました。私は即座に、「だめだ。なぜなら坪当たり投資額が大きくなりすぎて、資本回転率が悪くなり、資本の収益性が上がらなくなって、多店化ができなくなる」と話しました。

すると、藤田は「テナント料が安ければいいんだな」と言い募るので、私も売り言葉に買い言葉で、「安ければいい」と言うと、その二週間後、藤田が来て「銀座に見つけた。銀座三越の角だ」と言います。「そんなバカな。日本で一番地価が高くて、世界でも三番目か四番目に高価なところだぞ⁉」「タダなんだ。タダより安いものはないだろう。俺は三越に顔が利くんだ」と言うので、やむを得ず、「まあ、タダならいいだろう」と折れましたが、何か特別な事情があったはずで、彼は当時その理由は私に秘密にしていました。

それで銀座に一号店を出したのですが、最初に銀座でやったから軌道に乗ったのではなく、賃料がタダだったからうまくいったのです。マスコミも大きくPRしてくれました。一号店は銀座でしたが、二号店はアーバン、そして三号店はサバブでした。

ただ、一号店を出した段階で、問題が起こりました。それは繁盛店になり始めたことです。このとき、マクドナルドの営業方法の特徴がお目見えしたのです。

マクドナルドでは、一定の売上高以上に上げないことを重要視していて、ある売上高を超えると必ず近所にもう一店つくります。日本の経営者は、一店当たりの売上高が急増すると喜びますが、マクドナルドは違います。マクドナルドでは、二割以上売上を増やしてはいけない、その理由は売上高が変われば、作業システムを変えねばならなくなるというのです。

ですから一定の売上高を超えると、その店の売上高を保つために、その周囲に店をつくり続けるのです。そうしなければ、作業量が増え、作業の質が変わって品質管理もおろそかになり、競争に負けてしまうと考えるのです。

これはチェーンオペレーションの基本なのです。そのために売場販売効率について、限界を設けているのです。当時、ペガサスクラブのメンバーは約五〇〇社でしたが、大半の経営者は繁盛店志向の〝高販売効率主義〟でした。ペガサスで最初に「一店の売上高が高すぎてはだめだ」という私の持論に納得してくれたのは、藤田でした。

サイドディッシュで利益を稼ぐマクドナルドの営業政策

マクドナルドの営業政策で興味深かったことは、そのほかにもたくさんあります。

その一つは、競合店対策です。競合店が出店したときに、まず何をやるかと言うと、道路側の透明で大きな窓ガラスを拭く回数を多くし、より丁寧にやることです。店内のテーブルや腰掛けの掃除回数も増やします。こういうことが共通の競合対策とされていました。より完全なサービス状態をつくることを重視していたのです。これはすごいことです。当初の二年間、日本マクドナルドのコンサルティングをやったことで、私自身もチェーンオペレーションの本質とは何かという点について、勉強になりました。

もう一つはメニューづくりの考え方です。メインディッシュ、サイドディッシュ、飲み物の三つの関係と言い換えてもよいでしょう。

マクドナルドでは、メインディッシュではなくてサイドディッシュで利益を稼ぐという考え方でした。これは文献を調べた結果、マクドナルド〝中興の祖〟と呼ばれたクロックが言い出した原則だとわかりました。

つまり、マックではハンバーガーだけ買ってもらったのではだめで、フライドポテトもコーラも買ってもらわなくてはならないわけです。だから、店員が必ずマニュアルに書いてあるとおりにサイドディッシュも勧めます。同社のマニュアルには、サイドディッシュを勧めるのは、「売上を上げるためではなく、利益を確保するためだ」と書いてあります。

ハンバーガーそのものでは厳しい価格競争をやり、サイドディッシュや飲み物で利益を勝ち取るやり方です。日本のフードサービス業には、こういう考え方はまるっきりありませんでした。日本人は長い間、駅弁型定食料理の単価が利益計画の出発点で、利益を確保する決め手は何かという視点がなかったのです。

マクドナルドのメインディッシュとサイドディッシュ、飲み物の三つのメニューの関係づけの仕方は、マイケル・カレンが発明した、スーパーマーケットの原理である「部門間の粗利益率ミックス」、つまり品目や品種ごとに異なる高い粗利益率や低い粗利益率を組み合わせて、あるべき利益率を確保するという考え方を、フードサービス業で初めて実践したものと言えるでしょう。

その意味で言うと、飲み物は〝おまけ〟ではなく、利益計画上不可欠な重要な商品なのです。日本では安易にNBメーカーの商品を使ってしまいますが、飲み物自体で利益を出すことが大切で、そのために最初にやるべきPB開発は、アメリカのフードサービス業では飲み物ということになります。

最後に、経営者としての藤田について残念に思うことをお話しすると、それは営業上の幹部は育てることができたが、企業のアドミニストレーション（経営責任者）としての後継者は育てられなかったことです。原因はわかりません、これはいまも大きな疑問です。

儲かりすぎていたフードサービス業の経営的脆弱

フードサービス業は昔もいまも「水商売」の一言で表現され、社会的には下流のビジネスとの偏見に晒されてきました。

しかし、フードサービス業は小売業とともに、政治家や官僚あるいは商社や製造業、製品製造業よりも、はるかに国民の日常の暮らしを守り育てている産業です。だからこそわれわれは、「食堂企業を国民の生活水準を直接に守り育てる産業にすることを、生き甲斐にしようではないか」と呼びかけてきたわけです。

そこでフードサービス業でもチェーンストア化を目指して走り出したのですが、そのとたんに多くの困難に直面してしまいました。初めに起きた問題は、ペガサスクラブで経営理論を勉強した調理人が次々に辞めていくというマイナス面でした。調理人という腕利きの技術者ないし技能者がいなければ、チェーンストアはつくれません。家庭の主婦と同レベルの調理能力ではビジネスにならないからです。

二つ目の問題は、従業員が中卒主力で、高卒が一部、大卒はほとんどいない状態だったことです。これでは統一された経営用語の理解が困難になります。経営用語は日本語でも二文字・四文字・六文字熟語が多く、さらに英語の表現が加わるので、最初から専門用語自体にコンプレックスを持つ人が多かったのです。逆に、他業界から中途採用した人たちは理屈っぽく、彼らがペガサスセミナーでやった宿題や考査を会社に持ち帰ることで、記憶力を試す考査のような方式がはやって、それで調理人が嫌になって退職してしまうという事例も、よくありました。

ペガサスクラブの小売企業は早々と、一九六〇年代後半から四年制大学の新卒採用を始め、一九七〇年代に入ると新卒採用の主力が四年制大卒の定期採用になっていました（一九八〇年新卒採用の三二%、二〇〇六年七七%）。その点では、フードサービス業は一〇年以上遅れていたわけです。

これに次ぐ三つ目の課題は、法人資産の過少でした。もともとフードサービス業では小売業のビッグ化で常に行われてきた土地を買うという作戦はありませんでした。これは「水商売」に対する銀行の融資ランクが一番低かったことと表裏の関係にありました。銀行からの融資額を増やす決め手は、一つは土地担保であり、二つ目は業績数値です。

ところが、フードサービス業では、店舗の賃借料は高くても、保証金のほうは安かったために、比較的簡単に新規出店できました。なぜかというと、不動産を貸す側はまず小売業に貸したがり、借り手がないときにフードサービス業に話を持っていくので、保証金は小売業向けの相場よりやや低いのが当たり前でした。つまり、賃借料を気にするだけで出店できるために、いつまでたっても法人資産、なかでも重要な固定資産を増やす努力をしなかったのです。

そのため、担保能力がなかなか高まりません。それをカバーするのは、いわゆる計数管理能力で、特に月次損益計算と資金繰り表とを自らつくることを、チェーン化への絶対的必須条件として、私はトップに要求していましたが、なかなかやってくれません。税理士から「脱税できますよ」と言われれば、そのノウハウのほうに魅力があって、説得しにくかったテーマです。フードサービス業は小売業以上に利益率が高く、儲かったからです。経営者自身が後悔するような経験をしないと、なかなか計数管理というマネジメント対策はできないのです。

フードサービス業チェーン化の裏で進んだ革命

よいことに、当時は店数を急速に増やしたい企業が多く、売上高が年間で三割増えるのは当たり前でした。なかには年間で、七割から一〇割も増えたというメンバーの実例を私がセミナーで紹介することで、経営者たちには素晴らしい刺激になったようです。

しかし、やはり戦いで本当にものを言うのは、あくまでも商品のよさです。そう指摘しても、なかなか実行してもらうのが難しかったのです。なぜなら当時は、「店内の設備をよくすれば客は来る」とか「アメニティが客を呼ぶ」とさかんに言われていました。その風潮はいまでもこの業界に残っていて、すかしたモダンな店が次々とマスコミに登場して話題を集めるのです。

ところが、そうした店のほとんどは、開業後三年も持ちません。「客は内装の豪華さやアメニティで来るわけじゃない。食べ物そのものの魅力だ」と繰り返し説得しつつ、「その魅力の源泉は食材仕入れの努力にある。その点は小売業と同じだ」ということを強調し続けていました。

しかし、私の商品仕入れについての主張は調理人社会での業界慣習と反することになり、それが、調理人がどんどん辞めるもう一つの理由だったのです。調理人は年に数回は魚河岸ややっちゃ場に買いつけに行きますが、実際に食材を仕入れるのは仲買人からで、普段は電話注文で、品質も仕入れ原価も仲買人にまかせきりにしています。そういう関係が一〇年、二〇年間も続くのが当たり前でしたから、当然、そこに個人リベートが発生します。

私がフードサービス業の経営にタッチし始めて一番びっくりした問題は、仕入れ原価の五％から二割に当たるリベートを、社長個人と板長やシェフ個人が取ることが当たり前だったことです。当然、セミナーの講義で「リベートで仕入れ値がすべて割高になっている」と指摘しましたが、みんなは意外な顔をしました。「リベートは板長やシェフに対する一種の名誉勲章ないし功労賞与みたいなものだ」と言われてしまいました。それが業界慣習だというわけです。

そこで私は、「個人へのリベートは一円たりとも、決して認めない」と断言し、「板長やシェフはマーチャンダイザーだからメニュー開発をやる職務だ。でも、食材仕入れはバイヤーの仕事だ」と欧米のチェーンストアの経験法則を組織論として持ち込もうとしました。当然、調理人からは「それはわれわれの権益を侵す理屈だ。渥美という先生は実にけしからん」と猛反発を受けました。

そういう意味では、フードサービス業のチェーン化が始まり、上場企業がどんどん増えていく過程で、裏では、大革命が進んでいたことになります。リベートを否定し、腐れ縁を切り捨てるという革命です。

三つの価格帯の味の峻別が重要な切り口

リベートを否定すれば、当然、支払いサイトも変わることになります。当時は、魚河岸ややっちゃ場の仲買人は生鮮扱い業だからという理由で支払い決済は、毎日か三日に一回という早さが当たり前でした。

しかしそれでは新規出店のための資金となる回転差資金はまったく生まれてきません。そこで支払いサイトを延ばすためのノウハウを細かく、手取り足取り教える必要がありました。ただし下手にそのような要求を出すと、経営が危ないと邪推され、劣質品しか回ってこなくなるのです。

その点で言うと、フードサービス業のチェーン化が進んだのは、単に流通革命論などのビジョン論ではなく、多店化への具体的なノウハウを学んだことによって、数字の中身が自然にどんどん変わっていったことによるものでした。

特に仕入れ原価の削減と店舗投資の活発化という点で、効率数値上の劇的な大変化があったからこそ、チェーン化を目指した企業がビッグ化を進めていくことができたのです。

調理場の設備の改革も進めました。見てくれではなく、作業がより楽に、早く、しかも正確にできる器具が必要であることを強調しました。そのため、私どもが引率するアメリカ視察では必ず調理場やバックルームの内部を見せてもらいました。一種類の作業をするために二歩以上は歩かないという現実を実際に見せました。その上で、「あなたの店では同じ作業をするのに一〇歩も二〇歩も歩いている」と指摘しました。それまでは外食産業の視察は外装と内装を見るだけ、熱心なところでもせいぜい試食してみるだけだったのです。

これはアメリカで実際に自分の目で見なければわからないことです。調理場のクリンリネス（磨き上げられた美しさ）も同じことです。国内でも「フランス料理やイタリア料理の高級店の調理場を覗くように」と指導してきましたが、アメリカのチェーン店の、金属とタイルでできている調理場とワーカーの作業ぶりを生で見せたほうが、説得力がありました。

日本で最初に調理場のレイアウトや新しい厨房機器の導入を含む作業システムの改革に乗り出したのは、すかいらーくグループのジョナサンです。ジョナサン独特のＩＥ的アプローチによる作業システム改革は、作業効率を飛躍的に高めました。同じ系統のバーミヤンがそれを追いかけました。

並行してもう一つ私どもが教えたことは、グルメには三種類あるということです。一番教えにくかったことは、チェーンストアでいうグルメ、つまり飽きない味、おふくろの味です。その点でいうと、コンビニエンスストアの味ともデパ地下の味とも違わねばなりません。コンビニエンスストアやデパ地下の総菜類は一見大衆の味のように見えますが、実はすぐ飽きる味です。だから、一店一〇〇万人商圏型の大商圏・低頻度来店型になり、さらにメニューを短期間でどんどん変えていくことになります。

二つ目のグルメは、ハレの日や祭りのご馳走のことです。これは客単価二五〇〇円から四五〇〇円か五〇〇〇円の間に位置しているご馳走ですが、この客単価の店は二五店から三〇店しかできません。チェーンストアとして必要な三桁の店数はつくれませんから、チェーン化軌道なら「飽きない味、国民の八割が年三六五日のうち三〇〇日食べられるメニューと味を開発しよう」と指導してきました。

第三に、本物のグルメも知っていなければなりません。それは一万五〇〇〇円を超える客単価の味です。

この三つのグルメは、まったく異なる内容のうまさなのです。

逆に、客単価一万五〇〇〇円の味と、三〇〇〇円の味と、一〇〇〇円を超えていない価格でまかなえる〝うまい味〟を実現させせなければならないのです。そのためにも客単価一万五〇〇〇円の料理も食べてみないといけません。食べていないから中途半端なうまさになって、意味なく高級高額素材を使うようになります。最近の三〇〇〇円から五〇〇〇円もするオーガニック野菜と称する料理などは、チェーンストアとしてはだめな典型と言ってよいでしょう。

この三つのグルメの味の区別をアメリカで、そして日本でも勉強しろと言い続けてきました。これは同時にスーパーマーケットのチェーン化グループにとっても同じ重要な切り口でありました。

意外に無視されている品質維持問題

チェーンストアにおけるマーケティング上の二大原則、エブリボディグッズと、エブリデイグッズを提供するために、アメリカ視察で私はアメリカ大衆の食事の仕方と、味わい方とを教えました。

後者については特に、アロマとテイストとフレーバーとに分けた味わい方です。何千店も展開する大チェーンストアが提供している味、つまり大衆が受け入れる（アフォーダブル）味こそ、本当のグルメと考えるべきだと、考えたからです。

チェーンストア経営のノウハウで重要なことは、品質論であり、食品ならまず、うまさとは何かということで、次にその品質維持の問題です。料理は時間の経過とともに品質劣化が激しいからです。

レストランでは、でき立てが一番おいしいものです。例えばミシュランの三つ星のフランス料理店に行くと、料理が配膳されたのに客どうしが話をし続けていると、シェフから「喋っていないで、召し上がってください」と注文がつきます。これは日本料亭でも同じことです。料理の品質維持を大切に考えているからです。

ホテルにあるコーヒーハウスの料理は、できてから八分から一〇分はおいしい味を保ちます。このコーヒーハウスの半分の価格で出す日本のファミリーレストランの場合は、だいたい五分から六分です。ファストフードでは三分以内で、四分となるともうギリギリです。この時間が過ぎると、一挙に品質劣化してしまいます。

だから、ファストフードチェーンというのは、客の注文を受けてから出すまでの時間、つまり客が食べ始めるまでの時間が速い（一分未満）という意味です。一九九〇年代半ばから登場した新しいフォーマットのファストカジュアルレストランの「ファスト」も同じ意味です。注文されてから四分以内（なるべくは二分以内）に、コーヒーショップの価格で、味はホテルのレストランのコーヒーハウス並みの料理を提供するのが、新しいファストカジュアルというフォーマットなのです。

ファストフードで注文を受けてから客が食べ始めるまでの時間を短くするのは、品質維持のためです。フードサービス業がチェーン化できた背景には、経営理論だけではなく、あるべきうまさの選択とそれを維持する新しい技術論を用意したことが、ものすごく大切なことだったと思っています。

その点で言うと、デパ地下で有名シェフの料理を買い、家に帰って食べても、あまりおいしくありません。スーパーマーケットでも、よく「でき立て総菜」を謳い文句にしていますが、でき立てを売っても、消費者が家で食べるときはでき立てではありません。食べるまでの時間経過を考えて味つけをしていないのです。これは高級レストランや料亭の調理技術とはまったく別の技術ですが、私どもがチェーン化を指導し始めるまでは、こうした新しい調理技術が日本で問題にされることは、ほとんどありませんでした。

日本のフードサービス業では意外なほど、味についての経営指導はされていません。江戸時代から続く老舗の佃煮屋のほうが、この問題をずっとよく突き詰めてきました。佃煮屋は、長いときはつくってから一年後に客が食べるとして、その際の味や、食べるときのシチュエーション、例えば冷や飯なのか、温かいご飯なのか、お茶を掛けるのか掛けないのかというようなことも考えて、調理のときの味つけをしています。これは実にすごいことです。

いくらで売るかも大問題だった

私は一九八〇年代からアメリカ視察で生鮮食品の仕入れのポイントを、実際の現場に連れていって見学させました。例えば野菜の場合、畑に生えているものをその場で食べさせ、店に入荷した時点の野菜とどう味が違うかを体験させました。

野菜は収穫後三時間以内に摂氏四度まで急速冷却し、そこからプラスマイナス二度以内の温度変化を維持できる仕組みをつくって店の後方まで運ばなければ、野菜本来のお値打ちは出ません。アロマやフレーバーが失われてしまいます。これがコールドチェーンシステムです。

日本でも二一世紀に入って、一部の前向きなフードサービス業やスーパーマーケットが、コールドチェーンシステムの構築に取り組み始めています。しかし、一般には店に入荷してから冷やすという、決してやってはいけないやり方が、横行しています。これでは鮮度管理への前向きな取り組みは進みません。

前向きとはフードサービス業が第一に、よりグローバル化した形で食材仕入れの独特のルートを開拓しにいくことです。その際も、そこに品質管理の技術を持ち込まなければなりません。

第二に、フードサービス業に不可欠なコミッサリー（食品加工工場）で生産管理技術のレベルが高いことです。コミッサリーの目的は、①人時生産性の飛躍的向上のために、店舗段階の調理作業種類の大幅削減、②均質な商品の提供(食材検査を含む)、③食材入荷から配膳終了までのトータルコストの削減、④ロス削減、の四つですが、それには生産管理や生産工学について、専門知識を持つ人材が多数、必要です。

当然、理科系の大学卒をたくさん採用できることが条件となります。しかし、理科系の人材だけは、まずスカウトで五〇歳代を採り、次いで四〇歳代、三〇歳代と上の年齢層から順に固めていかないと、新卒採用から着手では、すぐに辞めてしまいます。サイゼリヤのように、本部スタッフの過半数が理科系の人材で占められる企業が増えてきました。これはすばらしいことです。

第三に、店段階の作業種類数をいかに減らせるかということです。これは先の条件と全部つながっています。

第四には、価格政策です。フードサービス業がチェーン化を始める初期の段階で、私が本当に苦心したのは価格、つまり「いくらで売るべきか」という問題でした。

マクドナルドのハンバーガーは一個六〇円、ミスタードーナツは一個三〇円からスタートしましたが、どの社もアメリカ側は「いくらで売れ」とは要求しなかったのです。そこで私は出店の準備作業がほぼ同時期に始まったマクドナルドとミスタードーナツに加え、デニーズや、すかいらーくのハンバーガーコンボの価格をいくらと助言すべきかに悩みました。

私がアメリカや欧州のいろいろなチェーンのトップやアナリストに聞いて回り、そこでわかったことは、「客が値段を気にしないで気軽に払える価格」というポピュラープライスがどの国にもあるということでした。その象徴は一番売れている煙草と、週刊誌の値段であると突き止めました。それをわが国の新しいフードサービス業チェーン化における、価格設定の基準にしました。具体的には煙草二箱、あるいは週刊誌二冊か三冊の価格を基準にメニューごとの価格を決めていきました。

ところが、デニーズのハンバーグは四五〇円でスタートしましたが、その後だんだん値上げをして、いつのまにか八〇〇円になりました。そこで、「四五〇円前後の価格帯が空いている」と私がペガサスクラブの政策セミナーで指摘したことで、セブン-イレブンやローソンなど、コンビニエンスストアグループの当時の新製品の弁当価格が決まりました。でも、それもまた後に五〇〇円を超えるようになると、今度はスーパーマーケットグループが四〇〇円前半の弁当を出すようになりました。そうした着眼点から次の突破口を開いたのが、テイクアウト弁当専門の、ほっかほっか亭グループと、単品で三〇〇円に挑戦した居酒屋グループです。そして総菜のオリジン東秀でした。

前向きなフードサービス業チェーンは、こうして品質と価格について、新しい技術革新を持ち込み、マスとしての経済的なご利益の提供を一貫して追求しています。

残された課題はヘルスフードと作業システム

こうして、チェーンストア化への道を歩み始めたフードサービス業が、いまだに解決できていない大問題が残っています。

その一つは、ヘルスフード化です。ヘルスフードへの挑戦は過去三〇年間、アメリカでも成功していません。一九八五年以来、マクドナルドは心臓血管医学会などの医療団体から「アメリカ人の不健康さを促進する企業の代表」と批判され続けています。

当然、マクドナルドは主力品をヘルスフードに切り替えるための挑戦を一九八〇年代後半から始めました。誰が考えても、決め手はコラーゲンと大豆を活用した「ベジバーガー」となるので、私が知る限りは、これまで五回も挑戦して、すべて失敗しました。ＫＦＣやメキシカンのグループ、あるいは他のハンバーガーグループも同様に、いろいろと挑戦しましたが、まだどこも成功していません。

このヘルスフードの商品化が進んでいるのは米国のスーパーマーケット業界です。牛・豚肉を脂肪含有率の低い鶏、さらに七面鳥に替えた加工肉冷蔵品、さらに、動物性タンパクを大豆加工品などの植物タンパクに替えた、ベジバーガーパテがたくさんの種類、売られるようになりました。

この四〇年間で、その陳列面積は大幅に増えました。私が初めてアメリカに行った一九六〇年代は、ヘルスを特別なテーマにしていたのは、支店経営のスーパーマーケットだけでした。いまはどこのスーパーマーケットでも、上下五段で陳列線も各二四〇㎝もあり、冷凍食品の三〇〇ｋｃａｌ以下のアントレ（オードブル）や大豆加工品などは、リーチイン一列（陳列線の長さ一八～二四ｍ）分もあるほどです。品目数も激増しています。

日本でも昨今のファストフード不振の真因は牛海綿状脳症（ＢＳＥ）や、鳥インフルエンザ問題のためではなく、ヘルスフードへの取り組みが遅れていることにあります。しかも日本で取り組まれているのは「ヘルスフード」ではなく、科学的な根拠の不明確なムード的な「ヘルシーフード」ばかりです。これは日本独特の無意味な用語です。

日本のフードサービス業に残されている二つ目の大課題は、作業システムの遅れです。労働生産性（従業員一人当たりの年間粗利益高）は一〇〇〇万円必要なのに、あまりにも労働生産性が低すぎます。株式上場のフードサービス業で見ると、労働生産性はテーブルレストランで約六〇〇万円、ファストフードも約六〇〇万円しかありません。不思議に居酒屋のほうが少しよくて約七〇〇万円となっていますが、やはり三割も不足なのです。

その点で言えば、マスコミが高収益と評価した、かつての吉野家ディー＆シーや新型のオリジン東秀も、この面の実態は、決してよいとは言えません。

労働生産性を飛躍的に高めるには、作業システムを工業化するという大胆な改革が必要で、これこそ日本のフードサービス業に残された最大課題なのです。

第三章　商品がすべて

——商品開発はチェーンストアにとっての根本問題——

商品選択の原則が違うチェーンストアとビッグストア

商品開発は、チェーンストアづくりのうえで不可欠な問題です。私はかつて、アカデミズムの先生方に、商品開発の実態を調べないで流通革命を論じるのはおかしいと言ったことがあります。そのとき、その誤り自体は認めたうえで、「あなたの商品開発に対する主張はペガサスクラブの『ＪＲＣレポート』には書いてあるかもしれませんが、外部のわれわれには情報入手ルートがないのです。あなたが単行本で書かない限り、この問題を前向きに学者として取り組んでいくことはできません」と反論されて、恥ずかしくなったことを覚えています。たしかに「ＪＲＣレポート」はペガサスクラブ会員企業間だけの内部資料ですし、単行本で商品開発論をまだ書いていないからです。

しかし、チェーンストア経営にとって商品開発はいまも経営の本質に関わる根本的な課題なのです。「流通革命論」と言ったとたんに「問屋無用論」と受け取られがちでしたが、その理屈自体がおかしな話なのです。なぜなら、チェーンストアづくりの準備段階としてまずビッグストアづくりが必要で、それには問屋の力を借りた商品構成をすることが近道だったことはすでに述べてきました。ビッグストアづくりの結果として、その後独自の商品開発は遅れるというマイナス現象へとつながっていきました。言い換えればＮＢの品ぞろえにおいて、自主的棚割ができない事情が生じています。

外部からは立派なチェーンストアと見られていても、現在の日本型スーパーストアやスーパーマーケットは、ビッグストアづくりの延長線上を脱していません。経営問題として考えれば、チェーンストアづくりとビッグストアづくりとは大きく違うものなのです。

どこが違うのか。その違いは年商ではなく、商品選択の原則にあるというのが、技術面における私の基本的な見解です。欧米ではあり得ないことが日本だけで起こっているので、この問題の切り口はどれだけアメリカやドイツやフランスや英国、あるいはオーストラリアのチェーンストアの勉強をしても出てきません。

欧米では、ＮＢが出現する二〇世紀初め以前、一九世紀半ばからチェーンストアづくりがスタートしています。当時はＮＢがなかったので、チェーン自身によるメーカーの発掘が、商品開発と集荷体制づくりの中心となりました。ＮＢ商品中心の問屋があるのは日本だけなのです。しかも、日本では商品開発なしで売上高一兆円にまで成長した企業が登場しています。

ですから、日本では「アソートメント」（品ぞろえ＝部門構成と品種構成と商品構成の総称）という考え方は、サプライヤーが提案した棚割（陳列棚への商品品目と陳列量との割当計画）を、いかに売場として修正するかという技術を意味するようになり、その結果として出てきたのは、売り続ける営業努力ではなくて、売り切る努力になりました。

さらに、日本における商品管理の主な努力テーマは「絞る」という言葉ですが、欧米では「絞る」という言葉はほとんど使いません。「増やす」という話になります。増やすということは、品目数と陳列量とを増やすこと、ホットな商品の売れ筋を増やす努力、つまり欠品をなくすという意味です。

日本で「絞る努力」ばかりが強調されるのは、もともと売れないものが売場にいっぱいあるという前提があるからです。日本と欧米では、根本的に商品管理の努力課題が違っているわけです。

なぜイオンがＳＢづくりで強くなったか

チェーンストアの歴史、あるいはビッグストアづくりの歴史から学ぶべき一番の根幹は、この商品開発の方法です。扱う商品はどうあるべきなのか、をめぐるイデオロギー（思考原理）の違いです。ですから、商品開発や商品管理の現状を否定する立場をとらない限り、日本ではチェーンストアづくりになりませんし、チェーンストアとしての社会的な貢献も実現不可能となります。単なるビッグストアづくりでは金儲けの手段にすぎないという経営思想およびビジョン、生きがいの問題ともつながります。経営哲学問題なのです。

日本でもチェーンストアに関する本がいろいろ出ていますが、誰もビッグストアとチェーンストアのどこが違うのかを書いていないのは、チェーンストアが売るべき商品は何かを突き詰めてないからです。いまから一〇年か五〇年後、日本のチェーンストアづくりの歴史を外国のアカデミズムが論じるときは、このことが日本独特の問題として詳細に検討され、論じられることになるでしょう。

日本と同じことは、いまの中国や韓国でも起こっています。韓国でカルフールやウォルマートなど外資系流通大手がみんな失敗した理由も、この点にあります。韓国の小売業はどこも問屋品ぞろえを行っています。外資系大手は、自分たちでやろうと考えましたが、物流システムが問屋主体になっていますから、彼らが独自で商品を拾い出して集荷することはできないわけです。

韓国の人口が一億人あればともかく、四〇〇〇万人強しかないので、新しい機構をつくり上げる時間的余裕がないために、地元勢が強いのです。地元勢を支えているのは問屋の力であり、決して地元の小売業が強力なためではありません。

韓国の流通ルートは日本と同じ仕組みです。台湾でも同じです。欧米勢が、極東アジアで同じように失敗し続けている理由は、これらの国々ではモノの流れが同じ形だったからです。その点で言うと、中国のほうが外資系大手にとっては、まだやりやすいはずです。中国には強力なサプライヤーが存在しないからです。

私に言わせれば、彼らはチェーンストアとしてサプライヤーからモノの流れの主導権を奪うという正当な戦いをやればいいのですが、そういう意識的な戦いは、欧米チェーンの人々は一九世紀の終わりから二〇世紀初めにやったものの、第二次世界大戦後はやったことがありません。東アジアには強力サプライヤーによるサプライシステムがあるからです。

私が最初にこの問題に直面したのは、台湾に進出した日本の小売業がなぜうまくいかないのかを検討したときです。シンガポールとマレーシアとタイへの日本側の進出の際、もっと問題点がはっきり見えてきました。なぜ進出で行き詰まってしまうのか。それは集荷体制が原因なのです。

イオンは日本の弱点を知っていて、東南アジアで欧米式の商品開発や商品調達の実験をしました。なぜイオンがいま、SB問題で強くなったかというと、マレーシアとタイでの経験が生きたからです。サプライヤーがまったくないところで、江戸時代の商家と同じように自ら生産者から直接集荷するという努力をせざるを得なかったわけです。ですから、チェーンストアらしく直接にSBづくり、PBづくりをしなければならないということをイオンはどこよりも強く身にしみて知っています。

依然として進んでいない商品開発の基盤づくり

私は一九六九年（昭和四四年）から毎年、ペガサス開発輸入チームを編成してオーストラリアから中国をはじめアジア各国に連れていき、開発輸入を主題にしたマスバイイング・セミナーを続けてきました。

二〇〇六年は上海で行われた中国交易会にわが国チェーンのバイヤーたちを連れていき、現地で商談取引の実務指導をしましたが、参加者のレポートでは次のような「反省点」が書かれていました。
①本当の商品知識の欠如（材料費と加工費と物流費とマージンを区別してのコスト、ユーザーから見て必要な品質や機能のあり方）、②従来はサプライヤーにおんぶにだっこ方式の仕入れ・集荷体制だった（品質と価格とをまかせきり）ことが判明した、③わが社の仕入れ価格は、生産国現地FOB価格の六倍から一二倍と判明、④会っていたのは現地のサプライヤーばかりで、生産者と直接会っていなかった（日本のベンダーの紹介ルートで

はだめ、現地営業所まではだめ、工場に年に何回も行かなくてはだめ）、⑤全量一括（一シーズン分）引き取り契約のばからしさ、の五つです。

これが何を意味しているかというと、依然として商品開発の基盤づくりが進んでいないということです。開発輸入の狙いは、ＰＢとＳＢづくりを通して品質と機能における商品の差別化を行うことと、売価を国内現行の三分の一から四分の一に引き下げることです。

その成功事例はたくさんあります。一九七〇年代の開発輸入チームは「ウナギ養殖事業の産地移動」をテーマに東南アジアに行きました。当時産地問屋が相場を左右していた象徴的なものの一つ、浜松の養鰻がウナギの九割を支配し、需要期の六月から八月にかけて価格が一方的に跳ね上がるため、蒲焼きは料亭料理でした。当時その料理屋は、地価二〇〇〇万円以上の立地なら成功するが、一〇〇〇万円を割ったところでは蒲焼き屋は成立しないという業界常識すらあったほどです。

高級料理を大衆化することの一番の象徴として、ウナギ養殖事業の産地移動をわれわれが仕掛けた結果、現在のようにスーパーマーケットで誰でも日常的に安く買え、食べられるようになったのです。

ＮＢメーカーの販売体制の欠陥を突く共同仕入機構

一九六二年にペガサスクラブでチェーンストアづくりの挑戦を始めて以来、日本では商品問題をめぐって二つの大きな動きがありました。一つは共同仕入れであり、もう一つは商品開発です。

もともとペガサスクラブのメンバーの結束力がほかのグループより固かったのは、ペガサス発足以前の一九五八年頃から共同仕入れに取り組んできたからです。ペガサスの主力陣で株式会社日本大量仕入機構を設立したのは一九六二年六月でした。何をしていたかというと、ＮＢメーカーの販売テリトリー制の欠陥を突いた、新しい集荷体制をつくりつつあったのです。

日本人の多くは、NB商品の占拠率は基本的に全国一定だと思い込んでいますが、そうではありません。チェーンストアでは、SBやPBの占拠率を全国一律にするように本部が努力しますが、NB商品の販売傾向には地域格差があるのが当然でした。

昔から東京と大阪とでは、ナンバー1占拠率のブランド名が違うし、当然、卸価格も違っていました。メーカーの建値制がありながら、現実的には建値制が崩れていたのは、NB商品の占拠率の地域格差が大きすぎたからです。地域格差があるため、地域販社の在庫量も都道府県ごとにかなり違うことになります。この違いを利用して、NB商品を安く仕入れようとしたわけです。

地域販社はとにかく売上を増やしたいために、「帳合を通してくれさえすれば、現実に在庫を持っている販社から取っていいよ」と言いました。それをやるには、NBメーカー系列の地域販社の過剰在庫情報が必要となります。当時は、戦後の闇市あがりの目先の利く腕利きのジョバー（周旋屋）やブローカー（仲介業者）が生き残っていて、東京日本橋界隈でたった一人だけの個人会社の形で動き回っていました。

彼らは資金こそ持っていませんが、NBメーカーのたしかな過剰在庫情報だけは持っていました。彼らに買い付けはできませんから、その情報に口銭を払うことで、NB商品を安く手に入れることができたわけです。

そうして仕入れた商品をNBメーカー側は、「バッタ物だ！」と言いましたが、まったく違います。堂々と地域販社から仕入れていたのです。しかも、帳合は地域販社側の融通の形を取りますが、現実の商品はそれぞれの地域販社から直接納品されました。

しかも、中間段階で卸問屋やバッタ屋を使っていないため、一品目ごとの発注量がまとまって大きくなり、結果的に最終売価を低くすることができたわけです。ちなみに、ジョバーやブローカーはアメリカではチェーンストアを純粋に支える存在でした。

当時は日本におけるNBメーカーの勃興期でもありましたから、系列の地域販社の成績評価は販売数量で決まりました。NBメーカー本社のマーケティング対策部門では、「何でうちの商品をあの店があんな価格で売っているんだ。けしからん」という話になるのですが、本社側が事情を知らないだけのことでした。

地域販社側では共通の、暗黙の了解事項であって、そのことは営業部長も知っていたはずです。とにかく売れたほうがいいということで、表面化しない限り、営業部長はわれわれの動きを歓迎していたと思います。

そういう仕入れや集荷体制の流れは、現在の家電DHのやり方につながっています。最近になって家電DHはNBメーカー側の絞り上げに直面し、集荷体制で中間的存在の電器店は後退しています。それに代わって、いわゆる選択仕入れのできる、言い換えると全NB商品をそろえないことが特徴のヤマダ電機が急成長して〝一兆円組〟となりました。しかし、そうした変化が起きるまでに四〇年近くの時間が必要だったわけです。

バーティカルな商品開発に取り組んでいたニチイ

スーパーマーケット業界で、日本大量仕入機構と同じような考え方をしたのが、関西の中型スーパーグループが集まって一九六二年七月に発足したオール日本スーパーマーケット経営者協会（現AJS＝オール日本スーパーマーケット協会）であり、同年八月に発足した日本衣料共同研究所（加盟五〇社）でした。

AJSは中小の二次卸問屋出身のグループが主力でした。削り節など乾物の製販問屋からスタートした関西スーパーマーケットをはじめ、本格的な製品加工業者も含まれていましたが、商品開発、つまり原材料の手当てから取り組み、産地開発するという発想はなかったようです。その意味では、中型グループの集合体からは、バーティカル・マーチャンダイジング（垂直統合的商品政策）型の取り組みは出てこなかったのです。

日本衣料共同研究所はマイカルの前身、ニチイです。総合衣料、特にベーシック衣料のグループでした。彼らは日本大量仕入機構と同じような取り組みを、ベーシック衣料の範囲にまで広げたわけです。その点で言うと、彼らはステープルアイテムの領域で材料対策にも相当取り組んでいますし、非常に画期的でした。

ですから、あっという間に五社連合でニチイができ、それから約五〇社によるニュー・ニチイになり、たちまち八〇社ほどのベーシック衣料チェーンができました。当時としては開発力があり、実用衣料の分野で一番強いチェーンでした。当時、私は彼らの店を「雪景色の売場だ」と表現しましたが、それは肌着ばかり扱っていたからです。そこから衣料チェーンができていき、少なくとも一九八〇年当時には地方で一億〜五億円を売る実用衣料の代表企業を網羅していました。

彼らがなぜほかの提携型の共同仕入れグループよりガッチリとしたレギュラーチェーンになり得たかというと、仕入れを一本化していたからです。そのやり方は、店ごとにバイヤーを置かずに、検品と商品管理の専門家だけを置くというものでした。彼らはもともと現金問屋から仕入れていました。現金問屋へ入る商品だけですから、世界の衣料のトレンドやホットファッションの情報は持っていなかったのです。

地方の有力な総合衣料品店といっても、実際には実用衣料の店でしたから、仕入れは日本衣料共同研究所にまかせたほうがよかったわけです。ペガサスグループのダイエーやイトーヨーカ堂やイズミヤなどよりも、ニチイグループのほうが仕入れは一品大量だったことになります。

しかも、彼らが上手だったのは、ローカルブランドの発掘でした。当時、NB商品は売っていませんでしたが、後にローカルブランドに成長していく地方のメリヤスメーカー、丸編み屋と直接結びついていました。そういう意味では、先進的でバーティカルな商品開発に取り組んでいました。

ペガサスクラブのメンバー企業、あるいは日本でビッグストアづくり、チェーンストアづくりに最初に本格的に取り組み始めたのは、製販問屋ではなく、最終メーカーと結びついていたグループでした。なかでも、ニチイグループのバイイングはきわめて本格的なやり方でした。ですから、マイカルは強いのです。一時、資金繰りに行き詰まって倒産しましたが、イオンが支援の手を差し伸べて三年たった段階で、イオンよりよい業績数値を出しています。

ダブルチョップ第一号を発売したダイエー

商品開発に真っ先に取り組んだのがダイエーです。ダイエーは一九六二年には東洋紡と組んで「ブルーマウンテン」カッターシャツを発売しています。これは、日本におけるダブルチョップの第一号です。

ダブルチョップというのは、ベンダーとチェーンストアが共同で責任を負う新商品ブランド(チョップ=商標)のことです。当時のNBメーカーのなかでは、東洋紡がチェーンストア志向勢力との取り組みに、一番前向きだったと言えるでしょう。

ペガサスクラブで一九七一年から二〇数年、衣料関係のマーチャンダイジング・コンサルタントをやっていただいた簗山明徳さんは、東洋紡の出身でした。彼がニューヨーク事務所に駐在していた当時、チェーンストアに着目したことが、NBメーカー、材料・素材メーカーとしての東洋紡がチェーンストアに前向きのアプローチをする原動力になったのです。

東洋紡は、アメリカに始まったサンフォライズ加工の技術を日本で最初に導入した紡績メーカーです。当時は、ビジネスウェアがおしゃれ着の絹ワイシャツから木綿ワイシャツに切り替わった時期です。絹が高すぎたからです。でも、木綿のシャツはすぐにクシャクシャになります。一日もたないので、何らかの糸加工が必要でした。その課題を解決する技術が、木綿の糸に表面加工を施すサンフォライズ加工でした。

一九八〇年代以降は、ワイシャツはポリエステルあるいはナイロンとの混綿(合繊六五%、綿三五%)素材が中心になりましたが、それ以前の一〇年ほどは木綿のサンフォライズ加工が主力でした。その最先端にいたのが東洋紡です。東洋紡は日本のサラリーマンに白いワイシャツを普及させた最初のメーカーでした。

当時のチェーンストア志向勢力のなかでは、ダイエーが一番話題になっていたこともあって、東洋紡からアプローチがあり、ダブルチョップ第一号があっという間にできました。ダイエーが日本で最初に本部機構を独立させたのは、ダブルチョップ発売の翌年、一九六三年一月です。その意味では、まだ本当の商品開発をやるだけの力はなかったのですが、東洋紡主導でできたわけです。

私の勧めでダイエーは、西宮に本部をつくりましたが、商品開発をやるためには、まず本部機構を独立させることがとても重要でした。本当の狙いは、機能的には商品部が独立してバイイング活動を地球上のどこでもできる状態をつくることにありました。

ペガサスクラブの商品対策は、「ミツバチ作戦」

当時は、そうした私の考え方に対する反対論が根強くありました。ほとんどの経営指導家は、「店にいる店員が、お客さんが何を欲しいか一番わかる。だからバイヤーは店員がいい」とこぞって言いつのりました。学者の先生方も、実態がわからないので、そういう意見に追随していました。

しかし、私に言わせれば、店員は店で売っている商品についての評判はわかりますが、売っていない商品については何も意見を言えませんし、何の知識も持っていません。店で売っていない商品については、自分でどこかに探しにいくしかないのです。ですから、第一回のペガサスセミナーを開催した一九六二年当時、私は商品対策として「ミツバチ作戦というのをやらなければいけない」とさかんに言っていました。ミツバチは蜜を求めてどこまででも飛んでいきます。遠くまで探しにいって、優れた蜜を集めてきます。

ところが、当時の日本の商品対策のやり方はまったく違っていました。私は、「あなた方のやり方は〝クモの巣〟

だ。獲物が引っかかるのを待っている。でも、そこに昆虫が飛び込んでこない限りは、いつまでたっても新しいお客はつかまえられないだろう」という言い方をよくしたものです。

その一方、ダイエーやニチイに対抗して一九六三年八月、メーカーによるチェーン向け衣料品供給会社「ヤック」が設立されました。ニチイはメーカーと直で結びつくことで自ら〝ヤック〟になったわけですが、本物のヤックはあくまでもサプライヤーの意向に左右されることになって、大きく発展しませんでした。

ダイエーは西宮本部発足から三年たって、ようやくPBがつくれるようになりました。PB第一号の「クリスティ」（ランジェリー）を一九六六年に発売しています。これはアメリカのチェーンストアを勉強し、欧州でも勉強した結果です。

しかし、ここでモデルとして一番マークしたのはマークス&スペンサーです。安いだけではなく、耐久力のある下着でなければベーシック衣料と言えないことを学びました。当時の日本では耐久力など話題にもなっていませんでしたが、「洗濯に強い」という耐久力の問題をあえて話題にしました。その意味では、非常に前向きな取り組みでした。洗濯に強いとは、普及し始めていた電気洗濯機で洗えるということです。

そのことに気づいた肌着メーカーのグンゼは、一九六三年に日本型スーパーストアや衣料品スーパー向けブランド「GSS」を発表し、一九七〇年代になると一躍日本一の肌着メーカーに成長しました。

しかし、当時の日本ではまったく普及していなかった乾燥機には弱い肌着でもありました。私は四〇年前からアメリカのチェーンの肌着しか使っていません。日本製は、乾燥機にかけられなかったからです。

共同仕入機構の明暗を分けたもの

こうしたペガサスグループの商品開発への取り組みの動きを知って、通産省（当時）にいた林信太郎さんが日本ボランタリー・チェーン協会設立（一九六六年一月）を支援しました。林さんは後に通産省立地公害局長からジャスコ副社長（当時）に転じた方です。

このとき、私はボランタリーチェーンには意味がないと批判しました。商品開発に必要な知識や技術を持たないままボランタリーチェーンをやったとしても、名目倒れに終わることは目に見えていたからです。

当時は、公開経営指導協会が中心になって「ボランタリーチェーン」という名の共同研究会が業種別にたくさん開かれていました。彼らは「チェーンストアが猛威を振るったために、中小小売業者が困ってボランタリーチェーンをつくった」と主張しました。靴屋や家電屋や呉服屋といろいろな業種別研究会ができ、同業者が集まれば「共同仕入れをやる」という動きになっていました。彼らが掲げた最大のテーマは、当時強大になりつつあったチェーンストア志向グループの仕入れ能力に対抗できる共同仕入機構づくりでした。

たしかにその頃、日本大量仕入機構や日本衣料共同研究所で共同仕入れをやっていましたが、これはメーカーの過剰生産品を全国的に拾い集める機能で一定の成果を上げました。しかし本来の意味での売れ筋品のみの大量共同仕入れを実現しているグループは、まったくなかったのです。一九六七年八月に日本チェーンストア協会が発足しましたが、共同仕入機構という経済的機能を持たない純粋な業界団体でした。

商品開発の知識と技術を持たない共同仕入機構はあり得ません。事実、当時設立されたボランタリーチェーンは定款で「共同仕入れ」を必ず謳っていましたが、成功事例は一つも出ていません。結果的に彼らは単なる研究会をやっていたのです。〝なぐさめ会〟をやっていたのですから大きくなるはずもなかったのです。

その意味では、一九七二年四月設立の日本フランチャイズチェーン協会のほうが経営的な意義は大きく、現実に実績も出しています。彼らはフランチャイズシステムの仕組みをつくるグループとして、特に新たな法体系をつくろうとしました。これはたいへん有効な共同活動でした。日本チェーンストア協会でも実現できないような法体系をつくり上げていきました。しかもフランチャイザー寄りのシステムでした。その点では、政治力も持っていたわけです。

一方、日本ボランタリー・チェーン協会は参加チェーンがほとんど増えませんでした。本当は一九九〇年代からこそ中小企業にとってボランタリーチェーンが必要な時代であり、買う側の立場に立った商品開発を目指すべきなのですが、そのような開拓や戦いをやるという発想はあまりないようです。

余談になりますが、私が通産省の政策にことごとく反抗する人間であるとマークされ、通産省関係の審議会の委員への就任依頼が一切こなくなったのは、政策にことごとに反対したわけではなく、ボランタリーチェーンづくりの時期尚早論を展開したことが最初の原因でした。

一九六九年一〇月には、イトーヨーカ堂をはじめ七社が集まった共同仕入会社ナルサが正式にスタートしました。イトーヨーカ堂の伊藤雅俊さんがナルサの社長に就任しましたが、共同仕入機構として成長することはありませんでした。ナルサは大手問屋の一つの顧客拡大作戦にうまく利用されてしまったというのが実態で、数年続きましたが、ほとんど軌道に乗ることはなく、名目的な活動に終わりました。

強大な生産者シンジケートのある分野には手が出せなかった

日本では一九七〇年から海外商品の買い付けが活発化していきます。一九六九年に初めてペガサス開発輸入チームが編成されてオーストラリアを訪れました。当初の二年間に開発輸入チームを三回出しています。三回目で結実させたのが、すでに述べた「ウナギ養殖事業の産地移動」のテーマでした。

私個人としては、本当はビーフステーキの大衆化を目指して牛肉問題に取り組みたかったのですが、当時はあまりにも高率の関税障壁があって、あきらめました。しかし、一方では吉野家を通じて牛肉料理大衆化の取り組みも始めていました。

香りのする野菜と果物の海外からの集荷についてもアメリカで調べてみました。サンキスト・グローサリーズ・オブ・カリフォルニアと、それを真似たフロリダの組合のつくった生産・出荷システムが圧倒的に強く、さすがのアメリカ国内のスーパーマーケットチェーンも柑橘類の品質および価格には何の発言権も持ち得ないでいることが最初の調査でわかりました。

それなら日本で先にやろうと思ったのですが、とんでもない話でした。私が当時いた読売新聞の地方経済グループには園芸作物に詳しいベテランの記者がいましたが、彼が言うには、日本の農林省（当時）は、米や麦とは違って、柑橘類だけは最初からアメリカのやり方をそっくり日本に持ち込んだそうです。

これは戦後のGHQの方針に基づくものでしたが、アメリカの農務省の力でもあります。彼らは終戦の翌年から乗り込んできて、日本農業の生産・集荷体制をつくり直そうとしました。米はムリでしたが園芸作物、特に果物はいわゆる特産地域制ですから、柑橘生産組合、次にリンゴの生産組合が強力になりました。ですから、一九七〇年代にはもう小売業の側からは手をつけられない状況になっていました。野菜も同じように産地の生産者団体が強くなり始めていました。

こちらはビッグストアづくりを始めたばかりですから、まだ集荷能力がありません。あれよあれよという間に生産シンジケートだけが強大になり、一九七〇年代末には、もう産地には手をつけられない状況にまでいってしまったわけです。そうなると残されたわれわれが手を出せる可能性のあるものは、そう多くはありません。米は農協がガッチリ握っています。そこで主食になりつつあったパンから入ろうと考えました。〝メリケン粉〟は輸入品主力だからです。

ところが、パン焼き用の欧米のイースト菌の実験を繰り返したのですが、うまくいきません。アメリカやドイツからうまいパンのイースト菌を持ってきて培養しても、日本の高温多湿の気候のために数カ月で変質してしまうのです。イングリッシュマフィン、パンケーキ、ワッフル、ベーグルなど欧州系のパンが焼けるようになったのは最近のことです。日本の風土のなかで欧州産のイースト菌の効力を発揮させる仕組みをつくるのに随分年月がかかったということです。

蒲焼きこそ代表的な「国民大衆の豊かさの実現」

そこで、もっと簡単に取り組めるものはないかと考え、水産物について調査し、最も扱い高の多い鮭鱒の買いつけに手を出してみましたが、二年間で大失敗に終わりました。

アメリカのアラスカやカナダの水揚げ港に行き、勇ましく買い付けを始めましたが、翌年には商社に全部押さえられてしまったからです。商社は、われわれが去年どこを回ったかをきちんと調べ上げていて、買い付け時機を先回りして、次々と買い上げ予約を入れていくわけです。どんどん相場がつり上がってゆき、彼らはその途端に手を引いて、われわれだけは高値づかみさせられることになりました。日本に持って帰ると商社側の相場のほうがはるかに安い。結果、その二年間でダイエーもイトーヨーカ堂もジャスコもユニーも、大手がそろって手痛い打撃を受けることになりました。

そうしたなかで、ウナギはアジアの国で養殖すればいいのだと気づき、台湾には戦前から養鰻場があったので、さっそく乗り込みました。向こう側も乗り気で、翌年にはもう台湾から蒲焼きが入るようになりました。それから中国そして韓国へと産地は移動して、今日、わが国ではどこのスーパーマーケットの店頭でも売っています。高級料亭の料理だった蒲焼きを家庭料理として大衆化、実用化したのです。われわれが主張した「国民大衆の食生活の豊かさの実現」という点では最初のモデルでした。

その次が洋傘です。日本の洋傘は世界で一番安く、ボタンを押すとパッと瞬間的に開くスプリングつきの洋傘の普及率は、一九八〇年代には世界の文明国で日本が最も高くなりました。計算すると、一世帯当たり五本ぐらいの洋傘を持っていることになりました。これもわれわれの開発輸入の成果です。

割箸も同じですが、途中で主婦連をはじめとする婦人団体が「森を守らなければいけないのに、割箸のような消耗品にしてしまうのはけしからん」と反対を唱えました。私は、日本チェーンストア協会の名前で主婦連や消費者団体に反論を言いにいきました。理由は、私どもの開発した割箸は大木を切り倒してつくるのではなく、森を育てるために切った間伐材を使っていたからです。だからこそ、安価で一般大衆から飲食店に至るまで大歓迎されたのだと説明しました。それ以降、割箸というものが世界的に普及しました。これも、われわれの開発輸入で普及し、日本人の暮らしに貢献した一例です。

衣料のハンガーの普及も開発輸入の成果です。日本は二五年前にはすでに文明国のなかでも一人当たりハンガー数は多かったのですが、商品としては機能別になっていないという欠点がありました。ハンガーは本来、背広とシャツなど衣類の品種ごとで形状が違わなければいけません。

逆に言えば、安物のハンガーばかりだったわけですが、実は、それはわれわれが開発輸入で最初に万能ハンガーを開発したからでした。日本で売られていなかったケミカル靴（サンダル）やユニクロ大成長の代名詞のように語られたフリースも、最初に開発輸入したのはわれわれです。その意味では、ペガサスクラブの開発輸入グループは日本人のふだんの生活用品開拓という点ですごいことをやってきたと言えるでしょう。

日本におけるPBづくりの原点となった開発輸入チームの実績

一九六九年から始まった「ペガサス開発輸入マスバイイングチーム」の編成は、二つの時期に分かれています。第一次プロジェクトは一九六九年から一九八二年までの時期で、延べ九回編成し、台湾に四回、オーストラリアに二回、韓国とシンガポールに各一回行きました。

台湾ではわれわれのためだけに三〇〇コーナーをそろえた見本市が一週間開催されました。われわれは商談で行けばそれで終わりでしたが、われわれが見向きもしないコーナーもあるため、彼らはわれわれのチームをだしにして市民に直接商品を売ることもやっていました。

ちなみにペガサス開発輸入チームの名称は「ペガサス・チェーンストア〝開発輸入〟セミナー」でしたが、中国語で「日本大連鎖商訪中採購団」、英語で「Ｊａｐａｎ Ｃｈａｉｎ Ｓｔｏｒｅ Ｍａｓｓ ＢｕｙｉｎｇＭｉｓｓｉｏｎ」と表記しました。最初「日本零細業訪中採購団」と書いてあって、びっくりしました。「なぜ零細業なのか」と聞くと、「中国語では小売業を零細業と書くんだ」と言われました。「そういう名称は困る」と抗議し、最終的に「大連鎖商」に変わりました。

第一次プロジェクトでは、常に一〇〇～三〇〇人のバイヤーが参加する大団体になりました。夜は先方の政府による歓迎パーティーがあり、その国の通商担当大臣が必ずあいさつをしました。私も頼まれて、向こうの輸出業者グループに対する講演会をやりました。当然、テーマは「日本へ売り込むためには何をすべきか」でした。通訳をしてくれたのは、現地国の通商担当省のエリート官僚でした。彼らは日本への留学経験を持ち、日本語は達者でした。通訳が優秀だったおかげで、われわれの意図していることは正確に相手方に伝わりました。

でも、訪問先の国にとっては、対日輸出は経済振興の決め手であり、一〇〇～三〇〇人ものバイヤーが日本から来れば、現地の新聞からテレビまであらゆるマスコミが取材にやってきて、「今回の見本市の総売上高はこうだ」と大げさに書くのは当たり前のことなのです。日本で大事件が起きたときのようにマスコミの脚光をわれわれは浴びていました。われわれペガサスメンバーとの商談会場を設けるために各国政府は毎年予算までつけていてくれたのです。ペガサスクラブの開発輸入チームプロジェクトは日本におけるチェーンストアの努力によるＰＢづくりの原点になったと言っても過言ではありません。

しかし、そうしたことを一九六九年からやっていたことは、国内ではほとんど知られてないようです。

適切な最終売価はFOB価格の三・五倍

ペガサス開発輸入チームの第二次プロジェクトは一九九〇年代から現在まで続いています。二〇〇六年現在、延べ八回編成しています。行き先は台湾とASEAN（東南アジア諸国連合）諸国、香港、中国（広州と上海）です。二〜三カ国（地域）をまとめて回ることもありました。輸入衣料の大部分が中国産になりつつあった一九九四年以降はもっぱら中国の広州見本市や中国上海交易会へ集中的に行っています。

第一次、第二次プロジェクトを通じて、ペガサスの開発輸入チームの第一の狙いは他社との商品の差別化です。開発輸入は、チェーンストアの核商品となるPBやSBづくりの決め手になるからです。

第二の狙いは、その差別化の中身としてまず商社・サプライヤー経由の集荷ルートとは別のルートを開拓し、国内の小売最終売価を現行の三分の一から四分の一に引き下げることでした。さらに商品の品質・機能を〝つくる側の論理〟ではなく、〝使う立場〟に立ってTPOSごとに適切に絞り込もうとしたわけです。

そのために米・欧・豪のチェーンストアと直接取引している最終加工業者からソーシングしました。彼らを窓口にして日本の小売値の五分の一から一〇分の一のFOB価格で直接取引し、欧米のチェーンストアと同じようにFOB価格の三・五倍を最終売価とすることを目指しました。

そうすれば、日本の物価は現在の三分の一になります。ただし、現地見本市で提示されるFOB価格は、あくまでもサンプル価格です。買い手側の仕様や取引量によって、実際のFOB価格はさらに安くなるはずです。つまり、欧米のチェーンストアと同じ仕組みを日本側でもつくろうとしてきたわけです。

開発輸入で重要なことは、まずサンプル商品をごく少量だけ購入し、それを科学的に分析したうえで仕様書発注し、試作と試用と試売とを繰り返した後にPBやSBをつくり上げることです。本格的なチェーンストアづくりのためには、このPBやSBをわが社の核商品にまで育て上げ、この核商品売場で他社との差別化を図ることが重要になります。

そのためには、初めから緊急追加補充生産のネットワークをつくり、マス化への準備をしておくことも重要になります。これらは開発輸入の基本です。開発輸入を目指すのならば、現地交易会を単なる見学、展示見本の仕入れ会だと考えてはいけません。言い換えると、日本のベンダールートで訪問したり、日本の商社や現地サプライヤーまかせにしたりしてはいけないのです。開発輸入における典型的な失敗原因となります。情報窓口は現地政府側のJETRO（日本貿易振興機構）的機関を利用すればいいことです。上海見本市でも日本のベンダーに連れ回されているバイヤーを多数見かけました。現在の取引先と行く限り、「おまかせくだされば、あなた方は現地に来なくてもいいんですよ」という結論にしかなりません。

開発輸入で加工前の仕様書ができていない日本の小売業

開発輸入では、自ら取引先をソーシング（開拓）することが重要なのであって、そのためにはサプライヤーではなく、ジョバー、ブローカー、レジデンシャルバイヤー（製品情報の提供業者）、ディストリビューター（集荷・運送中心の卸売業者）、サーベイヤー（検品業者）など情報や物流担当ベンダーを使い分ける必要があります。その区別がわからないのは、売れ筋判明と同時に、緊急追加補充生産を行うための仕掛かり品や工場探しの仕組みづくりに無関心だからです。

台湾でも上海でも香港でもシンガポールでもイエローページ（電話帳）を見れば、こういう業種の会社は書いてあります。日本にないのは、何もかもやってくれるサプライヤーまかせになっているからです。自分は現地の最終加工メーカーと取引していると思っていたのに、実際には単なる企画会社、斡旋会社だったという事例が多いのです。相手の機能を区別して取引していない証拠です。わが社引き取り分の収穫と加工現場とに立ち会っていないことも、共通する大きな失敗要因です。

私は数年前、上海で日本の小売業が取引しているとされる加工工場を訪問し、実際にどこの会社のバイヤーが現場に来たかを聞いて回りました。過去の調査も含めて、必ず名前が出てくるのは良品計画とニトリです。この二社は開発輸入を行うにあたって例外なく加工現場に立ち会っています。

年商一兆円組の大手小売業のなかで名前が出たのはイオンだけでした。イオン本体のバイヤーの訪問回数は少ないものの、イオングループでPB開発を手がけるアイクは必ず視察に来ていました。

実際に工場を訪れると、日本の各社のPBやSBを目の前で確認できます。工場長や従業員に聞くと、「この会社の人に会ったことはないが、日本の商社の人は時折来ますよ」と言います。

バイヤーが必ず加工現場を視察に来ているということは、加工中のおしゃか率（不良品発生率）をマークしていること、さらに加工前の材料についての仕様書が出ていることを意味します。日本のバイヤーのほとんどは、仕様書とは加工仕様書だと思っていますが、それは間違いです。加工の前段階である材料で第一段階の品質が決まります。つまり開発輸入では加工前の材料の仕様書を出さなければいけません。さらに加工中の歩留まりが原価に影響するのです。日本の小売業では、そこが中途半端でいい加減な企業が多いのです。

同一産地なのに日本の小売業が欧米チェーンに輸入品質で負ける理由

大手食品小売で販売されているウナギの蒲焼きの味について目隠し調査をすると、各社間の味の違いはわかりません。最近は国産のものまでわからなくなっています。なぜかというと、飼育の仕方が標準化され、一番生産量の多い品種に絞られたこともありますが、最大の問題はタレが共通なことです。「なぜタレの味が同じなのか？」

とトップに聞きましたが、「調べたうえで、わが社独自に決めています」と答えます。

調べてみると、一九九〇年代、大手はどこも台湾の高雄にある冷凍工場からタレを買っていました。商談に訪れた日時はまちまちでしたが、不思議なことに各社が訪れた時期は特定の一週間に集中していました。

現地の工場の人間を連れ出して本音を聞いてみると、「誰が食べてもおいしいと思うサンプルと、誰が食べてもまずいと思うサンプルをわざと五〜一〇種類ミックスさせて試食させています。どこの会社が来ても、結論は聞かなくてもわかるようになっていた」と言いつつ、「みんなそれで満足しているよ」と笑っていました。

タレの仕様書を出していないことと、加工の現場に立ち会わないことが、こういう間違いを引き起こした原因でした。これでは開発輸入による商品の優位性確保は不可能でしょう。それがいまでも続いているわけです。

加工現場に立ち会っていれば、工場から出荷する前の段階、いや加工工程の途中で何回も完全な検質ができます。

こんな問題もありました。アメリカのアルバートソンやセーフウェイが台湾の高雄から冷蔵野菜を買っていた時期がありました。アメリカの端境期に台湾で一カ月分を買い付けていたわけです。現地の台湾で食べてみると、アメリカで生産された野菜と同じ香りがしました。しかも値段は日本側と同じ。ところが日本側が輸入した冷蔵野菜は、同じ産地なのに香りがまるっきり違います。

なぜ違うのでしょうか。調べてわかった一番大きな違いは、アルバートソンのバイヤーは「この畑の野菜を」と決め、収穫時は畑そのものに立ち会っていることでした。指定された畑はすべて高雄の冷蔵工場からトラックで一時間以内のところばかりでした。収穫してから常温管理のトラックでも一時間以内に加工工場に運び込めば、冷蔵処理できて劣化が防げたわけです。

日本の場合は高雄周辺の畑ではなく、台中もしくは台北に近い位置なのです。台中の畑から高速道路を使っても高雄インターチェンジまで五時間かかり、そこから冷蔵工場までさらに二時間かかります。これでは、新鮮な野菜の香りはすべて失われてしまいます。野菜の開発輸入では、まず畑（産地）を指定し収穫に立ち会わなければばいけません。同じ時期に収穫されたものは、香りがだめになっていても値段は同じです。

アメリカのチェーンストアのバイヤーは、レンタカーで畑からのトラックと同行して工場に到着し、工場で急速冷却を始めた途端にドアをロウで封印し、自分のハンコを押します。摂氏四℃まで冷えたら、バイヤー自身が封印を取り除いて工場から出荷するのを見届けます。後は冷蔵輸送（変化の誤差許容範囲は、湿度一〇％未満、温度二℃未満）で、とれたての味と香りが二カ月間も維持されます。

しかし、日本のバイヤーたちは「うちはアルバートソンやセーフウェイと同じものを買っている」と思い込んでいました。「なぜまずいのか」と私が聞くと、「何かの間違いだろう」と言いましたが、そうではありません。アメリカのバイヤーは、あるべき収穫と集荷と物流のやり方を明確に指示しています。日本のバイヤーは、同じ野菜とは思えない別種の野菜を同じ値段で調達していたわけです。台湾のディストリビューターは、「野菜は台湾中で栽培している。遠方のものを買うやつがバカなんだ」と私に感想を述べました。

あるべき品質と、暮らしに便利な品質は違う

日本の小売業が開発輸入で失敗する共通原因として、まず日本での商品規格が複雑すぎる、いや厳しすぎることが挙げられます。私が海外の輸出業者に意見を求めると、「日本と商売するのは大変です」と必ず言います。「どうしてですか」と聞くと、「規格が厳しくて」という理由を口にします。

それならば、日本のバイヤーが加工現場で検質をしていないのは辻褄が合いません。つまり重大な問題は、どうでもいいことにやかましい規格をつくっていることです。その一番わかりやすい例は、野菜を大きさと形で細かく選別する規格です。これは実際に使う場合にはほとんど意味のないことです。

私が発見したアイロン台の例を挙げてみましょう。アイロン台は、世界中で日本向けの値段が一番高かったの

です。その原因は、八〇ｋｇの人間が全体重をかけても大丈夫なように決めていたからです。ドイツのチェーン向けでは四〇ｋｇ、アメリカでは二〇ｋｇが通常の規格です。アイロン台を踏台にするわけではないのに、なぜ日本では女性が二人も乗れるような丈夫すぎる規格になっていたのでしょうか。

日本向けのプラスチックのコップは、材質を厚くするような規格になっています。なぜかというと、薄いコップでは、胴体を持つときに力が入りすぎるとなかの液体が飛び出しかねないからというのです。欧米のチェーンでは、安いものは薄くなっていて、原価は当然安いのです。薄いけれども、胴体に輪を入れて、持ちやすいように工夫されています。輪が入っても入らなくても工程は同じですから、薄い分だけプラスチックの使用量が少なく、製造コストは安くなります。

私が実際の暮らしのなかで便利な品質や機能は何かを考えるべきだというのは、こういうことなのです。

ほとんど意味のない過剰な品質や機能を与えられた商品が、日本にはたくさんあります。だから、現地のディストリビューターから「日本の規格は厳しいけれど、どうでもいい厳しさだよね」と笑われているのが真相なのです。頭のいい商社のエリートが大衆の日常の暮らしとは無関係に、頭のなかだけであるべき品質を考えてしまうからです。頭のなかで考えたあるべき品質と、暮らしで便利な品質とはまったく違います。

私は三〇年以上も製品開発の話をし、実際に開発輸入チームを率いてきましたから、それこそいろいろなことを見てきました。

二〇〇六年三月にペガサス開発輸入チームで上海見本市に行き、現地で商談方法の指導をしたとき、一番嬉しかったことは、「初めて一品目につき二〇分間を超えて商談を続けることができた」というバイヤーがいたことでした。「いくら」と取引値を一回聞いたら、あとは取引量を聞いて終わりなので、セミナー前までは一分以上話が続かなかったのです。

このバイヤーは、実際の商談を終えた後に提出したレポートに、「ペガサスの開発輸入チームで行って、ようやく商談らしいことができて嬉しかった」と感想を書いていました。それまでは商談で何を聞くべきか、何をこちらから言うべきかがわかっていなかったことを彼自身が反省し、バイイングのあるべき手順がわかったのです。開発輸入は、本当のバイイングとは何かという問題に直面するのです。

輸出実績を輸出先の固有名詞で聞き出す

開発輸入チームを組むときは、私は事前に商談での要求事項をこと細かに指導します。

商談の第一段階での質問項目は、相手が何をやっているのかをまずすべて聞き出すことです。扱い部門・品種のすべての名称、次いでそのなかでの自慢の部門・品種または加工方法の名称、そして自慢の理由（材料・原料の質と入手のルートやシステム、加工能力、貯蔵・運搬の技術と方法、サンプルづくりの速度と精密さ、輸出実績）、本社・営業所・工場の所在地のリスト、ベンダーとしての種類（サプライヤー、ディストリビューター、ジョバー、ブローカー、レジデンシャルバイヤー、マニュファクチャラー）などです。

第二段階で重要なポイントは輸出実績です。何よりもまず、これを知らなくてはいけません。そのとき、「アメリカに出している」と答えたら、どこのチェーン向けかを固有名詞で聞きます。出してないときは、「欧州は」、次いで「オーストラリアは」と聞きます。なぜオーストラリアへの輸出実績を気にするのかというと、レギュラーチェーンの占拠率が文明国で最も高いのがオーストラリアだからです。

さらに、実際的に輸出している製品実物を見せろと要求し、日本に輸出しているかどうかも確認します。バイヤーはとにかく引渡価格を聞き出そうとしますが、原価を聞くより輸出実績を知るほうが先決なのです。日本人の顔と名刺とを見たとたんに、「うちは日本向けに売っている」と自慢するベンダーや、商社との取引がメインの相手も敬遠すべきです。特に日本にだけ輸出しているベンダーの品は、とんでもない代物が多いと思うべきです。バイヤーの多くは日本に実際に輸出している商品のなかから選びたがりますが、それでは他社と同じ品質と機能と値段のものしか入手できません。

こうしたことはバイイングの基本ですが、現場で実際に商談をやってみないとみんなピンとこないようです。「アメリカでどのチェーンに出しているかは答えられないと言われた」と帰ってきたバイヤーもいましたが、それは相手の嘘ですから、もう一度聞きにいかなくてはいけません。簡単なことですが、そこからしかソーシング活動の端緒は見つからないのです。

例えば上海見本市ではコマ数が五〇〇〇もありますから、自分でマークしない限り、正当な取引相手を発見できません。五日間で少なくとも二〇〇コマ回ろうとすれば、一日に四〇コマ回ることになります。片端から輸出実績を聞いて回ることが不可欠なのです。まず名刺を出し、わが社は何店舗あって、これだけの売上高を持つチェーンストアであると自己紹介したうえで、輸出実績と相手先企業を固有名詞で確認することが重要なのです。

サンプル取引からライフテストまでの技術

日本のバイヤーの最大の錯覚は、取引の「ロットが合わない」と思い込んでいることです。ロットが合わないという言い方は、相手が断るときの口実にすぎません。なぜかというと、一〇万着であろうと一〇〇万個であろうと、そんな取引が最初から行われるはずはないからです。「欧米の大手チェーンストアは何千店も展開しているが、こっちはまだ三〇店だ」と自己卑下しやすいのでしょうが、企業規模とは関係なく、最初はサンプル取引から始まるのだと観念すべきです。

サンプルのFOB価格は、誰が買っても同じです。サンプル取引は一個、一着からで、多くても五〇～一〇〇の単位です。重さでいうと、一tはいりませんが、少なくとも一〇kgか一〇〇kgは必要です。

サンプルを手に入れたら科学的検査をやります。それから自社でライフテスト（試用）を行います。ライフテストのやり方はいろいろありますから、さまざまな年齢の従業員に使ってもらってテストします。

外国産品を輸入する場合は、わが国の国民大衆の生活慣習の場面でライフテストをやらないと、本当に便利な品質や機能があるかどうかを評価できません。ここで一〇から一〇〇のサンプルが必要になります。

この段階で品質や加工レベルの長所と短所とがわかりますから、初めて仕様書を出して新たなサンプルをつくらせます。この仕様書発注、試作・試用を普通は五～一〇回繰り返します。そして、ライフテストの結果がよくなったら試売を始めます。

試売は四段階で進めます。まず一店で、次いで三店で、次に一〇店で、そしてエリアまたはゾーンでと試売の地理的範囲を順次拡大していきます。

その間、仕様書ごとの発注量は一〇～一〇〇個です。一万個や一〇万個単位でないと取引しないと相手ベンダーが言うようなことは、手続き上あり得ないことです。

そう相手が言ったとすれば、「あなたでは相手にならん」という意思表示だと思うべきです。実際、上海見本市に行くと、トンチンカンな質問しかしないバイヤーは、片端から取引を断られています。「一万個単位でないと取引しない」と言われて、「それじゃあね」と帰ってしまう。でも、最初からそんな取引はあり得ないのです。

日本のバイヤーがだめな点はもう一つ、サンプルをタダでもらおうと思っていることです。そのためにライフテストや各種検査に必要なたくさんのサンプルを手に入れることができないし、向こうも取引量を断る口実に使うわけです。サンプルは有料でもらうものです。

蒲焼きのタレを五〇種類つくっているとしたら、「五〇種類全部を二〇個ずつ欲しい。もちろん有料で欲しい」と交渉するのがサンプル取引です。それで科学的検査をやれば、成分がわかり、去年と今年と同じメーカーでどれだけ成分が変わったか、一ｋｇ当たりの価格や一リットル当たりの価格の違いもわかります。

第一四章　チェーンストア商品開発の根本原理

――流通革命の本質――

欧米の常識とかけ離れた日本のコーディネーション

日本ではいまだに、商品開発をめぐる大きな錯覚が横行しています。例えば、日本を代表するような日本型スーパーストアやカジュアル衣料専門店が、「新進気鋭のファッションデザイナーを使ってファッションのPBをつくる」と公表します。これはチェーンストアのあるべき商品開発の考え方とはまるで違うものです。大手企業が、間違った商品開発方針を考えるのは悲しむべきことです。

衣料部門で最近の出色のPB開発は、イオンの中年男性向け「フルハウス」です。売価がモデレートプライスとまだ高いので、早くポピュラープライスへ持っていくべきですが、機能という点ではチェーンストアが本来目指すべきPBになり得ています。日本のNBに乏しいトータルコーディネーションも実現しています。

日本の服飾とインテリアの二つの世界でいう「コーディネーション」とは、欧米の常識とはまったく異なっています。日本では、コーディネーションに芸術的センスが必要とされています。言い換えると、多くの日本人は、「何でフランスやアメリカの人々は、女も男もあんなにセンスがいいのだろう」と思っているのです。

しかし、それはセンスの問題ではありません。欧米ではありふれたチェーンストア企業が、どこでもトータルコーディネートした商品ぞろえをしているためです。それが日本の実情との根本的な違いです。

実際、ペガサスクラブのアメリカ視察チームに繰り返し参加し、サンプルを数多く集め続けた人は、いつの間にか服装のセンスがよくなっています。それこそがチェーンストアの提供するトータルコーディネーションのご利益なのですが、それに気づく人はそう多くはありません。

その意味で、チェーンストアが提供するトータルコーディネーションとは、特別な教養や感性、経験の深い人しか実現できなかったコーディネートすることの楽しさを、大衆化するものだと言えます。

さらに品質と機能との改革がありますが、その方向は、単なる「上質へ」ではありません。ファッションセンスの高い商品を、たとえ本人のセンスが悪くても、誰もがすばらしいコーディネーションとして実現できるように品ぞろえし、豊かさと潤いを実感し、楽しんでもらえるようなトレードオフ（品質の転換）が必要なのです。

そのことにチェーンストアはまず取り組まなければならないのに、「新進気鋭のデザイナーの作品」を謳い文句にするのは、チェーンストアとしての任務の放棄だと言わざるを得ません。

なぜならデザイナーは〝珍奇〟または〝新奇〟を狙いたがるからです。そうした高感度ファッションが似合う客は、とても少ないのが実情です。もともと、新進デザイナーの創造するファッションは、身につける人の体形も特殊でないと似合いませんから、チェーンストアが狙うエブリボディグッズになり得ないのです。チェーンストアの商品開発の軌道とは、根本的に違っているわけです。

外資との提携による商品開発はほとんど失敗した

先に述べたように、日本で商品開発を最初にリードしたのはダイエーです。一九六二年に衣料のダブルチョップ第一号の「ブルーマウンテン」、一九六六年に肌着ＰＢ第一号となる「クリスティ」を発売。さらに、一九七二年にペガサスクラブのチームによる開発輸入第一号（台湾からの）蒲焼き、一九七四年に食品ＳＢ第一号の「キャプテンクック」、一九八〇年にゼネリック（包装の簡素化などによりさらに安価にしたＳＢ）第一号の「セービング」を登場させています。

西友やイオンがＰＢ開発で名乗りを上げてくるのはその後です。西友は一九八〇年にＰＢの「無印良品」を発売。イオンは一九八四年に住居用品ＰＢ第一号の「ホームコーディ」を投入し、一九八九年に現在にも続くＰＢ「トップバリュ」「グリーンアイ」「ベストプライス」の各シリーズを始めました。

■主な外資との提携年表（2006年9月現在）

年　月	国内企業	海外企業
1972年１月	西武グループ	シアーズ
1973年３月	ダイエー	JCペニー
1978年９月	ダイエー	マークス＆スペンサー
1980年６月	ダイエー	Kマート
1981年２月	ダイエー	クローガー
1981年６月	アイクグループ	セーフウェイ
1983年12月	イトーヨーカ堂	オッシュマンズ
1985年11月	イトーヨーカ堂	ロビンソン
1986年２月	イオン	ローラアシュレイ
1988年６月	イオン	タルボット
1990年４月	イオン	ボディショップ
1995年８月	イオン	スポーツオーソリティ

専門店グループは、まず呉服と眼鏡とが挑戦し、続いて紳士衣料と仏壇組が一九八〇年代当初から取り組んで、四〇％台の粗利益率を実現しています。

そして一九九〇年代に入るとダイソーなどの一〇〇円均一グループが開発輸入に邁進し、ニトリやアテーナ、ファーストリテイリングなどの専門店グループと、イオンやホームセンターのホーマックやカインズが開発輸入への取り組みを本格化しました。

一方、欧米のノウハウを導入するため、大手小売業は外資との業務提携に取り組んできました。

一九七二年に西武グループ（当時西武百貨店と西友ストア）がGMSの代表であるシアーズと提携したのが始まりで、ダイエーは一九七三年アメリカのJCペニーと提携し、英国のマークス＆スペンサー（一九七八年）、米国のKマート（一九八〇年）、クローガー（一九八一年）と次々に提携の輪を広げました。

一九八〇年代には、ジャスコ（現イオン）グループが、SSM（スーパースーパーマーケット）のセーフウェイ（一九八一年）、専門店タルボット（一九八八年）とボディショップ（一九九〇年）、アクセサリーのクレアーズ（一九九四年）と提携しています。イトーヨーカ堂もスポーツ専門店オッシュマンズ（一九八三年）、百貨店ロビンソン（一九八五年）と提携しました。

こうした外資に期待したのは、チェーンオペレーションと商品開発のノウハウの移植でした。しかし現在も存続し発展しているのはタルボット、ボディショップ、クレアーズ、ローラアシュレイぐらいで、外資との提携はほとんど失敗に終わっています。

トータルコーディネーションを阻むセクショナリズム

日本の小売業と欧米チェーンストアとの提携が失敗した理由は、チェーンストアらしい商品開発への切り替え、すなわち品質と機能とのブレイクスルーができなかったことです。真似の仕方が違っていたのです。

最初にアメリカのチェーンストアと提携した西武グループは、シアーズのPB商品をそのまま持ち込もうとしました。シアーズ側が勧めたPBは、大型電気冷凍冷蔵庫です。当時、この品は、アメリカ市場での占拠率が、中古市場を含めて六五％もありました。シアーズのPBはどのNBよりも強力でした。

しかし、日本では売れませんでした。大きすぎて台所に置く場所がなかったからです。それに日本人は、冷蔵庫を保管する道具と思っているため、容量が大きければ大きいほど、長期保管で食品が品質劣化するというイメージで捉えたのです。

アメリカでは、冷蔵庫は一時的に冷やすための道具で、保管の道具ではありません。生活習慣の常識を変えられなければ、アメリカの売れ筋を日本に持ってきても売れないのです。当時唯一売れたのは、シアーズのノウハウを活用して開発された小型冷蔵庫です。当時の国産の小型冷蔵庫よりはるかに性能がよく、容量が小さいので、一般家庭用ではなく、独身者や学生用に売れました。

一方、ダイエーの提携の一番の失敗は、一九七八年の英国のマークス＆スペンサー（M＆S）との提携です。JCペニーが持ち込んだトータルコーディネーションの衣料品が売れなかったため、日本人は欧州好みだからとM＆Sの商品を持ち込みました。M＆Sの元商品部長をPB部長としてスカウトまでしたのです。

ところが、今度はそれが裏目に出ました。商品部が売場づくりの権限を持っていたからです。

欧米のチェーンストアでは、バイヤーが売場を確保しているので、バイヤー同士が競争相手となり、商品構成をよくすることに全力を傾けています。しかし日本では、商品部長もしくは商品課長が、いかに多くの売場面積を店舗開発段階から確保するかという、売場面積の拡大競争をしていました。当時は売上高評価ですから、在庫をたくさん持って売場面積を広く確保すれば評価が上がるからです。

そのため新店ができるたびに、彼らは商品構成をよくすることではなく、売場面積の拡大競争をやっていたのです。いまでもそういう企業がありますが、一九七〇年代から一九八〇年代は特にひどかったわけです。

そうなるとコーディネーションどころではありません。売場づくりが品種別になってしまうからです。同じトップでも、セーター売場とブラウス売場は別々に離れています。ボトムのスラックス売場、スカート売場が別フロアになっているひどい店もありました。そんな状態では、いくらトータルコーディネーションでルックやスタイルや色の統一をしても、お客には伝わりませんし、伝わらないから売れません。スカーフやベルトや靴下のプレゼンテーションも同じですから、お客には買いようがなかったのです。

トータルコーディネーションがわかるお客なら、不思議に思い、不便だと感じながらも、各売場から商品を選んでコーディネートできるでしょう。しかし、多くの消費者は、M＆Sの素晴らしいトータルコーディネーションを評価することができなかったのです。

元M＆S商品部長のPB部長が店へ行くたびに「一カ所に集めろ」と指示し、中内さんも社長命令で集めさせましたが、二週間も経つともとに戻されてしまいました。商品部の横暴というよりも、これは店長の横暴でした。

M&Sとの取り組みは一年半続きましたが、同じことの繰り返しで、大赤字を出して終わりました。

この問題は、日本型スーパーストアが共通して抱える問題であると言っても過言ではありません。日本では唯一、百貨店のブティック、言い換えると、プレステージストアの国際的な高級ファッションについてはコーディネーションが行われています。しかし、それは価格が高すぎて大衆化しません。

ダイエーとKマートの提携がうまくいかなかった理由は、アメリカ流の契約にありました。提携後、ダイエーはKマートからアジア地区の加工工場を紹介してもらい、同じ仕様の商品を導入しました。しかし、私の言うとおりにFOB価格の三・五倍の小売売価にすると、あまりにもKマートの原価率が高くなるので、本当のところを調べてみると、少ないもので一割、多いものは三割もKマート側のピンハネがありました。

そうなったのは、Kマートとアジア地区の加工工場との契約で、同一仕様の商品を他社へ出すときは、仕様書を開発した権利として、加工工場側がコミッションを払うことになっていたからです。中内さんは面食らっていましたが、私が他社の例を調べてみると、アメリカのチェーンではそれが当たり前の契約だったのです。同じことは、西武グループとシアーズの提携でもありました。最近でも同じことが起こっています。ペガサスクラブの会員から相談があれば、「とんでもない契約があるから、製品原価が高くなるだけだ。アメリカのチェーンが使っている加工工場を調べて、直に話に行けばいい」と私は言っています。

江戸時代商家のすごい商品開発モデル

欧米のチェーンストアの商品開発史は一九世紀の半ば、一八四〇年代にまでさかのぼりますが、それより前に、もっとすごいことを日本の商家がやっていました。江戸時代の幕藩体制下で、商品開発の仕組みが商家の伝統ともなっていました。越後屋の創業者、三井高利が始めた商法が代表です。三井高利は一六七三年（延宝元年）、絹の反物を従来相場の三分の一の価格で売り出しました。一七世紀といえば大航海時代で、オランダやポルトガルが植民地開拓に注力していた頃で、大英帝国が誕生するよりもずっと以前です。

三井高利はいわゆる〝松阪商人〟の代表でしたが、彼が価格破壊をしたことで、公家や武家階級の家庭でしか着られなかった絹の着物が、商人や農民にも着られるようになりました。衣服の大衆化という社会革命をやったわけです。

安くできた理由は、三つありました。一つは、当時の御朱印船貿易で中国から入ってきた安い絹糸を材料に使ったことです。一九九〇年代に入ってからの日本の中国産衣料ブームとよく似たことが、いまから三三〇年も前に行われていたのです。

二つ目に、越後屋は材料の絹糸を入手するのと並行して、材料を製品にする製品加工システムも自らの資本でやりました。織機を職人に貸し与えたのです。ここがポイントです。資本と技術のない者に新しい加工機械（織機）と材料とをレンタルし、指導することによって、新しい大量生産体制を築いていったのです。

欧米の一八～一九世紀をリードした産業革命の中身は、蒸気機関の発明と鉄や石炭、コークスなどエネルギー革命を基盤として、材料製造業の資本が製品加工段階までを系列化し、大量生産の仕組みをつくり上げていくという歩みでした。

同じ大量生産でも、越後屋のやり方は違っていました。モノの流れでは逆の小売業の立場にいながら、材料段階から所有権を発動しています。完全なるバーティカル・マーチャンダイジングであり、その主導権を越後屋が持ったわけです。チェーンストアが本来やるべき商品開発の原理を示していたと言えるでしょう。

三つ目は売り方、販売方法を革新したことです。われわれがいう〝業態〟革命を行ったのです。具体的には店頭販売です。それまでは、反物を背中に担いで売り歩く訪問販売が主力でした。よく時代劇で江戸城の大奥に呉服屋が反物を持ち込み、商いをしているシーンを目にしますが、それは大奥の女性が外出禁止だったからではありません。外出できましたが、持ち込まれた商品から選んで買うことが通常だったからです。

その常識を覆して、越後屋は店頭販売に切り替えました。しかも小口販売、つまり一反ずつ売るだけではなく、切り売りも始めたのです。越後屋は、反物を着物にする最終加工のお仕立てサービスも行いました。〝当日お仕立て〟までやったほどです。もちろん、一番大事なことは〝現金正札主義〟でした。

マネジメントとして見ると、低利幅・高回転主義の経営で後の三井財閥の基礎が築かれていったのです。これこそチェーンストアの原点となる商品開発のあるべき形です。同じようなことをそれから一五〇年後の一八三一年（天保二年）に、髙島屋の初代新七が始め、現在の髙島屋の礎をつくりました。提供商品の品質の維持と客を平等に待遇するチェーンストアの大衆型販売商法が確立されました。これも業態革命です。

こうした世界に先んじていた日本の商家の伝統、なかでも商品開発の仕組みが、現代では途絶えてしまったことは実に残念なことです。

セーフウェイナンバー1の売れ筋PBが日本で受け入れられなかった理由

アメリカのチェーンストアの原点となる商品開発は、アメリカ独立運動の発端となる〝ボストン茶会事件〟で有名な紅茶から始まりました。大英帝国は一八世紀後半から植民地のアメリカで砂糖や紅茶に特別課税をかけ、価格吊り上げを図ったことがきっかけで、植民地アメリカへの移住者たちによるアメリカ独立戦争が始まり、一七七六年にアメリカは独立宣言をしました。

今日のアメリカはコーヒー文化ですが、なぜ紅茶が発端だったかというと、当時は英国からの移住者が大部分だったので、大衆実用品の主力は紅茶だったのです。独立戦争の結果、アメリカの志ある商業者は、大英帝国の国策会社である東インド会社の生産地であるセイロン（現スリランカ）やインドに自ら乗り込み、価格と品質の安定した紅茶を開発することを目指しました。当然、自らの手で種子から栽培、収穫、現地加工、そして製品化するまでを一貫してやらざるを得なかったわけです。

一九六〇年代、スーパーマーケットチェーンで一番規模が大きかったA&Pという会社の正式な社名は「The Great Atlantic and Pacific Tea Company」でした。もとは紅茶の会社だったのです。その後アメリカナンバー1のSSMチェーンになったクローガーも、第二次大戦後のしばらくの間、「クローガー・ティー・カンパニー」という社名を残していました。合併で生まれたセーフウェイも、もとは紅茶専門会社です。

こうした歴史ゆえに、一九八一年、ジャスコと提携したセーフウェイは、一生懸命に日本市場を研究して、日本にない商品として「エドワード」というPBコーヒーを持ち込もうとしました。彼らは、シアーズと西武グループの提携、JCペニーとダイエー、Kマートとダイエー、クローガーとダイエーの提携がすべて失敗したことを知っていたからです。

エドワードは、一九世紀から一五〇年以上の歴史のあるアメリカンコーヒーの代表的な商品でした。しかし、ジャスコのゴンドラエンドでの販売が始まると、「セーフウェイと提携して、名も知らぬコーヒーを売った」とマスコミは報道しました。当然ながら、日本でエドワードを知る消費者はほとんどいませんでした。私はこの報道を後で知って、「何をやっているんだ。エドワードがアメリカンコーヒーの原型だと、なぜ大宣伝しなかったんだ」と問い質したほどです。セーフウェイ側は、最高の好意としてセーフウェイを代表する一番の売れ筋を持ち込んだからです。

ただ、アメリカ人は、日本人が「ネスカフェ」を高級コーヒーだと思い込んでいることを知らなかったのです。ネスカフェはアメリカでは紅茶のブランドであり、コーヒーとしてのブランド力はありませんでした。アメリカのNBコーヒーの代表はネスカフェではなく「ホルジャー」と「ヒルズ」と「マックスウェル」でした。アメリカでの評価は低いネスカフェに、エドワードは負けたのです。アピールの方法を間違えたためでした。

このアイクグループ（イオンも出資する共同仕入機構）とセーフウェイの提携の大特集を組んだのが、日経流通新聞の創刊号でした。特集の見出しに「名も知れぬブランド」という表現が使われました。日経の記者にとっても一般大衆にとっても、エドワードが名も知らぬブランドだったことは間違いありません。

日経の記者が「名も知れぬブランド」という表現を使ったのは、イオンが「セーフウェイの開発したコーヒー」という説明はしても、「エドワードがアメリカンコーヒーの原点である」とは説明しなかったためでした。

当時、日本の喫茶店でアメリカンコーヒーはニューアイテムであり、どこもメニューに取り入れようとしていましたが、まだ日本では「薄いコーヒー」と思われていた時代でした。本来のアメリカンコーヒーは、浅く焙煎したコーヒー豆から一回しか抽出しないため、あっさりとしたさわやかな風味が特徴で、香り、アロマを楽しめるコーヒーです。つまり原価の高いコーヒーです。イオンはそういう説明をしませんでした。

私には、せっかくアメリカンコーヒーの原型であるＰＢコーヒーをイオンが扱いながら、さわやかな、あっさりしたコーヒーを日本人に普及させ、ライフスタイルを変えるというすごいチャンスを実現できなかったことの残念さが残りました。

欧米のチェーンストアがこういう商品を日本で売るといいと思ったことが、日本人には伝わらない、だから、商品開発ではトレードオフの説明が絶対に必要なのです。日本人が常識と思っている使い方は、実は違っていて、ＴＰＯＳごとに使い分ける必要があると説明しなければなりません。いままでの日本で代表的なよい品質とか機能とされたものを否定し、消費者の立場、使う側の立場に立った使い勝手のよい品質と機能を実現した商品だと説明することです。

もう一つ、コーヒーに関する事件がありました。ダイエーがＳＢの「キャプテンクック」を発売したとき、ネスカフェ側が「キャプテンクックのデザインはネスカフェのインスタントコーヒーと類似し、意匠権侵害だ」と特許庁に訴えたのです。キャプテンクックは価格の安さが受け、一気に販売を拡大したことで、ネスカフェが持っていたコカ・コーラ的な価格維持の仕組みを崩したことへの、NBメーカーらしい反撃でした。

中内さんからの相談を受けて、アメリカのA&Pの「エイトオクロック」とセーフウェイの「エドワード」という二つのSSMのSB実物を提示させ、「ネスカフェとキャプテンクックの類似以上に、半世紀以上前からネスカフェの意匠はエイトオクロックとエドワードに酷似している」と裁判で反論させました。

その翌日、ネスカフェ側が裁判を取り下げました。ネスカフェの意匠そのものがイミテーションだったからです。日本ではイミテーションという言葉は必ず悪口として使われますが、チェーンストアのSB開発は元来イミテーションづくりです。原材料から製品に至るまでの無駄をなくして、安くしているというのは、もとの筋書きの改善だからです。途中の卸売段階がなくなるだけでも安くなるわけです。SBの実売価格は同じ製造原価に小売業のマージンを乗せただけですから、NBより三割は安くなります。

私はチェーンストアづくりを始めて以来、「グローバルスタンダードの価格を出すことを、チェーンストアとしてのスローガンの一つにしたい」と言い続けてきました。グローバルスタンダードの価格とは、わかりやすく言えば、アメリカ並みの価格、つまり日本の価格水準の三分の一です。それを実現するのは、SBではなく、チェーンストアとしてのPBなのです。

そう言うと、ほとんどの日本人は「不可能だ」と思うか、「日本独自の特殊事情があってできそうもない」と反論します。多くの学者やマスコミは、それを自分勝手に解釈して、「日本人が価格より品質を重視するのは、独自の美的意識や感性の高さ、教養の豊かさゆえである」と本質をひっくり返してしまいがちです。「日本人が求めるものは高品質だから、値段が高くなる」「高いものは品質がよく、品質がよいから高い」したがって「安いものは品質が悪く、品質が悪いから安い」という論旨は、日本だけで言われている錯覚です。

これも日本の小売業と米国チェーンの提携がうまくゆきにくい背景の一つになってきたと思います。

チェーンストア商品開発問題の本質

私の名前が少しは知られるようになった一九七〇年以降、五年か一〇年に一回は、「五年後、一〇年後はどうなる」といったマスコミからのアンケートが送られてきます。そこに必ず書いてあるのは、「品質がよくて高い時代になるか。品質が悪くても安い時代になるか。どちらかに〇印をつけろ」という質問です。私は必ず質問者に電話をして、「品質がよくて安い時代になると思う。そう信じているし、そのための努力を自分はしている。どう書けばいいんだ」と聞きます。すると、「欄外に書いて」と言うので、いつも欄外に書いています。すると、私は回答拒否の統計に入れられてしまいます。

しかし、チェーンストアの使命は、〝安くてよくて、よくて安い〟商品を提供することです。それが商品革命であり、流通革命の中身です。商品革命を流通業がやろうしたとき、最初に問題になるのは、「安さとは何か」「グローバルスタンダードの価格とは何か」の定義が必要だということです。「アメリカと同じ」ではピンとこないから、何度も触れているように、バイヤーにわかりやすく、FOB価格の三・五倍で売るのがアメリカのチェーンストアの小売売価であり、それを日本では一〇倍で売っていると説明してきました。

日米の売価の差は、アメリカのチェーンストアが材料段階から所有権を持ち、製品加工はすべて仕様書を明確に示して加工業者に委託していることに由来します。例えば、製品加工が一〇段階あるとして、加工代が一段階ごとに五円かかり、材料価格を一〇〇円とすると、商品原価は一五〇円になります。

一方日本では、加工段階ごとに所有権が移動し、介在する卸問屋の利益が加わり、製品加工の第一段階では五円の加工賃が一五円になります。第二段階、第三段階と進むほど、卸問屋の利益込みの加工賃は高くなり、一〇段階の加工をすると、商品原価は材料価格を含めて五〇〇円になります。この五〇〇円と一五〇円の違い、それが日本とアメリカの「三対一」という小売売価の違いにつながっているわけです。

日本の学識者は、流通革命というと「問屋無用論」だと言いますが、問屋が無用なのではありません。製品の卸値と小売売価の比率はほぼ一定です。日本では、ビッグストアでも、粗利益率は二五％が当たり前になっています。私がこの業界に関わった四〇年前、粗利益率は三五％ぐらいで三割は超えていました。ですから、日本の小売売価がアメリカの三倍になったのは、小売業の手に渡るまでの間に一挙に高くなっているためです。

しかし、勉強熱心な小売業の経営者でも、日本の商品開発はメーカーに直結すればいいと思い込んでいます。「最終製品加工メーカーと直結して中間段階の卸問屋を省く」という発想です。これは間違っています。問屋無用論を言うなら、材料段階から最終製品加工に至るまでの各加工段階に介在する問屋が無用なのです。私は、チェーンストアづくりの準備段階となる売上高五〇億円以上のビッグストアづくりのためには、有力な卸問屋、すなわち最終製品加工メーカーと小売業を結ぶ問屋・卸売業が不可欠だと言い続けています。

売価を下げるためには、欧米のチェーンと同じように、材料段階から小売業が所有権を持ち、製品加工段階のすべてを「委託加工」に転換すればいいのです。

ところが、「商品開発は一〇〇〇億円の売上規模がないとできない」「一兆円企業にならないと商品開発は難しい」と思っている経営者が少なくありません。たしかに、商品開発は一〇店ではやりにくいし、一〇〇店ならやりやすく、一〇〇〇店ならもっとやりやすくなります。しかし、一店でもできないことではありません。反対に、一〇〇〇億円売っても小売売価は安くなりませんし、一兆円売っても安くはならないのです。

商品開発は売上高規模の問題ではありません。材料から製品加工を経て小売業に届くまでの仕組みのどこから小売業がプロデュースするか、マーチャンダイジングの決定権をどの段階から持つかという問題であり、これがチェーンストアの商品開発問題の本質なのです。

一番大切なのは原価を下げることではなく、トレードオフの技術

そのプロセスで最も難しいのは、商品のあるべき品質の決定です。材料段階から小売業が所有権を持つためには、その知識が絶対必要ですが、大手小売業でも、そのノウハウも人材も、完全に欠落しているのです。

衣料品で言うと、GMSでも急成長する専門店チェーンでも、すべて商社や糸メーカーに委ねています。大手で唯一理屈がわかって取り組んでいるのは、イオングループで商品開発を担当するアイクグループです。

欧米では製品製造業の生産体制は受注型で、注文を出すのはチェーンストアです。チェーンストアは、材料を材料問屋・卸売業から買います。例えば糸で言うと、原料となる綿花や羊毛、繭などを、商社という問屋・卸売業が集荷し、材料製造業が木綿糸やウール糸、生糸を生産します。それから糸卸商など材料専門の問屋・卸売業を経て加工に回ります。ここから製品製造業が始まります。つまり、「仕様書発注」とは、仕様書のなかに材料を指定するのではなく、材料を提供できなければいけないのです。

商品開発をやっていても、どう考えてやっているかによって、五年やっても一〇年やっても無駄な努力で終わりかねません。チェーンストアにとって本当に大事な商品開発はPB開発です。PBは既存のNB商品をトレードオフ（品質の転換）しなければ開発できませんし、トレードオフの内容を明確に説明できないといけません。それは、あくまでもライフテストのなかから出てくるものであり、使う立場に立った本当の豊かさや潤いというものを突き詰めていく必要があります。

マーチャンダイザーやバイヤーにとって一番難しい商品対策、本当に取り組まなければいけない創造的な商品対策は、仕入れ原価を下げることではなく、トレードオフすることなのです。仕入れ原価を下げることは、伝統的なチェーンストアの手法であるバーティカル・マーチャンダイジングで材料段階までさかのぼることと、一品

大量契約ができればいいのです。安くできないとしたら、それは方法を知らないからです。

一九九三年に「ペガサスクラブ活動三〇周年記念特集」として「商品開発の現状」という「JRCレポート」を発行しました。チェーンストアの商品開発の基本原則を私が書き、商品開発を担当した三〇社五三人の方々に、「わが社のPB・SBベストセラー開発苦心談」を語ってもらいました。かつて売れ筋になったPB・SBをどうやって開発したか、初期の商品開発でどんな苦労をしたのかがわかる素晴らしい文献です。彼らの話からわかることは、トレードオフには〝こだわり〟が一番必要だということです。この「商品開発の現状」という文献ができたのは、当時はまだ、お互いに教え合うという雰囲気があったからです。現在、この種の調査報告をまとめるのは、無理でしょう。

私が残念だったのは、わざわざペガサスクラブの会員情報誌「経営情報」で商品開発を行った人の名前と業績と努力とを紹介したにもかかわらず、その人がその後社内で出世していないことです。何かにこだわり続けている人は、こだわりだけは一生懸命趣味的にやるためなのか、特に上司との人間関係が悪くなりがちです。こだわりのための調査支出額の増加で上司と大喧嘩してしまいがちです。

本人は「これは俺の生きがいだ」と思っていますが、上司は「何で同じ海外工場へ一年に五回も行く必要があるんだ。行ったらその都度取引してくればいいのに」「現地に彼女をつくっているんじゃないのか」「ピンハネでもしているんじゃないか」と疑心暗鬼になっていきます。社内で報われないため、マーチャンダイザーとして手腕を発揮できるはずの四〇代後半の人は、なかなか開発輸入をやりたがらなくなりました。

日本では、品質について一九五〇年代からずっと変な常識がありました。チェーンストアには不可欠なトレードオフという技術以前に、商品のもつ品質はNBメーカーがつくりあげるものだという常識です。そのため、品質を云々する際の手続きとしてのライフテストの意味（目的）が、商品部の人材でもほとんどわからないのです。ライフテストについてのレポートを提出させると、「この商品は、ライフテストをやっても支障がなかった」という言い方になってしまいます。
そうではなくて、例えば衣料品なら、「この素材の性質ではだめで、こういう別の素材と寸法とで触感や耐久性を変えるべきだ」と、使い勝手のよさについてのレポートにならなければなりません。食品なら「こういう食感と味、ボリュームは何g以上が必要。容器の密閉度が足りない」と改善点がライフテストで出てこなければいけないのです。

それが唯一できたのは、花森安治制作の月刊誌の「暮しの手帖」でした。ところが、花森さんの考え方を受け継いだはずの東京都の生活研究所や消費者団体は、品質を問題にしながら、NBメーカー側が言う角度からの品質問題しか取り上げていません。

一番簡単な例として「色落ちしない」という品質があります。ペガサスクラブのアメリカセミナーに行くと、「アメリカの衣料は洗濯機で色が落ちる、けしからん」と言う人が多くいます。しかし、アメリカでは、色の違う衣料を同時に洗濯機に入れることは原則としてやらないので、問題になりません。むしろ色鮮やかな商品がいいと考えられています。アメリカで問題にならないことが、日本では問題になるわけです。この生活習慣やライフスタイル、価値観の違いを見極めながら、本当の豊かさ、楽しさをトレードオフして、チェーンストアは堂々と主張しなければいけないのです。

あるべき品質について商品部長はわかっているか

二〇〇六年秋に、アメリカのアイスバーグレタスの農場を訪問したとき、日本の青果担当バイヤーが「このアイスバーグレタスはだめだ。持ったときに重すぎるし、つかんだときに硬い。これでは売れません」と言いました。重すぎるというのは、葉がギッシリ巻いているということで、硬いというのは、クリスプ、つまりパリパリしていることを意味しています。

実際に食べてみると、「これはシャキシャキしていていい」という人が多かったのに、日本の青果バイヤーは「硬い」という言い方になってしまいます。これは、いつの間にかつくる側、売る側から「このままでいいんだ」と思い込まされているところがあることを物語っています。買う側、使う側の立場に立って、使う側にとって〝適切なあるいは必要な品質〟とは何か見極めることは、まだ当分の間、難しいことなのかもしれません。

それに、適切な品質については、ごまかした表現が多く使われています。例えば、食品については、「うまい」という言葉ですべて評価しています。しかし「うまい」といっても、一万円のアントレのうまいと、五〇〇〇円のうまい、一〇〇〇円のうまい、三〇〇円のうまいとでは本来、まったく違うはずです。

よくテレビ番組で肉を食べた人が「柔らかい」という表現で肉質のよさを表現をしますが、「柔らかい」ことは、うまい肉の特徴とはいえません。歯で簡単にかみ切れるという意味らしいのですが、それは「柔らかい」という言葉で表現されることとは違うはずです。

品質や機能を評価するときの日本語の表現はすごくあいまいで、マスコミも含めて、突き詰められていません。「高級」もしくは「上質」でたいていはごまかしているのです。適切な品質や機能は、TPOSごとに違っているべきです。絹の衣料は高級品だと思われていますが、絹は普段着やビジネスウェアには不適切な材質なので、「普段着やビジネス用には絹ではだめなのだ」と誰かが明確に指摘しないと、適切な品質の商品になりません。

スーパーマーケットやコンビニエンスストアの総菜部門や総菜専門店も同じですが「お客さんに飽きられたから」という理由でメニューが頻繁に変わります。しかし、それは飽きられたからではなく、もともとたいして売れていないからです。例えば入店客の一割以上が必ず買うコロッケの味は、五年前、一〇年前、二〇年前とずっと同じレベルです。同じ味だから、お客は固定客化しているのです。チェーンストアは、そこを守り切らねばならないのです。

しかし実際にそうなっていないのは、選ぶべき品質がわかっていないからです。特に問題なのは、商品部長クラスがわかっていないことです。せっかく若手が勉強して、あるべき品質はこうだと提案しても、四〇歳代、五〇歳代の部長や課長に簡単に却下されてしまいます。あるべき品質を追求し、見つけ、提供することを生活提案と言いますが、全社的に継続して生活提案への取り組みがないと、こうした無知は退治できません。

ＴＰＯＳごとにトレードオフされた商品を使い分けることの真の豊かさ

生活提案の中身は、ＴＰＯＳごとに適切な品質や、機能それぞれを見つけ出すことです。したがって、ＴＰＯＳごとに適切な品質や機能を絞り込めば、当然トレードオフとなり、商品をＴＰＯＳごとに使い分けるという本当の豊かさを国民大衆の日常生活に提供できるようになります。

日本人に真の豊かさを提供するのは、コストの高い特別なライフスタイルに変えることではありません。ＴＰＯＳごとに品物を使い分けられること、すなわち日常生活の中でライフスタイルの種類を増やすことが必要なのです。それができていない以上、このことはチェーンストアのあるべき商品構成として繰り返し言わなければならないと、私は思っています。

品質問題の話は、日本の小売業経営の世界ではほとんど出てきません。そのかわり「心を込めれば通じる」という宗教的イデオロギーをごまかしの言葉として使っています。心を込めても適切な品質は出てきません。いくら客の立場を念じ続けても、必要な品質がよくなることはないでしょう。商品の性質は、材料と加工方法で決まるのです。この仕様書の中身を変えなければ、品質や機能は変わりません。仕様を変えるためには、まず商品知識が不可欠なのです。

商品知識を身につけるには、日常行動として、一年間に見本市にどれだけ行っているかが重要になります。見本市こそ、商品知識を増やすチャンスの場です。二桁の店数があり、一〇〇億円売っていれば、堂々と相手に質問できます。もちろん製品見本市よりも、材料見本市や加工機器見本市のほうが収穫ははるかに大きくなるでしょう。

最新型のハードウェアしか見にいかない人が多いのです。それで何ができるかの結果が重要なのであって、見てきても役に立ちません。製品の品質にとって本当に大事なハードウェアは、加工機械で、どのような加工ができるのかを知る必要があります。その知識があれば、国際的な製品見本市でどういう加工が新しいのかも理解でき、使うべき材料は何かがわかります。工場見学に行けば、その工場が前向きか、後ろ向きかもわかるでしょう。同じことは、材料についても言えます。

商品の品質は、加工機械の性能と、加工前の材料の品質で決まるからです。そういう根本的な商品知識への取り組み対策は、いまだにバイヤーたちに少ないのが実情です。商品知識は、企業の教育計画で左右されます。

一九六〇年代からどのチェーンでも使っている教科書的リストがあります。商品知識を高めるために「初級」から「中級前期」「中級後期」「高級」「仕上げ」の五段階を、各三年間ずつの合計一五年間自己学習計画として取り組めと教えているものです。四年制大卒の二二歳なら、三七歳までの休日や休暇を利用して、あるいは毎日少しずつ勉強を積み重ねろと言うのです。私も四〇年前から同じことを主張してきました。しかしこれはなかなか実行されません。この商品知識の問題は教育問題として、今後より重要になってきますが、一番難しい知識は、初級の三番目に掲げられている「実際のくらしでの使い方」です。

商品開発、ＰＢ開発では、これが一番難しいことです。だから、ライフテストが必要なのです。

イオングループのPB・SB開発の到達点

日本におけるPB・SB開発で比較的よくできているのはイオングループです。イオングループの代表的SB「トップバリュ」はイオン本体で年間二三一一億円、グループ全体では二〇四〇億円の売上規模（二〇〇六年八月現在）を持つまでに成長しています。

イオングループのPB・SB開発の到達点としてまず評価したいことは、PB・SBの販売量が二分の一以上の品種数が過半数近くになったことです。直営売上高の一六・四％（前年比三・二％増）を占めています。うちトップバリュのみでは七・九％ですが、将来的には二五％を目指しています、イオン・ウエルシア・ストアーズ（ドラッグストア連合）では、「Ｗｅｌｃｉａ」ブランドの大衆薬などを一三〇品目開発し、PB比率は約一〇％に達しています。デルコンピュータやLG電子（韓国家電）、ハイアール（中国家電）、フナイ、ソニー、エフティ資生堂などNBメーカーとの共同開発も進めています。

その結果、二〇〇六年一月現在で、トップバリュ（クオリティブランドの「トップバリュ・セレクト」を含む）は三四六一品目に達しました。食品が一四三〇品目（うち「セレクト」一六品目、「グリーンアイ」二二八品目）と四割強を占めていますが、衣料二八五品目、ホームファッション七四六品目、デジタル機器二〇五品目、自転車五五品目、HBC（ヘルス&ビューティケア。化粧品、医薬品、トイレタリー）四四二品目（うち共環宣言一五四品目）と各分野で増えています。

また、アイクグループの「アクアブルース」「ワールドアイ」は約六五〇〇品目あり、ダブルチョップ品も供給しています。さらに、NBメーカーとの共同開発品とPBで構成するお買い得品の「ベストプライス」が約一四〇〇品目あります。

イオンの商品開発は、まだＳＢが大部分ですが、開発手法の重点をＳＢ方式からＰＢ方式（トレードオフ）へ転換しつつあります。原料の調達からデザイン加工の終了までの一貫生産管理方式であるバーティカル・インテグレーション。そのことによって、商品の切り替えサイクルを年六回から九回に増やしました。ＳＢ型は百貨店の二分の一から三分の一の価格を目指しています。例えば、レザースニーカーやミュールは五八〇〇円、レザーバッグは二三〇〇～九八〇〇円、樹脂製バッグは二三〇〇～三九〇〇円を実現しています。

ただし、これまではＳＢづくりが主力テーマであったため、いくつかの欠点も持っています。一つには品質と機能がＮＢと類似しており、チェーンストアの製品開発としての革新性が不十分だったことです。トータルコーディネーションへのアプローチもまだ不足しています。売価がまだ高いことも問題です。

とはいえ、核商品による品目別重点販売のアピール方法、アメリカのチェーンストアと同じ強烈なプレゼンテーションによって、店舗現場でエキサイトメントをつくり始めていることは評価されるべきです。

私がＰＢ商品の勉強用に見学を勧める店はダイソーなどのワンプライスストアと、衣料洋品専門店のハニーズとポイント、ユニクロ、西松屋チェーン、家具とホームファッションのニトリ、日本型スーパーストアのイオンと西友です。ワンプライスストアには、他のフォーマットのすべてが負けているのが文具や家庭用品、食卓用品、調理用品、女性向けＤＩＹ用品などがあります。これらの品を実際に購入し、使ってみることです。

衣料洋品専門店チェーンでは、いわゆるＳＰＡ（スペシャルティ・リテイラー・オブ・プライベート・レーベル・アパレル）グループのＰＢ比率が七〇～九〇％台と高いことが目立ちます。これは立派なものです。このうちポピュラープライスの商品開発に真っ向から取り組んでいるのはハニーズで、ＰＢ比率は一〇〇％です。ユニーグループのパレモもポピュラープライスの商品開発に取り組み、ＰＢ比率がようやく過半数を超えようとしています。

日本型スーパーストアでは、先に紹介したイオンのほか、西友の「グレートバリュー」（食品と日用品の低価格SB・PB)、「シンプリーベーシック」(衣料の低価格SB・PB)、「オーソリティック・ワークス」(スポーツ衣料のSB)、「ジョージ」(英アズダの衣料PB)などがマークすべきものです。

PB・SB開発の成功事例を見ていくと、原価に関わる取引条件の転換も重要なポイントであることがわかります。日本では、金額(全体、全品種の取引高)が多いと安くしてくれると思われていますが、ベンダー側は、金額よりも数量を重視しています。といっても、会社全体の一回当たり取引量が多ければ安くなるわけではありません。売る側、つくる側は、一回にセーター一品種当たり一〇万着買ってくれるかどうかではなく、この仕様書で一品目当たり何着買ってくれるかを問題にします。それも一三週もしくは一年間にわたって、どれだけの数量になるかということです。つまり、一枚の仕様書で一三週のシーズンか年間でどれだけ発注してもらえるかの見通しが立つことが重要なのです。工場の稼働計画を無駄なく考えられるからです。

金額で言うなら、前シーズンと比較してどれだけ増えるか、もっと大事なことは、前年度と比較して年間でどれだけ額が増えるかという比率です。普通の商業者は一回当たりの取引金額しか問題にしませんが、つくる側から言うと、一回当たりではなく、シーズンか年間当たりの金額が重要なのです。

三つ目に大事な取引条件は、一回当たりの取引数量が物流コストがかからない単位になるかどうかです。ピース単位より段ボール単位、段ボール単位よりもパレット単位、パレット単位よりもコンテナ単位の取引のほうが、価格は安くなります。その分、物流コストが低くなるからです。

結局、重要なのは店段階での品ぞろえの品目数を絞り込んで少なくすることです。同じ面積なら、品目数が少ないほどその陳列面積が大きくなり、陳列数量が増え、一品目当たり一回当たりの補充量が多くなり、補充頻度は低くなります。そういう発注と補充制度に現場を切り替えない限り、バイイングにおける取引条件の向上は実現できません。

ＰＢ開発失敗の本質

日本のＰＢ開発は、失敗の積み重ねの歴史です。過去三五年間におけるペガサスメンバーの商品開発失敗の実例を分析すると、その原因が見えてきます。大きな失敗原因は三つあります。

一つは、従来からつき合いのあるベンダールートで生産者を訪問してしまうことです。そうなるのは、ＰＢ開発を成功させたとしても、そのやり方がマーチャンダイザーの個人的経験に終わってしまい、会社全体のシステムになっていかないからです。その原因は、商品開発の企画会議がなく、過去の経験法則が生かされないためです。

企画会議をやれば、関係者が増えて、商品部以外からも意見が出されるので、「方針があいまいだからやり直せ」という反省も出てきます。それはコストと時間の節約にもつながりますが、どこの企業でも商品部の部長か課長が〝独走態勢〟をつくっているために、経験法則が経営の仕組みまで結実しないのです。

店舗運営や財務、教育部門から言わせれば、「うまくいったのならもっと開発商品を増やせ」「成功事例を他のマーチャンダイザーにも教えよう」という話になりますが、マーチャンダイザーが入れ替わると経験法則が途切れていました。

しかも、お客にとっては、ＰＢの核商品が主力商品部門に一つか二つずつでもいいから配置されていなければ、そのブランドが店の推奨するお買い得商品であることがわかりません。ということは、商品部門ごとの商品部長が同じ経験法則の上で走ってくれない限り、ＰＢ開発は軌道に乗らないことになります。ある部門、ある品種だけでＰＢ開発をやらせて、それでよしとしてしまうから、お客にアピールできないのです。

ソーシング活動には時間がかかります。経験法則を生かせれば時間短縮も可能ですが、それがないために、ふつうは手っ取り早くやろうと既存ベンダーの紹介で海外でのソーシングを始めてしまうわけです。そこでもたらされる結論はわかりきったものにしかなりません。「それならわざわざこちらが行かなくていい」となるに決まっているからです。

二つ目の失敗原因は、海外でも日本の商社や現地サプライヤーまかせにしてしまうことです。その結果、マニュファクチャラーだと思っていたらサプライヤーだったという根本ミスが起こり、ますますＰＢ開発が進まなくなります。

三つ目の失敗原因は、ＰＢやＳＢを海外で委託生産しているときに、加工の現場に立ち会っていないことです。私の調べた限りでは、開発輸入している小売業の八割は加工現場に行っていません。商談に行っただけです。

加工現場に立ち会わない限り、品質など本当のことはわかりません。本当のおしゃか率（不良品発生率）も把握できません。わが社の物流センターに到着してから、もしくは現地での船積み直前の検数・検質でいいと思っているのは大間違いです。コストは加工中のおしゃか率で上下するからです。

すでに何度も品質検査した後の合格品だけを検品しても、本当のコストは決してわからないものです。現地に行って、加工途中を実際に見れば、同じ機械で加工しても、ＡさんがやるのとＢさんがやるのとではおしゃか率が違うこと、当然、加工コストの異なることがわかります。だから、マーチャンダイザーは何度も現地工場に通う必要があるのですが、社内の旅費規定の制限が厳しいために、契約後は現地の加工工場を訪問できない場合が少なくありません。

ＰＢづくりが失敗する共通した原因はほかにもあります。箇条書きすると、①規格が複雑すぎるのに、現場検質をしていない（まず、規格の簡素化から）、②素材の転換（素材の仕様書）がなく、③次いで加工方法と④手順の変更がない、⑤試作、⑥科学的検査、⑦社内試用、⑧社内試売、⑨三店での試売、⑩一〇店での試売、以上一〇種類の手順の繰り返し（仕様書のたび重なる書き直し）がない、⑪売れ筋判明時に追加加工するための仕掛かり品探しの仕組みづくりに無関心、⑫全計画量の一括引き取りと季節初めの一括発注、⑬ソーシング活動と商品見本の網羅的入手のサボタージュ、⑭担当者が通常のバイイング業務と兼務、⑮トップ自身の強力なバックアップ不足などです。

しかし、もう一つ別の問題があります。それは「製品開発」と売場の連動です。売場との連動ができて初めて、「製品開発」は「商品開発」となるからです。

ところが、商品開発を始めた当初、ダイエーとイオンをコンサルタントとして指導して懲りたことは、店舗段階が非協力だったことです。その理由は、たまに製品開発がうまくいっても、うまくいった商品ほど欠品が多くなるからです。普通なら三カ月から半年前に発注するものを、一週間か二週間で追加生産させるには、工場と工員と仕掛かり品の調達というネットワークが必要になります。

しかし、最初は不慣れで、短期間での追加生産体制づくりなどできませんでした。結果、欠品が多くなると、商品部長やマーチャンダイザー、バイヤーが、「間に合わないんだから仕方がないだろう」と開き直ってしまいます。

しかし、現場はお客に文句を言われて困るわけです。「いつ入るのか」と聞かれ、「わかりません」と答えようものならさんざん文句を言われてしまいます。当然、店舗の現場ではPBを売ることを嫌がります。お客との間のトラブルの種になるからです。

そのくせ、飛ぶように売れていくPBはなかなかありません。なぜかというと、宣伝しないからです。NBメーカーの製品は、工場出荷価格の二割から四割はマーケティングコストです。一〇〇〇円の小売売価で、メーカーの工場出荷価格が五五〇円とすると、最大で二〇〇円が宣伝や販促に投入されます。

しかしペガサスの実例で見ると、PBでは小売売価の一〇％も販促に投じることはありませんでした。私は粗利益高の六％は必要だと言いましたが、実際には〇〜三％でした。後は店側に「POPをつくれ」と言うだけでしたから、十分な販促活動はとてもできないのが実情でした。

アメリカのチェーンストアがFOB価格の三・五倍を小売売価にしたのは、最初から原価計算上は粗利益高の一五〜二〇%の販促費を見込んでいるのです。それだけのプロモーション費用を投じないとPBでも売れません。日本では販促費用をケチる結果、店で華やかに陳列されているニューアイテムは全部NB商品になっていました。PBのアピールは大量陳列だけでしたが、そのブランドのことをお客は知らないので、当然、売れません。いくら値打ちがあっても、何が値打ちなのかをお客には知らせていなかったからです。

当時は、PB食品でもお客に試食させる販促はありませんでした。店長に「試食をやれ」と言っても、「試食のコストは商品ロスに組み入れられるのでだめだ」と言います。店長は、試食をやればやるほど、自分に対するマイナス評価が大きくなってしまうので、やりたがりません。

しかし、そうした現場での強力なプロモーションは、PBを売っていくためには絶対に不可欠です。むしろ、お客に試食させる前に従業員に試食させて、「ああ、これが入ってくれば、私がまず買うよ」と思ってもらわなければいけません。成功したPBやSBは、すべて従業員がまず買っているものです。従業員が買わないのは、根本的な何かが欠落しているのだと反省すべきなのです。でも、それができなかったために、商品開発は難しいという迷信ができてしまいました。商品開発は作業システム改革と並ぶ、日本の流通業にとっての最も難しい課題であり、いまだに私の努力がなかなか実りにくい領域なのです。

第一五章　チェーンストアの時代

――社会革命としての流通革命――

日本の小売市場の五割強を占めるまでになったペガサスクラブ

先に述べたように一九六二年（昭和三七年）四月、私が主宰するチェーンストア研究団体「ペガサスクラブ」が正式に発足しました。一〇年後に年商一〇〇億円を目指して天翔けようと有志一三社でスタートし、箱根のホテル小涌園で「第一回青年経営者（政策）セミナー」を開催しました。このときのメンバー企業の店が、チェーンストアを目指す日本で最初の科学的経営の実験と研究を行う現場になったのです。翌一九六三年一〇月には、ペガサスクラブの事務局としての日本リテイリングセンター（ＪＲＣ）を株式会社として設立しました。

それから四五年間、年に五〇～六〇回以上の国内セミナーやアメリカやヨーロッパの視察セミナー、さらには台湾や東南アジア、中国での商品買い付けセミナーや開発輸入マスバイイングセミナーを開催してきました。

ペガサスクラブの初期の段階では、集まった経営者たち全員が本音で話し合いました。私も含めて、ときに激しく意見が対立しました。傍目から見れば、喧嘩をしているように見えたはずです。それができたのは、本当の意味で、いつも励まし合う仲間だったからです。お互いに競争相手、敵という意識はなく、すべての情報をオープンにして議論することができました。このことは、その後のペガサスクラブの歩みを考えると、最も大事な原動力だったと思います。

そうした議論の結果として、彼らは人材教育に惜しみなく投資しました。若い社員を次々とペガサスセミナーに送り込み、人材育成の仕組みを整えることで、企業規模を拡大しながら、チェーンストアづくりを目指しました。彼らは新たにペガサスクラブに参加した小型企業の経営者や従業員をリードするモデル企業になってくれたのです。

今日、ペガサスクラブのメンバー企業からビッグストア約七〇〇社が生まれ、現在加盟企業の全国小売市場年商九六兆円における占拠率（シェア）は二四％（売上高五〇億円以上のメンバー企業の合計売上高二三兆四〇〇〇億円、二〇〇六年末）に達しました。同じく、加盟生活協同組合の全国の生協総売上高に占めるシェアは三八％になっています。

その歩みを振り返ると、創業経営者にとってのこの上ない思い出は、転業することの決断をペガサスクラブ内でつけたことだと私は思います。ヤマナカは八百屋から、すかいらーくは乾物屋から転業し、コメリの前身は石油燃料店でした。ケーヨーはガソリンスタンドからフードサービス業に手を広げさらに転業しました。

切羽詰まってやって来た人もいます。東大時代の仲間では、セゾングループをつくった堤清二さんです。彼は赤字の西武ストア（現西友）の経営再建を父親の堤康次郎さんから命じられ、「どうにかならないか」と相談に来ました。衆議院議長を務めていた父親の秘書からの転身ですから、経営のことは何もわからなかったわけです。私が最初に企業内訓練をやったのが西友で、三年間続きました。ゼロからの勉強ですから堤さんも全部の講習を受けました。藤田田さんが創業した日本マクドナルドの創業準備の指導も同じでした。彼もワニ革ハンドバッグなどブランド品輸入の仕事しかわからず、切羽詰まって私のところに来ました。

堤さん、藤田さんも含めて、ペガサスクラブのメンバー企業のトップたちがＪＲＣと私との関係で、何が意思決定するうえでの転機になったかというと、一〇項目あります。

バーティカル・マーチャンダイジングこそチェーンストアの武器

第一は低価格政策です。私が経営者に一番強く、「絶対にそうではない」と繰り返し主張したことは価格問題でした。彼らは当初、「いいものは高く、高いものはいい」と言いましたが、絶対にそうではありません。「いいものを安く、安くていいものを提供し続ける」ことが、チェーンストア志向の企業が果たすべき役割だと説得しました。最近でも、「価格より品質」「感動的な表現をつければ高くても売れる」といった腹立たしい主張が横行していますが、これは絶対に私は反対なのです。

ただ、私は当時、「NBの強力すぎる業種・業界で安売りは難しい」と考えていました。そこで新しくペガサスクラブに入った背広と眼鏡、カメラ、仏壇の専門店の経営者には、「あなた方にチェーンストアをつくってほしいと思うけれど、私には自信がない」と言いました。

理由は簡単です。産業革命以降、背広をつくっているメーカーや縫製業者は寡占化が進む製糸メーカー、紡績メーカーの支配下にあったからです。材料メーカーが牛耳っている業界では当分、価格破壊などできるわけがないと思いました。眼鏡は、フレームメーカーは中小企業でしたが、レンズは完全な寡占状態でした。カメラも同じです。当時、フィルムメーカーは地球上にコダックとアグファフィルム（アグファ・ゲバルト）、富士写真フイルム、小西六写真工業（現コニカミノルタ）の四社しかなく、カメラメーカーの寡占化も急速に進んでいました。価格破壊はとても無理だと思いました。他方よい仏壇は、完全に乾燥させた木材を使い、五〇年、一〇〇年と持つものをつくらねばならず、材料の確保からして大変で、しかも見込み客数は限られるので仏壇は困難に見えました。

ところが、現実には、これらの専門店は難しそうでありながら、やれた時の効果をあげやすかったのか、最初に一〇〇店突破、ついであっけなく二〇〇店突破を実現しました。まず呉服、次いで背広、その次に眼鏡、さらに仏壇の専門店チェーンが、チェーンストアづくりの一つの目安である標準化店二〇〇店突破という偉業を実現したのです。

それができた理由は、NBのある業種・業界ほど、アメリカのチェーンストアが価格破壊の武器としたバーティカル・マーチャンダイジング（垂直統合的商品政策）です。それがわかって、日本におけるチェーンストアづくりの最大のポイントは、PB開発にあるということが私の信念になりました。

粗利益率が四〇％を最初に超えたのは、背広専門店です。四〇年前この業種は、どこもバッタ屋のような店ばかりでした。それがペガサスメンバーのビッグストアづくりのなかで最初に粗利益率四〇％を超えられた理由は、生地段階からＰＢ開発に取り組んだからです。

まず青山商事がＰＢ開発を軌道に乗せ、アオキインターナショナル（現ＡＯＫＩホールディングス）、ついでコナカが追いかけました。青山商事の青山五郎さんとアオキの青木擴憲さんの二人は、「どうしても安くできない」とセミナー中の夜中に私に相談に来ました。そこで、私と彼らの間で、こんな議論を交わしました。

「バーティカルに動くしかないんだよ。いま、あなたはどこから仕入れているの？」

「縫製メーカーからです」

「それではダメだ！　生地屋までさかのぼって仕入れなきゃ」

「生地を仕入れても、どうやってつくればいいのかわかりません」

「縫製工場に行けばいいだろう」

「行けと言われても、メーカーが教えてくれませんよ」

「産地はどこだ？　私といっしょに行こう」

「岐阜です」

「それがわかっているんなら、なんで岐阜に住み込まないの。住み込めば、どのメーカーがどの工場を使っているかわかるだろう」

私の勧めでアオキは一時、商品本部を岐阜に移しました。そこから一挙に背広の価格破壊が進むことになったのです。産地に溶け込みバーティカル・マーチャンダイジングのシステムづくりをやれば、価格をいくらでも安くできることが明らかになったのです。

そこから開発輸入の道が拓けていきました。開発輸入の先陣を切ったのは、眼鏡専門のフランチャイズチェーン「メガネのキクチ」です。レンズメーカーはキクチを潰すために、労働組合まで巻き込んで工作を仕掛けてきました。この件ではすったもんだがたくさんありました。それほどメーカーは彼らの決めた定価破壊と直結するバーティカル・マーチャンダイジングを恐れたということです。

カメラ専門店では、店数が増えることによってＰＢ開発以外にも、安売りをやる方法があることがわかりました。そのための技術革新をどこよりも早く取り入れたのが「カメラのキタムラ」です。キタムラは高級一眼レフカメラよりも、シャッターを押すだけで綺麗な写真が撮れる簡便な普及機に販売努力を集中しました。

その上で、現像、焼き付け、引き伸ばしをいかに均質化しさらに安くするかに取り組みました。このＤＰＥ分野はフィルムメーカー系列が握っていたので、キタムラはアメリカで発明された現像・焼き付け・引き伸ばしが一貫してできる機械を即座に導入し、カメラを楽しむコストを大きく引き下げました。それは現在のデジタルカメラ時代にも引き継がれ、二〇〇五年までは、デジタルカメラのプリント・引き伸ばし機械を、キタムラが世界で最も多く持っていました。二〇〇六年に米ウォルマートに抜かれましたが、ペガサスクラブのメンバーでウォルマートに追い抜かれたという逸話があるのはキタムラだけです。

その逸話がなぜできたかというと、お客のニーズに徹し切ったからです。それもチェーンストアの大事なノウハウなのです。お客が求めていることで差別化をする。価格の差別化ができない商品でも、それ以外に販売方法やサービスの仕方で差別化できる方法があることをキタムラは示しました。

その意味では、みんな本当のマーチャンダイジングを適確に理解していました。それこそはビッグストア化、チェーンストア化への道程であり、世の中に貢献する道であると私は確信しました。

ビッグストア、チェーンストアづくりに立ちはだかった難問

二つ目は、出店対策です。これについては、「やめろ」「やめられるか」と経営トップと私との間で一番多く言い争いになった問題です。なぜかと言うと、価格問題の判定は販売量がすべてで、大喧嘩しても販売結果は一週間で出てきますが、出店問題は三年から五年、長いときは一〇年後に成否が判定されるからです。当然、勝負はなかなかつきません。

この出店問題には七つのポイントがありました。①商勢圏対策(ドミナントづくりと次への進出)、②立地選定、③建物構造、④売場面積、⑤レイアウト、⑥駐車場、⑦表示塔・表示看板です。売場面積の問題では、店と住居が同じ敷地にある場合は、「スーパーストア化のために住居を潰せ」と指導してきました。当初は銀行に信用がないので、いまある土地と建物を生かして、全部を店にするしかなかったからです。私が鈴乃屋の小泉清子さんに、「店に住むな。住むのなら店の通路に夜、ベッドを組み立てて寝ろ」とそそのかすと、本当に実行した小泉さんが、「本当に通路に住めばいいんですよ。住宅面積はいらないですね」と何度も述懐していたことを思い出します。それほどみんな真剣に流通革命に取り組もうとしていたのです。

三番目は増資です。増資しなければ自己資本は増えません。自己資本が増えなければ、銀行の信用を得られません。

ところが税理士は全部、「そんな必要はない」と増資に反対しました。「株式会社にしなければ、信用力が高まらない」と言うと、「有限会社でいい」と反対しました。また「節税になるから」と会社をどんどん分割させようとしました。会社を三つに分割して、人件費をはじめとする経費を過大申告して脱税するやり口も流行していました。私が主張したのは、一円でも経費を節約して増資に回そうということですから、大変な違いでした。

現在〝年商一兆円組〟に成長した企業も、当初の資本金は五〇〇万から四〇〇〇万円ほど。ビッグストアになるには、少なくとも資本金が五億円以上ないといけません。そのための増資ができない会社は衰退していきました。

増資に関連して、別の問題も起こりました。経営者の父親や母親が株式の大半を握っていて、遺産相続の結果、実際に経営を担っている人の兄弟姉妹に大半の株式が渡ってしまうことです。経営の意思決定が、経営とは無関係の人に左右されるため、必ず発展が止まってしまうのです。

私は、「いまの会社を休眠会社にして、新会社に営業権を譲渡しろ」と指導しましたが、そう簡単にはいきません。父親が死ぬと、必ず親子喧嘩、兄弟姉妹間の喧嘩が起きました。この隘路を突破する対策は毎年の増資継続しかありません。それができなければ、上場準備などとんでもない話ということになります。

経営者は節約生活をしながら、自らの給与の大半を増資に振り向けていきました。そこにしか増資資金はなかったからです。業務を支えてくれる取締役や幹部社員にも株式を取得させ、上場直後に現金化させることで報いることが必要になります。いまでこそ従業員持株制は当たり前ですが、当時は、この理屈がなかなかわかってもらえませんでした。

この既存会社の休眠化と、上場対策としての増資や従業員持株制が、大飛躍への転機になった会社はたくさんあります。傍目には〝お家騒動〟に見えても、チェーンストアづくりに向けて真摯な取り組みをしてきた企業は少なくありません。企業名は同じでも、意外なほど多くの企業が、創業時の会社を潰し、大株主は入れ替わっているのです。

四番目の問題は取引先の切り替えです。これも説得が難しいことでした。特に金融機関の切り替えに首を縦に振らない経営者がたくさんいました。信用組合や信用金庫、農協がメインバンクの会社が多かったからです。中小企業金融公庫や国民金融公庫がメインの会社は、信用保証協会の保証がついているため、切り替えに伴う個人保証や担保提供など考えたこともない経営者が少なからずいました。同時に、会社の成長に合わせて、ベンダーをいかに切り替えていくかはさらに大きな課題でした。この株主を金融機関とベンダーへと切り替えるための対策は、ビッグストアづくりを進めるうえで、私のコンサルティングの決め手になったとも言えます。

五番目は、意外に大変だったのが、部門構成の組み合わせとフォーマット問題です。日本は衣料とアクセサリー、靴、鞄、ベルトは別部門ですが、欧米では衣料の付属品とされ「服飾」と一括して呼ばれていました。部門構成で何と何を組み合わせるかは、売場関連の問題でもありました。これを変更しないとフォーマットの店間統一と店舗の標準化とができません。フォーマットとは、来店頻度と商圏人口を一定に保つための品ぞろえレベルの統一、つまり、お客にとっての便利さのレベル統一を意味します。トータルコーディネートがいまだに実現できないのは、このフォーマットの概念が理解されていないからです。

六番目は計数管理です。重要なことは、部門別損益管理であり、経営の目安となる数値を明確に割り出し、それを活用できる数表を店舗現場に提供することです。ところが、日本ではコンピューターが入る前もいまも、すべて税務会計もしくは資金繰り会計主義になっています。勘定科目を羅列しても、収益力を確保するために必要な数表にはなりません。いまでも部門別損益表がない会社が多いことは、まったく残念なことです。

日本の労働問題をリードするのは流通業界

七番目は人材採用、人材確保の問題です。私は大卒定期採用の実施と同時に、同族追放と幹部社員のスカウトを提案してきました。どれも難しい問題でした。特に同族追放は、因縁がいろいろとあって、それを言うと私と言い争いになることが多い話題でした。「追放した」と言いながら、非常勤役員にして実際には給与を払っていたり、自分の妻や娘を従業員と偽って給料を払う経営者もいました。同族追放は深刻な難事でした。

四年制大学の新卒定期採用でも、最初はいくら募集をかけても誰も来ないのが当たり前でした。採用できるようになっても、受け入れ態勢が悪く、すぐ辞めてしまい、同一企業に対してこの件では何度も何度もコンサルティングしました。みんな苦労して人材採用を軌道に乗せてきたわけです。

八番目は教育問題です。これも大難問でした。私が始めるまで、小売業に体系的な教育制度は皆無だったからです。店員教育の方法は朝礼だけ。しかも、メーカーが配布したパンフレットに書かれている商品知識を覚えさせることと、接客用語・接客態度を教えること、ひどいのは大声あいさつの連呼だけでした。このレベルから、「チェーンストアにおける完全作業とは何か」を教えることは、想像以上に大きな隔たりがありました。

九番目は労働条件の改善問題です。当時の経営者は労働基準法を知らないし、労働条件の改善など考えたこともありませんでした。いまは社内で管理職資格試験を実施している企業の約半数は、労基法に関連する問題を出すようになりましたが、それは私がさんざん言ったからです。「コンプライアンス」の重要性を語りながら、サービス残業のような不当労働行為がなくならず、不当表示や優越的地位の乱用といった独禁法違反が行われていることは、経済民主主義を掲げて流通革命への取り組みを始めた者の一人として、まことに残念で悔しいことです。違反をやっている、犯罪行為をやっているという自覚のないことのほうが、さらに大きな欠陥です。

ペガサスクラブの店長セミナーでは、三〇年前から労基法の講義が入っています。しかし、社内の店長セミナーでは昔から一言も触れない企業が多いのです。労働組合は毛嫌いされていましたが、いまは変化しました。小売業やフードサービス業、サービス業の労働組合が加盟するUIゼンセンと日本サービス・流通労働組合連合の合計組合員数は、二〇〇七年中には官公労を超えて、約一一〇万人と、日本最大規模になる予定です。他の産業では組織率の低下から組合員数が減り続けていますから、日本の労働問題をリードするのは、流通業界の労働組合になりつつあります。ようやくここまで来たなと、私は嬉しく思っています。経営者を納得させにくかった労務対策のなかで、「労働組合がなければ適正な職場環境は確保できないんだ」という私の学生時代からの主張を、大手流通業の経営トップの人たちがよくぞ理解してくれたものだと思います。

最後の課題は社会的貢献です。いまでも企業外のフィランスロピーやメセナなどをやりたがり、それが社会貢献方法だと思われていますが、間違いです。チェーンストアが果たすべき社会貢献の最大の目安は来店客数です。一般のお客からの支持を五〇年後、一〇〇年後まで維持し、国民大衆が「チェーンストアはなくてはならぬ存在だ」と思ってくれる社会的インフラになることが、最大の社会貢献です。これは私自身の現在のコンサルティングの主要テーマの一つです。

ダイエーの中内切さんは晩年に世の中から批判されましたが、どこの流通業の経営者にもできなかった流通科学大学を、個人資産を投じて世の中に残しました。これはこの上なく立派な功績です。

しかし、企業としての最大の社会的貢献は、本来は大学をつくることやフィランスロピーをすることよりも、一〇〇年後にもなくてはならない会社になっていることです。アメリカのシアーズやJCペニー、クローガーがすごいのは、一〇〇年以上続いていることです。ペガサスクラブのメンバーで五〇年すら続いてる企業はありません。しかも、社会的インフラになるということは、上下水道や鉄道や公園と同じ社会的施設だと人々が見ることですから、それもまだ実現できていません。これは私がいまなお一番説得し続けている課題です。

真実のチェーンストア産業の育成を目指す

日本におけるチェーンストア産業づくりのこれまでの歩みのなかで、私が一番重要だと考えていることは、零細企業である小売業のなかからビッグストアができ、チェーン化ができて、株式上場を果たすまでを各企業が独力で成し遂げてきたことです。本当にお客から支持される経済行為を行うことで、上場企業となり、いまや日本の物的消費経済の六割をチェーン化グループが担うようになっています。これは大変な成果です。「小から大へ」という志を持ち、世の中に貢献し続ければ、企業規模はひとりでに大きくできるという夢を与えることができました。

私は大学入学の頃からおかしいと思っていたことがあります。それは、東大の経済学部には経済学科と商学科がありましたが、商学科で教えていたことは、商社論と金融論だけだったことです。商社と小切手や約定手形、為替などの金融問題だけで、生活に密着した流通業のことは誰も教えていなかったのです。日本のアカデミズムの世界では商業が真正面から論じられないまま、商業は産業として長い間認知されて来なかったのです。

これに対して私は、商業は国民の生活と日常の暮らしを守り、豊かにしていく一番重要な産業であると主張し、チェーンストア産業づくりを始めました。

もう一つ大事なことは、チェーンストア産業づくりは、格差解消のための社会革命、社会運動だったということです。チェーンストアは、一部の特権階級のためにではなく、国民大衆の八割が使う商品（エブリボディグッズ）、年三六五日のうち三〇〇日以上使われ続ける商品（エブリデイグッズ）を提供し、日常の暮らしを守り育ててきました。昔もいまもいろいろな格差がありますが、消費生活で一〇〇円なら一〇〇円分、一万円分、一〇万円なら一〇万円分の同じレベルの豊かな生活ができるチャンスを、チェーンストア産業が提供してきました。

いま本屋の店頭には「格差社会の拡大」を批判するさまざまな本が積まれています。しかし、どの本にも格差を解消する手段は書かれていません。それができるのは、チェーンストア産業だけなのです。

五〇年前、流通業でビッグストアになっていたのは百貨店だけで、労働組合も百貨店にしかありませんでした。百貨店以外の小売業の労働者は、低所得グループでした。いまでも一部にそういう状態が残っていますが、ほとんどは様変わりしつつあります。これは偉大な社会革命です。

この間、チェーン化グループは、つくる側の論理で一方的に決められた価格は決して適正価格ではなく、つくる側が考えた品質は必ずしも消費者にとって適切ではないことを明らかにしてきました。それゆえにＰＢ開発も取り組み、安くて便利で楽しい商品を数多く世の中に送り出してきました。

しかし、最も大きく変わったのは業態です。売る側から言えば販売方法であり、消費者から見ると楽しくて便利な買物環境です。それがセルフサービスの導入であり、スーパーストア化や便利な駐車場づくり、ショッピングセンター開発を意味しています。わずか四〇年前の日本の社会にはなかった新しいチェーンストアの技術理論を学んできた成果です。

それを日本のチェーンストア志向勢力が四〇年間かけて実現してきました。世界の文明国で、これほど早く実現したのは日本が初めてだと海外のアカデミズムからは評価されています。その軌道のなかで、これからの一〇年、二〇年の間に、アメリカに追いつき確実に追い越す状態をつくり出し、真実のチェーンストア産業を日本の国内で育成することを目指しているのが最近の私です。

資料編

(C)チェーンストアづくり

1969	チェーンストアの準備	基礎知識		ビジネス社	●チェーンストアの経営
1972～ 1974			チェーンストアの実務シリーズ（全12巻）	実務教育出版	これからのチェーンストア経営／チェーンストアの組織づくり／商品構成の決め手／●チェーン実務能力うでだめし／●アメリカのチェーンストア
1974		自己育成	チェーンストアの人材シリーズ（全5巻）		●スタッフ／マーチャンダイザー／●ストアマネージャー
1975	チェーンストアへの切り替え	方針の提案	チェーンストア経営シリーズ（全4巻）	実務教育出版	●チェーンストアのショッピングセンター経営
1976		新技術の提案		柴田書店	ズバリ直言 これからの食堂経営
1981		問題提起	転換シリーズ（全4巻）	実務教育出版	転換期の経営戦略／転換期のマンパワー／転換期のマーチャンダイジング
			フードサービス業のチェーン化政策シリーズ（全3巻）	柴田書店	フードサービス業の経営戦略 フードサービス業の商品と店舗 フードサービス業の店長と作業
1983		基礎	チェーンストアマンの教養シリーズ（全3巻）	ぱるす出版	●チェーンストアとアメリカ社会
1983～	本格的チェーンストアづくりへ	技術原則	チェーンストアの実務原則シリーズ（続刊中）	実務教育出版	商品構成（○）／●店内作業／仕入れと調達（○）／●新訂版部門別管理／店舗レイアウト（○）／●ストアコンパリゾン（○）／チェーンストアのマネジメント（○）
1986～		経営システム	チェーンストアの新・政策シリーズ（続刊中）		チェーンストア経営の目的と現状／チェーンストア経営の原則と展望（○）／チェーンストア能力開発の原則（○）／チェーンストア出店とSCづくり／ディスカウンティング（○）
2008		理念			21世紀のチェーンストア（○）
1988～ 2003		業態別展開		柴田書店	1990年代の食堂経営Ⅰ、Ⅱ／外食業王道の経営　上　経営戦略編（○）／外食業王道の経営　下　ノウハウ編（○）
1992～ 1995			生協シリーズ	コープ出版	●生協店舗現論／生協バイヤー候補者のためのバイイングの基礎技術（○）
1994				商業界	SSMに軌道をとれ（○）
2007		軌道		ダイヤモンド社	流通革命の真実（○）
2008					チェーンストア組織の基本（○）

■戦後流通革命と渥美俊一著作の歩み　●印は共著　○印は現在販売中

(A)商業の原点

発表時期	テーマ		単行本シリーズ	出版社	書名
1959〜1960	原点	本商人	儲けるから儲かるへシリーズ	池田書店	実例による解説／もうかる商店経営／新しい商店／儲かる商店
1959〜1982のものを1997・98に再編集したもの		商業経営の精神論と技術総論	渥美俊一選集（全5巻）	商業界	1巻　繁盛への道（○） 2巻　成長への道（○） 3巻　経営戦略への道（○） 4巻　科学的経営への道（○） 5巻　チェーン化への道（○）
1988					商業経営の精神と技術（○）

(B)ビッグストアづくり

発表時期	テーマ		単行本シリーズ	出版社	書名
1959〜1966	ビッグストアづくり	夢の提案		中小企業診断協会	●小売業の近代化（日本の小売業商業革命の展望）
				文化社	●日本のスーパーマーケット
			大量販売シリーズ（全5巻）		大量販売の基礎条件／大量販売の戦略／大量販売の技術／急速成長企業の戦略／体質改善の戦略
1962〜1967			食堂シリーズ	柴田書店	食堂経営入門／食堂の経営戦略
1967〜1969		基礎	ビッグストアへの道シリーズ（全11巻）	ビジネス社	小売業成長の秘密／●ストアマネージャー入門／マーチャンダイザー入門／●商品スタッフの新機能／●店づくりの新戦略／商店経営の組織づくり／●小売業はどうなるか／●これからのスーパーマーケティング／●これからの店員の基礎知識／●ショッピングセンターの経営（2巻は他著者）
1971		政策	流通の戦略シリーズ（全8巻）	ダイヤモンド社	マス・マーチャンダイジング／●ショッピングセンター／●マンパワー・ディベロプメント／●チェーンストア・マネジメント（組織と管理）／●チェーンストア　エイジ
2004		原則		商業界	小から大への成長法則―ビッグストアづくりの急所―（○）

◇ほかにも単発物が中小企業診断協会、有紀書房、同文舘出版、有斐閣、ビジネス教育出版、講談社などから出版されている

■主なペガサスクラブ会員企業（五十音順）

日本型スーパーストア	イオン、イズミヤ、イトーヨーカ堂、キンカ堂、ダイエー、フジ、ベイシア、平和堂、マイカル、ユニー　など
衣料スーパー	アージュ、あかのれん、坂善商事、しまむら、三喜　など
スーパーマーケット	アークス、いなげや、エコス、オークワ、オール日本スーパーマーケット協会、オギノ、カスミ、関西スーパー、サンベルクス、CGC、相鉄ローゼン、大黒天物産、東急ストア、原信ナルスHD、ハローズ、バロー、ベルク、マックスバリュ各社、マミーマート、マルエツ、万代、ヤオコー、ヤマザワ、ヤマナカ、ユニバース、ヨークベニマル、ライフコーポ　など
ドラッグストア	カワチ薬品、キリン堂、クリエイトエス･ディー、コスモス薬品、サンドラッグ、CFSコーポ、スギ薬局、ツルハ、富士薬品　など
ホームセンター	アークランドサカモト、カインズ、ケーヨー、コメリ、サンデー、ジョイフル本田、セキチュー、DCM（カーマ、ダイキ、ホーマック）、トステムビバ、ナフコ、ロイヤルHC　など
ディスカウンティング	ジェーソン、トライアルカンパニー、PLANT、北辰商事、マキヤ、Mr Max　など
シングルプライスストア	ワッツ　など
コンビニエンスストア	セブン-イレブン、ポプラ、ミニストップ　など
専門店	AOKI ホールディングス、あさひ、アルペン、魚力、オートバックス、ギガスケーズデンキ、キタムラ、コナカ、サンキュー、三洋堂書店、鈴乃屋、ゼビオ、チヨダ、ツツミ、中島水産、ニトリ、西松屋チェーン、ニューステップ、はせがわ(仏壇)、ヒマラヤ、ブルーグラス、ベスト電器、ポイント、リオ、ワークマン　など
生協	コープこうべ、コープさっぽろ、コープとうきょう、ちばコープ、日本生協連、みやぎ生協、ユーコープ事業連合　など
フードサービス業	アレフ、オリジン東秀、カッパ･クリエイト、幸楽苑、サイゼリヤ、サト、ジョイフル、すかいらーく、スガキコシステムズ、ゼンショーグループ、大和実業、フレンドリー、松屋フーズ、吉野家、リンガーハット、ワタミ　など
パチンコホール	ダイナム、東京プラザ、TRY&TRUST、ニラク、夢コーポ　など
サービス	イオンディライト、一の湯、エイジス、スタジオアリス、ダスキン、日鳥大和、パイプのけむり、マイク・イワサキなど
メーカー	岡村製作所、おたべ、おやつカンパニー、トリンプ、中野冷機、中村屋、ニチレイフーズ、ピップトウキョウ、森永乳業、六花亭製菓　など
問屋	アスティ、大西、サンエス、住商フルーツ、ドール、パルタック、友和　など
ディベロッパー	イオンモール、大和リース　など
商社・物流	伊藤忠商事、センコー、プロロジス

■日本の「流通革命」を推進してきたリーダー（経営指導、研究家）たち

（2009年現在）（敬称略）

先導者	川崎　進一、倉本　長治、喜多村　実、 藤島　俊、宗像　平八郎、田島　義博（以上故人）
	林　周二
日本リテイリングセンターでの 協力活動者	川崎　進一、武川　淑、城　功、萩原　俊男、 城　義紀、森　龍雄（以上故人）
	倉本　初夫、藪下　雅治、築山　明徳、打越　拓、 会田　玲二、島田　陽介
	桜井　多恵子、城　誠、四方　昭、 臼井　秀彰、木下　潮音
土台を支えてくれた 日本リテイリングセンターの事務局	宮本　田鶴子、梅村　美由起　ほか 延べ400人の若者たち

■著者紹介

現職名	・日本リテイリングセンター・チーフコンサルタント ・チェーンストア産業づくりの研究団体「ぺガサスクラブ」主宰者 ・チェーンストア経営研究センター懸賞論文・研究奨励助成金審査委員
専門領域	①ビッグストアとチェーンストアづくりの経営戦略と経営システムの指導 ・トップとスタッフとラインの大幹部に、チェーン化プロジェクトの個別指導 ・商品構成と価格政策と業態類型の選択・転換と商品開発の指導 ・組織改革（手順と内容）とマネジメント強化対策とリストラ対策と労組対策の指導
	②ショッピングセンターと出店対策（商圏・商勢圏と立地の選定・基本設計構想・適正規模とシステムづくり）の指導
略歴	・1926（大正15）年8月21日三重県松阪市生まれ ・旧制官立第一高等学校を経て、1952（昭和27）年3月東京大学法学部卒業 ・直ちに読売新聞横浜支局で経済事件担当記者、経営技術担当記者を経て1958（昭和33）年から東京本社で「商店のぺージ」担当主任記者となり、1969（同44）年退職 ・1963（同38）年チェーンストア経営専門コンサルタント機関として日本リテイリングセンターを設立、現在代表取締役 ※この間、1962（同37）年チェーンストア経営理論の確立のためチェーン化研究団体ぺガサスクラブを設立・主宰。現在指導下の年会費を負担中の会員企業は約630社 会員企業の現勢は（2008年12月末集計） ・会員企業内の小売業のみの総売上高（2008年決算時）　24兆4,593億円 ・上の全小売業内売上高占拠率　25% ・うちビッグストア（年商50億円以上の小売業）　287社 ・1,000億円以上企業に占める構成比は69%、50億円以上企業の35%
常時執筆誌	「Chain Store Age」「月刊食堂」「月刊マーチャンダイジング」など

【マ】

【ラ】

【ナ】

【ハ】

索　引

本書は、ダイヤモンド・フリードマン社発行の「Ｃｈａｉｎ　Ｓｔｏｒｅ　Ａｇｅ」
二〇〇四年九月一五日号から二〇〇七年五月一日号まで連載した「流通革命の真実」を
再構成し加筆修正したものです。

［著者］
渥美俊一（あつみしゅんいち）
日本リテイリングセンター・チーフコンサルタント。チェーンストア産業づくりの研究団体ペガサスクラブ主宰者。1926年（大正15年）生まれ。旧制官立第一高等学校を経て、1952年東京大学法学部卒業。同年読売新聞社入社。横浜支局で経済事件担当記者、経営技術担当記者を経て、1958年から1967年まで東京本社で「商店のページ」担当主任記者。1963年チェーンストア経営専門コンサルタント機関として日本リテイリングセンターを設立。

流通革命の真実
日本流通業のルーツがここにある！

2007年３月８日　第１刷発行
2013年２月25日　第６刷発行

著　者——渥美俊一
発　売——ダイヤモンド社
〒150-8409　東京都渋谷区神宮前6-12-17
http://www.diamond.co.jp/
販売　TEL03·5778·7240
発行所——ダイヤモンド・フリードマン社
〒105-0001　東京都港区虎ノ門２-３-20虎ノ門YHKビル７F
http://www.diamond-friedman.co.jp
編集　TEL03·3504·6756
装丁————松下浩一
製作進行・本文デザイン—ダイヤモンド・グラフィック社
構成————辻和成
印刷・製本—ダイヤモンド・グラフィック社
編集担当——石川純一

ISBN 978-4-478-09003-9